古典文獻研究輯刊

三七編

潘美月・杜潔祥 主編

第 21 冊

清代筆記小說敘錄（中）

宋 世 瑞 著

國家圖書館出版品預行編目資料

清代筆記小說敘錄（中）／宋世瑞 著 -- 初版 -- 新北市：花
木蘭文化事業有限公司，2023〔民 112〕
目 18+216 面；19×26 公分
（古典文獻研究輯刊 三七編；第 21 冊）
ISBN 978-626-344-484-3（精裝）
1.CST：筆記小說 2.CST：研究考訂 3.CST：中國文學史
4.CST：清代
011.08   112010522

ISBN-978-626-344-484-3

9 786263 444843

古典文獻研究輯刊
三七編　第二一冊　　　　　　ISBN：978-626-344-484-3

清代筆記小說敘錄（中）

作　　者　宋世瑞
主　　編　潘美月、杜潔祥
總 編 輯　杜潔祥
副總編輯　楊嘉樂
編輯主任　許郁翎
編　　輯　張雅淋、潘玟靜　美術編輯　陳逸婷
出　　版　花木蘭文化事業有限公司
發 行 人　高小娟
聯絡地址　235 新北市中和區中安街七二號十三樓
　　　　　電話：02-2923-1455 ／傳真：02-2923-1452
網　　址　http://www.huamulan.tw 信箱 service@huamulans.com
印　　刷　普羅文化出版廣告事業
初　　版　2023 年 9 月
定　　價　三七編 58 冊（精裝）新台幣 150,000 元

清代筆記小說敘錄（中）

宋世瑞 著

目

次

乾　隆

《歸田雜記》　郝世貞撰

郝世貞字凝一，湖北雲夢（今屬孝感市）人，乾隆元年進士，選庶吉士，歷官天台、黃岩知縣，杭州東海防同知，著有《雲溪詩文集》。宣統《湖北通志》小說家類雜事之屬著錄。未見。

《企礴野語》四卷　熊倩撰

倩字志懿，湖北應城（今屬孝感市）人，諸生，乾隆初薦應孝廉方正，以終養辭不赴。宣統《湖北通志》小說家類雜事之屬著錄。未見。

《妒律》一卷　陳元龍撰

陳元龍（1652～1736），字廣陵，號乾齋、廣野居士、高齋、蘭峪，海寧（今浙江海寧市）人，康熙二十四年進士，歷官吏部侍郎、廣西巡撫、工部尚書、禮部尚書、文淵閣大學士，以太子太傅致仕，著有《愛日堂詩》《格致鏡原》等。《八千卷樓書目》小說家類著錄。《昭代叢書》本，前有陳元龍《妒律小序》，小說家諧語之類，分九部，工、禮、吏、戶、刑、兵六部之外，又有名例、督捕、示儆三部，共 56 則，以婦人之妒擬之典刑，家庭細事付之官府，不過供人一噱而已。俞樾《九九消夏錄》卷十二「妒律」條云此書仿明王思任《弈律》而作也，亦《小半斤謠》《課婢約》《書本草》《詔卦》《貧卦》之類也。

《西青散記》八卷　史震林撰

史震林（1692～1778），字公度，號梧岡，別署瓠岡居士、華陽外史等，江蘇金壇（今常州市）人，乾隆三年進士，官淮安府學教授，著有《華陽散稿》《遊仙詩草》等。民國《金壇縣志》小說家類、《八千卷樓書目》小說家類著錄。此書因分卷不同，有八卷、四卷之異。今有1987年中國書店影印民國上海廣智書局本。前有吳震生序（兩篇）、曹學詩序、乾隆二年史震林序，後有鰈叟跋。此書所記為雍正年間作幕漫遊經歷，稍有日記體例，行文頗有炫才之病，詩文詞傳抄撮甚多，如《懺紅詞》《葛翁記》《蔣魯珍傳》《贈趙鳳淇書》等，其中所記師友女史僧道如趙鳳岐、曹學詩、吳震生、孫泳山、鄭松蓮、吳軼客、殷霞村、張石鄰之外，多錄乩仙詩詞，乩仙如清華君、白羅天女、娟娟仙子（唐夢娘）、蕭紅、芍藥女郎、四維女子等，乩仙詩詞語淒婉，頗多麗辭，「瑤想清微，雲思縹緲」（于源《鐙窗瑣話》卷三）。此書不乏教化之語，如卷一云才子作淫詞小說罪業過於佞臣等，大約此書本旨在於以小說傳詩文，故卷二乩仙唐夢娘「將去復曰：『君為《散記》，勿私為褒貶，不可濫收凡俗，以狗交遊。凡文人著述，文昌命鬼神察其公私邪正，立意公、措辭正者福之，私與邪者罪之。』問『《散記》成於何日？有相賞者乎？』曰：『此書始於夢郎，終於醉農，評之者醒花道人，刻之者秋田花史。君勿憂落魄，遇邱天花史，便為君得意時。』」書中夢觀葬花、霞村《落花詩》以及憐雙卿等事，題旨已與《紅樓》惜花相同，短篇單記，故王韜極喜此書，云「筆墨冷雋，蹊徑自別」（《老饕贅語》卷一），文廷式《琴風餘譚》云此書為「小說中之幽秀者」，譚獻《復堂日記》云此書「筆墨幽玄，心光淒淡。所錄詩篇頗似明季鍾、譚一流，而視竟陵為有生氣也。」故此書既可稱才學小說，又可謂詩話小說者。

《欠愁集》一卷　史震林撰

《中國古籍總目》雜家類雜記之屬、《廣州大典》第50輯小說家類收錄。《廣州大典》影印宣統元年番禺沈氏石印本《香豔小品》本。前無序，後有庚子沈宗疇跋。此書不過《西青散記》節錄之本，專輯綃山女子雙卿事蹟。雙卿美而慧，擅詩詞，惜出身農家，遇人不淑，嫁與年長其十餘歲之村夫，梧岡、懷芳子、夢觀、闇叔誦其詩詞，而皆為之流連徘徊、情不能已，寄興託詠、往還唱和。文風清麗，而事蹟不合情理，文士多情，蓋皆子虛烏有之事也。沈宗疇跋云：「姬人拜鴛喜弄筆墨，余舊藏《西青散記》，乃史梧岡先生未經刪訂瓜

渚草堂原刻本，拜鴛每於繡餘之暇，手錄《記》中所以傳雙卿各條，藉作日課，積九成峽，以雙卿詞有『舊德還欠』句，遂署名《欠愁集》云。先是拜鴛於去夏為余校刻冒巢民《影梅庵憶語》、余澹心《板橋雜記》、趙秋谷《海鷗小譜》，秋九月將次殺青，爰將此集並付手民，至是刻成，特記其緣起於此。」

《嶺西雜錄》二卷　王孝詠撰

王孝詠（1690～1764 後），字慧音，江蘇吳縣（今蘇州市）人，乾隆諸生，藏書家，曾為陳鵬年幕賓，著有《煮石山房集》九卷、《後海堂遺文》二卷等。《四庫全書總目》雜家類雜說之屬著錄。未見。光緒《蘇州府志》卷第一百三十六云有石韞玉序，四庫館臣云此書前有乾隆二年自序，「是書乃孝詠客遊廣西時作，其中頗紀粵事，而所考證議論，無關於粵者甚多。蓋以成於嶺西而名，非記其風土也。孝詠猶及與朱彝尊等遊，故耳目濡染，所言往往有根柢。其中如評李贄、屠隆、祝允明皆極確當，其論徐炯注《李商隱文集》，程嬰、公孫杵臼事未詳左氏記趙武事，與《史記》全殊，失之不考。其欲以《山海經》《老子》《莊子》《楚辭》《水經》為十三經羽翼，則文人好異之談，又墮明人習氣矣。」此書又名《嶺西雜記》，王孝詠《後海書堂雜錄》之「張令公」條有輯錄。

《後海書堂雜錄》一卷　王孝詠撰

《四庫全書總目》雜家類雜說之屬著錄。齊魯書社《四庫全書存目叢書》影印中科院藏清抄本。雜家筆記之流，考證、雜說、軼事、詩話、古蹟等，立言忠厚，如《溫飛卿詩詞》《宋王昭儀詞》等為文論之作；《文人相輕》《毛西河未可輕議》《明人有識》《以鹽換貓》等，皆對世風而言；評論為以史帶論之法，如《臨文用事宜鄭重》《著書有關係》《寱生》等。《量移》《太夫人》《落蘇》《苦瓜》等，不過為幕賓時考訂文字之事。《消磺》述清代採辦礦石製度甚詳，《誅邪鬼》錄歸莊《誅邪鬼論》，述金聖歎以邪淫賈禍，士夫既惡其人、又哀其無辜云。此書卷端有乾隆二十九年甲申自序，云年衰無聊，「讀書過眼輒忘，平生閱歷之事十不記一，竟成棄人，南榮獨坐，偶有所得，隨筆記錄，言不雅馴、事無倫次，聊備遺忘而已。」言語諄諄，較為可讀。

《瑣談》　沈李楷撰

沈李楷（1661～1738），字元禮，號範亭，浙江桐鄉（今屬嘉興市）人，康熙三十九年庚辰科進士，歷官翰林院庶吉士、戶部主事江西饒州知府，著有

《景行錄》《似奕編瑣曇》等。孫詒讓《溫州經籍志》卷十八小說家類瑣語之屬著錄。未見。

《景行》三十卷　沈李楷撰

孫詒讓《溫州經籍志》卷十八小說家類瑣語之屬著錄。未見。

《清波小志補》一卷　陳景鐘撰

陳景鐘字幾山，號墨樵，錢塘（今杭州市）人，乾隆六年辛酉舉人，著有《研雪山房集》。《讀畫齋叢書》本。《鄭堂讀書記補逸》卷二十八小說家類著錄，云：「徐紫珊逢吉既成《清波小志》，復囑幾山補其所闕，乃參考諸書為是編，與徐書相得益彰，皆李敏達《西湖志》之未載也。」此書後有自跋及楊復吉跋。陳景鐘跋云此書作於乾隆三年戊午。內容多人物軼事，語亦雅致，可謂地志小說也。上海書店《叢書集成續編》史部有陳景鐘所輯《清波三志》三卷，分《紀人》《紀事》《紀文》三部，輯錄自宋至清有關杭事者，較《玉几山房聽雨錄》為有系統。

《粵東聞見錄》二卷　張渠撰

張渠（？～1740）字瀋川，號認庵，直隸武強縣（今屬河北省）人，副榜，歷官刑部郎中、廣東惠州知府、湖南巡撫、江蘇巡撫、湖北巡撫等。《嶺南文獻綜錄》地理部雜志類、《廣州文獻書目提要》雜志類著錄。今有《廣州大典·子部雜家類》影印廣東省立中山圖書館藏乾隆三年刻本。前有乾隆三年楊繩武序。此書為張渠記述仕宦廣東時所見聞，上卷分《分野》《日南》《南極》《氣候》《颶風》《疆域》《著述》等有關天文地理、風俗族群、手工藝品之類，下卷為《榕》《木棉》《桄榔》《夾竹》《洋船》等自然物產、水上交通工具之類，兩卷近三百則。敘述簡潔，頗有《廣東新語》之體，楊繩武云此書「測躔度之廣狹，驗節候之盈虛，別疆宇之險易，揚國家威德之遠，究閭閻利病之實；紀山水必悉其源流，疏名物必綜其義類；訂千古載籍之訛，衷四方傳聞之異；有史氏載筆之義，有《爾雅》博物之才。」

《明制常變考》一卷　半園父纂

半園父事蹟不詳。《竹崦庵傳抄書目》子部小說家類著錄。未見。大約考證筆記之類。

《裨勺》一卷　　鮑鉁撰

　　鮑鉁（1690～1748），字冠亭、西岡，號待翁，或曰字冠亭，號西岡，奉天（今遼寧瀋陽市）人，世居山西應州，故云「雲中人」，貢生，正紅旗籍，歷任長興知縣、海寧知縣、草塘通判，著有《道腴堂詩編》等，與金農、姚世鈺等往還。《中國叢書綜錄》小說家類著錄。今有《清代詩文集彙編》本。卷端有《裨勺》一則云：「裨海一勺，言乎少也，海固無所不納，勺水何裨於歸墟哉！然浮天載地所以為百谷王者，實由濫觴始，蓋望洋向若，將由觀瀾以朝宗焉，勿目浮漚為全潮也。」雜家筆記之類，詩話、考證、典章、小說皆有，然小說不過數則，語亦清致，如《海鹽閨秀》：「近歲海鹽一士人妻美而文，與其友以詩私通。一夕留絕命辭二首於几上而奔焉，其一云：『可憐無計住塵寰，生寄原知死是還。怕作青楓根下客，不留軀殼在人間。』士人疑為蹈海死耳，未幾為其友之妻鳴於官，事始敗露。」《王阮亭》：「世宗時王司寇之孫遊京師，車載乃祖著錄種種以為羔雁。一達官素不聞司寇名，遍徇諸公卿：『王阮亭為何許人？』舉朝莫不匿笑。」《包方》：『近時一貴官偶聞桐城方少宗伯苞之名，遂言於人，錯記其姓名曰『包方』，聞者絕倒。』《漁洋前身》云：「聞之高南阜云：漁洋先生前身為高麗國王，將誕之夕，有人止村廟中見途中羽葆鼓吹甚盛，其人駭懼，詢之，從者曰：『高麗國王降生新城王家。』其人素善封翁，急入城探訪，先生已墮地矣。南阜與王氏交好，此說得知於其後嗣，非齊東野人之語也。近日吳門刻《精華錄箋注》，前列年譜，惜採訪未及。」《精華錄箋注》為雍正年間金榮刊本，《裨勺》中有乾隆元年丙辰冬作者觀鍾繇墨蹟於歸安縣衙事、乾隆戊午記佛川寺閒話事，則本書成於乾隆三年後矣。

《亞谷叢書》四卷　　鮑鉁撰

　　《竹崦庵傳抄書目》子部小說家類著錄。上海圖書館藏十步齋刻本。前有鮑鉁自序：「《亞谷叢書》四卷，以甲乙丙丁編次，仿陸龜蒙《笠澤叢書》例也。亞谷，涿鹿地名，出《史記》，餘兩世家此，比歲貢廡輦下，輯其前後四年掌錄碎事為一帙，而統系之以亞谷者，紀託始也。余夙有鉛槧癖，尤致意於說部之書。舊時儲蓄略已散盡，近無以聊生，惟藉此以供茹味，雖不敢齒於作者列，然不賢識小，孔子嘗言之矣。雲中鮑鉁。」四卷三百餘則，每則無標題，有佚名朱筆眉批，內容有詩話、軼事、考證、文獻、風俗、曲藝等，多引唐宋明筆記如《石林燕語》《默客揮犀》《演繁露》以辯證之，頗類漁洋說部，較有文采，

如「漁洋先生於順治辛丑遊吳，題詩楓橋，詩話載之，余以康熙庚子再遊鄧尉，泊舟楓橋，追憶其事，屈指剛六十年，口占一絕云：路近寒山夜泊船，鐘聲漁火尚依然。好詩誰嗣唐張繼，冷落春風六十年。」「明末社事，東南最盛，迨國初猶然有一知名之士，則彼此爭鬥入社，甚至挾兵刃弓矢以以劫之。相傳海寧有二社不相下，一社遍致三吳諸名流，吳梅村先生偉業以耆舊執牛耳，舟楫絡繹，數十里方過嘉興，以次日大會其泊舟處。質明，大書一聯於野廟壁云：鼎湖莫挽龍髯日，鴛水爭持牛耳時。蓋是日乃崇正帝殉社稷之日也。見者氣沮而散。」另今《中國稀見史料》影印十步齋本中有庚寅四月楊靜庵題跋，云：「此冊與近時剪裁古代筆記以供己用者頗有似處，在清人掌故劄記中當非高品，惟朱批者不知何人，識見較著者鮑鉁為憂，又似與之相稔。據云是書流傳不多，求之非易，況有批校者邪！」

《卉庵摭言》二卷　徐鍵撰

　　徐鍵，陝西西安（今西安市）人，事蹟不詳。《販書偶記續編》卷十二小說家類著錄，云有乾隆四年己未鶴和堂刊本。未見。

《訂訛雜錄》十卷　胡鳴玉撰

　　胡鳴玉字廷佩，號吟鷗，江蘇青浦（今上海市）人，廩貢生，嘗應雍正十二年博學宏詞科，乾隆元年以病報罷歸，乾隆二十六年尚在世，著有《吟鷗詩鈔》，沈德潛老友也。《文瑞樓藏書目錄》子類小說家著錄。《叢書集成初編》本。前有乾隆二十三年沈德潛序、乾隆四年胡鳴玉自序、嘉慶十八年陳春序。全書二百五十餘則，每則有標題，皆為小學、音韻筆記考證之作，意在匡正「字書畫音聲之謬以及用古沿襲之訛」，如《謏聞》《周禮奇字》《帶礪》《殺俗讀去聲》《皋比》等，亦《匡謬正俗》《陔餘叢考》《蛾術編》之類，雜引諸書，頗為精詳，故陳春雲此書「多抒陳己意，而折正於前人之說，或旅述舊聞，引而伸之，以補其所未備，書中往往稱洪容齋、王勉夫之言，聚其旨歸，蓋晞二子者也。」

《吳興舊聞》二卷　胡承謀輯

　　胡承謀字詒仲，號琴崖，江南涇縣（今屬安徽宣城市）人，康熙九年庚戌進士，乾隆元年至乾隆四年任湖州知府，嘉慶《涇縣志》卷十七有傳。《販書偶記續編》史部地理類著錄。今有《中國風土志叢刊續編》影印國家圖書館藏

嘉慶九年刻本。前有嘉慶九年歸安章銓序，云此書本為胡承謀任湖州知府期間編纂府志五十二卷之一部，後官板毀於火，「沔陽李肯庵太守重修，將《舊聞》二卷節去，都人士惜之。」故章氏於「公退之暇，仍照原本校刊，並無增刪」，聊備「說部之書」一種云。此書為兩卷，每則無標題，所輯皆備出處，多從前代典籍如文集、地志、正史、雜史、小說、詩話中輯錄有關湖州者，內容為藝文軼事、嘉言瑣語之屬，不過方志叢談之類，所輯之書有《西吳俚語》《吳縣志》《瀛奎律髓》《吳興掌故》《吹影集》《隋書》等，其中尤以小說為多，如《湧幢小品》《述異記》《水東日記》《見聞雜記》《對客叢談》《果報聞見錄》《信徵錄》等，以時代為序分述之，後章銓續此書為《吳興舊聞補》四卷。

《呂祖彙集》三十四卷附十四卷　佚名編

《中國古籍總目》小說類文言之屬著錄。陝西省圖書館藏道光三十年刻本。今見臺北新文豐出版公司《中華續道藏》本，三十四卷。前有咸豐元年葉聽松序、道光二十九年汪晉原總序、宿宗岱總序、乾隆七年劉體恕原序、黃誠恕原序、道光己酉呂洞賓總序、《凡例》20條、《讚》詩二首（間繪《孚佑帝君像》一幅）、嘉慶十年敕封呂祖「燮元贊運」文、目錄、總目。此書成於乾、道間眾人之手，為有關呂洞賓靈異事蹟及其詩文經誥彙編之本，託名呂洞賓示乩而成，故李洞賓序云：「吾東遊巫峽，西入青城，南至邛崍，北過劍閣，屢矣。見吾經品，未流播一二於蜀中，每以為恨。丁未之秋，吾駐唐安元通市之萬壽宮，乩論化世，將去之日，有以刊吾歷來經典，及一切論文詩歌各體為請者，吾鑒其誠而許焉，命購齊吾書，吾自證訂，不數月書齊，吾復降，一一編次，名曰《彙集》，分為正附，吾蓋有苦心焉。茲梓工已備，吾志數語，蓋喜其先得我心也。請者誰？胡安惠、彭文鬥、車垂璧也。」卷一《頒祭》《寶誥》《本傳》《仙派源流附》《傳聞正誤附》，開明宗義也。卷二《文集彙》，錄道經中呂洞賓序文及《枕中記》。卷三、卷四《詩集彙》，所錄為呂洞賓詩詞，多世人扶鸞所得。卷五、卷六《誥集彙》，錄《忠誥》《孝誥》。卷七至卷二十三《經集彙》，錄《前八品仙經》《九品仙經》《清徽三品經》《參同經》《道德經》等道經十餘部，並附經咒。卷二十四、卷二十五《懺集彙》，錄《棲真宣演拔濟苦海雪過修真仙懺》《拔心仙懺》兩種。卷二十六《葫頭彙》，錄《葫頭集》。卷二十八《涵三乘》，有《涵三雜詠》《涵三語錄》。卷三十《因果彙》，錄《因果說》。卷三十一《功過彙》，錄《功過格》。卷三十二至卷三十四《靈異彙》，

輯錄呂洞賓靈異故事。仙書彙集之類，雖源出於民間信仰，然實「大有功於綱常名教」（宿宗岱總序），故乾隆以來屢次翻刻、增補，今呂祖信仰已式微矣。

《退餘叢話》二卷　鮑倚雲撰

鮑倚雲（1707～1777），字薇省，號退餘，安徽歙縣（今屬黃山市）人，貢生。《中國叢書綜錄》小說家類著錄。上海書店《叢書集成續編》本。全書百餘則，內容涉及雜事、怪異、博物、詩話、雜說，以詩話居多。書中記有「癸亥閏四月多雨，中旬以後江水大漲」為乾隆八年事，則此書當成於乾隆八年以後。雜事如記夢：「八月二十夜，夢余殯發就葬，儀從甚盛，魂忽栩栩出，登一大皋，平沙半畝許，其右側歐陽公墓，余以竹畫沙上，作隸體自書墓表，文頗長，字方二寸，余旁一人以手搨之，沙平字陷，宛如碑刻，末行方擬署一顯者名，未落筆而醒。」怪異如：「雍正乙卯外王舅艮齋吳先生瞻泰卒時，娑羅花盛開，園旁有放鴨人言夜間風細月明，見一人長丈餘，五色雲，見從老樹下出，未幾老樹枯死。康熙丙午成公吳艮宅先生之父發祥之年，硯池中迸出紅豆一枚，理青芝書舍六七十年成大樹，與老樹埒。甲寅花時，先生為長歌紀其事，後有刪其枝者，是夕樹中放光，久之乃滅，凡樹大類有神物棲焉，關人地死生衰旺不少，今娑羅樹次第飄零，此中人蕭瑟已甚，吾疑非神叢得毋木妖歟？」「有周某寓湖廣鐵佛寺，偶為人塾師，夜忽驅其徒避火，跟蹌具行李出，眾以為狂，俄而鄰火果作，熾甚，移時周趣其徒歸曰：『火向某所止，無事也。』果熄。眾問故，周曰：『凡群犬俛而行且嗥若噬者，見鬼神也；群坐一其向而吠，此火也。暮至門首，見犬吠，得火徵，故須急避。凡火有舌，舌所向，變動不居，其火不測，舌藏則止，吾是以歸。鐵立道人為余言。道人史姓，溧陽人。』」

《昭代舊聞》四卷　屠元淳撰

屠元淳字轂詒，號拙齋，浙江嘉興（今嘉興市）人，著有《尋樂類編詩餘》《昭代舊聞》《萬花擷繡》《梧窗夜話》等。《販書偶記續編》雜家類、《鄭堂讀書記補逸》卷二十八小說家類著錄。《鄭堂》云：「是書所記多順治、康熙間雜事，或採自傳記，或得自傳聞，分《輯典》《纂言》《錄行》《述異》四門。前有自撰例言及戴發山、王祥序。」《中國叢書綜錄》云有《屠氏三種》本，乾隆十一年刊。《屠氏三種》包括《昭代舊聞》四卷、《萬花擷繡》四卷、《梧窗夜話》二卷附錄一卷。今有《文壇清鑒集》（《中國古籍珍本叢刊・天津圖書館

卷》）本。《文壇清鑒集》內有《尋樂類編》《閱史閒評》《萬花擷繡》《昭代舊聞》《說苑類聚》《梧窗夜話》六種，前有戚振鷺序，後有乾隆十一年丙寅屠廷楷跋。據跋文可知乾隆十一年屠元淳尚在世。《尋樂類編》六卷為屠氏詩詞文集，《閱史閒評》四卷為屠氏閱讀《史記》時所作評論，前有乾隆十一年丙寅曹樞序；《萬花擷繡》四卷，為類族辨物之書，分門節取為學者所用，前有乾隆十年乙丑王正功序；《說苑類聚》與《梧窗夜話》僅列目，未刊。今《昭代舊聞》四卷，分《輯典》《纂言》《錄行》《述異》四部分，《例言》六條，云此書漁獵舊聞、纂輯他書，即可多識亦堪蓄德，前言往行、齊諧志怪皆搜輯成書，事多順康年間，所載求徵求實。《輯典》為朝廷典故，《纂言》為名儒才士言論，《錄行》為名公軼事及貞節孝義之事，《述異》為怪異之事如物異、夢異、祥異、公案、轉生、關公現身、觀音顯靈之類，多因果報應，不過寓勸誡之意。所輯錄之書不注出處，文風質直。

《受宜堂宦遊筆記》四十六卷　納蘭常安撰

納蘭常安（1681～1747），姓葉赫那拉氏，字履坦，滿洲鑲紅旗人，歷官太原府通判、廣西按察使、江西巡撫、浙江巡撫、著有《受宜堂集》四十卷、《明史評》等。《藏園訂補邵亭知見傳本書目》雜家類著錄。上海圖書館藏有受宜堂板本，八冊。前有乾隆十年魯曾煜《序》、乾隆十一年納蘭常安《自序》、乾隆乙丑吳趁陸《序》，《凡例》19 條，後有壬辰年黃裳題記。卷一至卷卷八《京畿》，卷九、卷十《盛京》，卷十一、卷十二、卷十三《山東》，卷十三、卷十四《山西》，卷十五《河南》，卷十六、卷十六、卷十八《江南》，卷十九至卷二十八《浙江》，卷二十九至卷三十一《江西》，卷三十二《湖廣》，卷三十三《廣東》，卷三十四《廣西》，卷三十五《雲南》，卷三十六至卷三十八《貴州》，卷三十九、卷四十《西陲》，卷四十一至卷四十六《北路》。是書為類乎地志，納蘭常安以所居官時間長短分述詳略，內容雜沓，故其曰「是集雖名曰記，實復有論有說有辨而統名之以記者。」（《凡例》）案：《宦遊筆記》有三種，一為納蘭常安著，一為守硯主人延昌撰，晚清人。

《雷江脞錄》四卷　章孝基撰

章孝基，浙江稽山（今屬紹興市）人，清書畫家高鳳翰弟子，其他事蹟不詳。《中國古籍總目》小說家類著錄。上海圖書館藏清抄本。前有丙寅年章孝基序。案卷三《左手書畫》云「膠州高南阜先生鳳翰，余受業師也」，高鳳翰

生於 1683 年，章為其入室弟子，則所謂「丙寅年」當在 1700～1800 年之間，乾隆十一年為丙寅年，則此序當書於是年。序敍此書緣起云「雷江僻處皖口西南，玉川子舊治也……乙丑冬，吾友徐醉樵作宰，余因拏舟而來，得以遊覽名勝……歌詠之餘，各擴生平耳濡目染可驚可愕之事清論為樂。」書中皆為清初以來故事，共 67 則，每則有題目，大致所述以浙江為多。卷一至卷三多為志怪，內容有女鬼、僧道、災異、寇盜、入冥、夢異、遇仙、產異、異兆、扶鸞、謔語，如《縣署女鬼》《會稽女子舉鼎》《陳神仙測字》《白塔山女怪》《雨豆》《瓦上冰花》《孝子格天》《巧對》《瑞光寺塔》《青蛙借雷》《天道不爽》《陰司誤勾》等；卷四則以軼聞為主，且類乎遊戲文章、詩文小說者，如《館穀文》《洩氣詩》《吃煙（文）》《遊和文》《嘲茹素》《開煙禁文》《生荸小令》《蘇幕遮傳》《沈畹香閨怨詩》《尼詠幽歡》《白糧倉打油歌》等。書中敍事最晚在乾隆九年，亦館賓幕友之談叢也，敍事頗有次序，謔語、遊戲文屏雜小說之中，語言雋而不俗，亦可增閱覽。

《蘭室管見》　程盛泮撰

程盛泮，湖北通城（今屬咸寧市）人，乾隆十二年舉人。宣統《湖北通志》小說家類雜事之屬著錄。未見。

《筆談》《六異記》《太平話》　齊周華撰

項元勳《台州經籍志》子部十三說家類著錄，云齊周華字巨山，號華陽子，浙江天台（今屬台州市）人，雍正九年辛亥為石門呂案赴都上書下獄，乾隆元年遇赦釋放，入武當山為道士，越八九年歸里，因具控族人息園侍郎被刑，今從祀浙江先賢祠。未見。

《漁洋說部精華》十二卷附《漁洋書籍跋尾》二卷　王士禎撰、劉堅類次

劉堅字青城，號雨窗，江蘇錫山（今無錫市）人，著有《修潔齋閒筆》等。《鄭堂讀書記》卷五十七雜家類雜說之屬著錄、《中國叢書綜錄》小說家類著錄。國家圖書館藏乾隆十三年刻本。今有上海書店《叢書集成續編》本。前有劉堅序，後有光緒五年葛元煦跋，全書分八類，包括《評騭》，品論歷代人物；《考核》，考證經史；《載籍》《典故》，為經史考證之語；《詼諧》，多文人笑語之類；《詩話》《清韻》，皆詩話、清談之類；《奇異》，記怪異之事，其

中多博物之類。劉堅序云：「漁洋山人詩文為藝苑第一大家，海內心折久矣，所撰說部、遊歷、記志而外，《石帆亭紀談》《居易錄》諸書多編年日記，各為部帙，間有重複，不無詞異而意同，閒窗妄摘菁英，略用門類，稍加區別，都十二卷，仿古今體詩《精華錄》之例，亦以是名之。若遷除邸報、官制攸關、良友佚詩、表章念切，當別為一書，茲尚未逮云。」葛元煦跋云：「《說部精華》十二卷，梁溪劉君所擇漁洋山人雜著中語也。」《諧謔》《奇異》各一卷，所佔分量不多，從漁洋雜著中輯錄爾來，故此書主要為史評、詩話及考證之類。漁洋著述多種，卷帙甚多，故劉堅類次成書，為仰慕者設一標的也。周中孚云此書仿漁洋門人林佶刻《漁洋山人精華錄》之古近體詩體例，「漁洋撰述最富，檢閱非易，得此編以便循覽，亦易簡之道歟？」《漁洋書籍跋尾》二卷，王士禛撰，劉堅編，國家圖書館藏刻本，原為鄭氏西諦藏書，前有劉堅序，未書年代，云漁洋好書成癖，「每獲一編，披覽之下，人文品誼揄揚指謫以及槧板傳寫藏弄姓名題於其前或跋於後散見說部中者盡錄入載籍，分上下卷，近檢帶經堂全集漁洋蠶尾又有跋尾二卷，合之載籍上下，可補焦氏經籍志之遺，至其文之短篇尺幅味外酸鹹彷彿坡公小品，有目共賞，奚用贅為？」

《修潔齋閒筆》八卷　劉堅撰

　　《浙江採集遺書總錄》說家類、《四庫全書總目》子部雜家類著錄。上海古籍出版社《續修四庫全書》影印華東師大館藏乾隆十八年增刻本（原目為「乾隆六年」，誤。）前有乾隆六年辛酉劉堅自序、前四卷條數、每卷目錄，後有劉堅乾隆十八癸酉跋。據劉堅自序及書後跋文，知此書原為乾隆六年刊刻四卷 411 條（四庫館臣云三百餘條，誤。）後乾隆十八年增益至八卷 769 條，為劉氏閑暇讀書劄記，亦有輯錄成文如《關疆園習察》者。此書意在考辨古今名物，多據《史》《漢》及先宋之詩文、晉唐小說、宋筆記而發明之，如《鄉里》《索郎》《題跋》《乾沒》《條達》《黎明》《廚傳》《罘罳》《繩床》《燒尾》《纏足》《都頭》《名士》《量移》《典屬國》《說家》《稗官》《空拳》等，偶有名人軼事，文不甚深，要在於有據而發，不為空談。然亦有考辨難周處，如《義帝》稱「義帝」為項羽權宜之計，則未名「義」之本意。卷八引經為形上之學，陰陽天文歷述而難確，亦強弩之末之筆。大約劉堅學在史、文，於經學稍疏。

《咫聞日記》一卷　莊栢撰

莊栢（1682～1755），字書雲，號硯溪，江蘇武進（今常州市）人，康熙五十九年舉人，曾任黃梅知縣、蘄州知州，工詩文，著有《晚菘詩稿》六卷，與趙彪詔、湯大紳為友。《清代毗陵書目》小說家類、《毘陵經籍志》雜家類著錄。今有南京圖書館藏抄本，為《晚菘詩稿》附錄一卷本，一冊。前有乾隆十二年丁卯莊栢自序，後有乾隆三十二年丁亥莊原祁跋。此書為雜說之類，所錄為莊栢點評史傳、為人處世之論，自序云：「余幼聆父兄之訓，長而宦掌四方，其於當世賢人君子未嘗側聞其緒論矣。辛酉冬引疾歸里，不出戶庭者三載，乙丑春杪始勿藥如常，應酬家事，遂一切不以置懷，日惟聽諸孫讀書，間則與塾師蔣文明先生談論舊時所聞，見兒孫輩在側輒條其可記者錄之，積若干，曰《咫聞日記》，其言皆布帛粟菽，不為鞶帨之詞，蓋取其明白易曉也。」其自述緣由如此。莊原祁跋云：「《咫聞日記》，先君子訓誡子孫書也。先君子自辛酉謝病歸，足不闖戶、捐棄人世者五年，惟日靜坐觀書，有得輒條記之，積久成帙，因取其切於家常日用、可以身體而力行者存錄之家塾。」莊氏之書包括有《論文隨記》《字二子說》等，隨筆雜記之類，如「文貴清，清不可虛機滑調。」「文貴真，真不可拖泥帶水。」「每於快意處即思收斂。」「科名不論早晚，要有福量。」「毋喜事，喜事則多事。」「無事時小心，有事時大膽，市井人能言之，然二語實與聖賢戒謹恐懼、不憂不懼互相發明，弗可忽也。」

《書隱叢說》十九卷　袁棟撰

袁棟（1697～1761），字國柱，號漫恬，別署玉田仙史，江蘇吳江（今屬蘇州市）人，乾隆監生，著有《漫恬詩鈔》《漫恬詩餘》等。《浙江採集遺書總錄》說家類、《四庫全書總目》雜家類雜說之屬著錄。齊魯書社《四庫全書存目叢書》影印北京圖書館藏乾隆刻本，前有乾隆十三年戊辰沈德潛序、乾隆十四年己巳陳祖範序、阮學濬序、蔡寅斗序、乾隆九年袁棟自序。書有目次，雜家筆記之類，乾隆九年蔡寅斗序云：「考前史藝文志，凡分類之劄記，概名曰說部，其稱名也小矣，惟其稱名小，故有事於此者，類出之遊戲以為無聊遣興之資，非鑿空駕虛、喜新好怪即抄襲陳說、撦拾無稽，若稗販若傳奇，而卒無一言之當於道。嗟乎！以有用之心思，費無用之筆劄，何其可已而不已也。善乎袁子漫恬《書隱叢說》一編，有以掃自來作者之弊也，其自序深斥夫為偏為詭為纖為腐之失而獨以《容齋五筆》、亭林《日知錄》為準，余披覽而讀之，

知其稱名也小而取義大矣。」故陳祖範云「亦《柳南隨筆》之流亞也」，全書
千餘則，內容叢雜，大致以考證、議論為主，故沈德潛序稱此書「未敢謂與《日
知錄》一書並可坐言起行，然以視夫徒慕著書之名而或浮遊而不根剿說而鮮當
者，其相懸不可以道里計矣。」其他如典章、掌故、志怪、詩話、文話、古蹟、
史事、博物並而有之，大凡文集、小說、史志、經學等皆在論列，目擊耳聞者
亦記錄之，如卷一《不餌五穀》、卷二《術法》《頃刻花》、卷六《灶間土湧》
等皆為志怪，卷六《英雄末路》述耿精忠部將為僧、卷十四《偕隱》述明范允
臨夫婦隱居事等，皆為軼聞也，阮學濬云「其徵材也富，其考核也精，其論斷
也有識而允當，殆異乎《洞冥》《搜神》之荒渺不經以及劍俠狎邪之浮誕豔異
者矣。」周中孚《鄭堂讀書記》卷五十七云「其議論考據，辨駁援引，總期解
世之惑，立意未嘗不善，然皆前人所已言，漫恬不過加以鈔撮，而參以己見，
非別有所心得，即間及當代見聞，亦皆他書所已具也。以擬容齋《五筆》、亭
林《日知》，其猶斌玟之於美玉云爾。」評價不甚高。

《南北史捃華》八卷　　周嘉猷輯

　　周嘉猷（1717～1781），字辰告，號兩塍，浙江錢塘（今杭州市）人，乾
隆二十二年進士，官山東武定府青城縣知縣，著有《南北史世系表》《兩塍詩
草》等。《清史稿·藝文志》史部史鈔類著錄。本書最早為乾隆十四年刊本，
同治乙丑鑒止水齋重鐫。今有華東師大館藏有光緒二年胡鳳丹校八卷本，前有
楊峒序，是書仿《世說》體例，採輯《南》《北史》，分36門，類目一如《世
說》。胡德琳序云：「史自魏晉而下，相沿江左餘風，著述多門，皆喜載調謔，
君子譏之。然臨川《世說》，採綴綜敘，明暢不繁，則披沙揀金，亦讀史者之
一法也。……於謂《世說新語》得孝標之訓詁，而益見賞於前人。二《史》為
八代之綜萃，兩塍又從而捃摭之，考訂精詳，間有是正，誠足上繼臨川矣。繼
千博雅好學，果能收錄諸家小史，分釋其義，若姚李父子，輝映一時，則談、
遷、彪、固之美，不得專擅於前矣。寧第詼諧小說，僅為解頤拊掌之資乎？故
不辭而為之序。」周嘉猷所輯，以意去取，「考訂精詳，間有是正」，並非照錄
原文，故亦可作詼諧小說觀。

《居官必閱錄》一卷　　高曜編、葉士寬增刪

　　高曜字知白，平水（？）人，其他不詳；葉士寬字蔭亭（或號映亭），長
洲（今蘇州市）人，康熙庚子舉人，歷官定襄知縣、沁州知州、潞安知府、金

華知府等。《中國古籍總目》子部小說家類著錄。國家圖書館藏乾隆蘇州刻本，又名《增訂鑒懲錄》，前有乾隆十七年陳世倌序、乾隆十五年潘思榘序、乾隆壬申佴申序。此書抄撮眾書，分《循吏報》《酷吏報》《祥刑》《決疑》《格言》《功格》《過格》《匯鈔》等八個部分，其中《格言》《功格》《過格》為議論，《匯鈔》為「牛報」（以牛為因果之源）之類，其他諸部為居官軼事，善善惡惡皆輯錄之，所以勸懲之意也。

《叢殘小語》一卷　　江浩然撰

　　江浩然字萬原，號孟亭，浙江嘉興（今嘉興市）人，諸生，長期為幕客，著有《北田詩臆》《曝書亭詩箋注》《江湖客詞》等。石昌渝主編之《中國古代小說總目·文言卷》著錄，云有乾隆刻本，未見。今有華東師大館藏清鈔本。此為雜家筆記之類，主於典故詩詞之考辨，文筆清致。後有江壎跋，其中云「先君子性好讀書……七試棘闈，屢薦不售……先君子自雍正癸卯出遊山左，乾隆己巳歸里，……庚午冬壎於旅邸聞訃，痛裂五中……丁丑嘉平月壎敬識。」則江浩然卒於乾隆十五年庚午，其中有《擊壤》一則，「北地有兒童戲名曰打耳，又曰打臺，畫界於地，置一木界內，手執一木擊中下木，視過界遠近為勝負，此即古擊壤之戲也。」可以廣見聞也。

《州乘餘聞》一卷　　宋弼撰

　　宋弼字仲良、蒙泉，山東德州（今德州市）人，乾隆十年進士，累官至甘肅按察使，著有與《山左明詩鈔》，輯補有《五代詩話》《德州志稿》。《清史稿·藝文志》史部地理類著錄。《北京大學圖書館藏稀見方志叢刊》影印光緒十四年養知堂刊本。前有宋弼《小引》、紀昀及趙國華題詞，後有丁亥年馬洪慶跋。《小引》云纂修州乘之餘，「網羅舊事，偶得一二輒劄記之……獻縣紀曉嵐見之，漫謂似臨川《世說》。」此書成於乾隆十六年，全書分 24 門，除其中十六門沿襲《世說》之外，增《曠達》《感慨》《遊歷》《故實》《感逝》《遊戲》《女流》《志怪》等八門，共 22 門，近 150 則，所述多為山東德州一隅之事，可補邑乘之闕，語言「蕭疏簡遠，深得六朝風神」（馬洪慶跋語），如《任誕》中云：「李文學諸生時好交遊，試置劣等，大慚，鍵戶數月，復試得第一，名噪一時，亦詡然自喜，以指畫腹曰：『人亦有此奇否？』」「李少參贊明倜儻不羈，應試歷下，嘗著紅衫作盲婦狀，傅粉簪花，抱曲項琵琶，沿街唱大道曲，觀者如堵，意氣自得、旁若無人。」亦地志小說也。

《說鬼稽神錄》　顏懋企撰

　　顏懋企（1711～1752），初名懋儉，字固我，後改今名，字幼民，號庶華，自號西郊居士，山東曲阜（今屬濟寧市）人，乾隆十三年恩貢生，著有《葆光樓隨筆》《知依堂筆記》《飛塵集》等。宣統《山東通志》小說家類異聞之屬著錄。未見。

《看山閣閒筆》十六卷　黃圖珌撰

　　黃圖珌（1699～1752後），字容之，號守真子、蕉窗居士，江蘇華亭（今上海市）人，監生，歷官杭州府同知、衢州府同知，著有《看山閣集》《看山閣續集》、傳奇《梅花箋》等多種。《中國文言小說總目提要》雜俎類著錄，云有康熙刊本，未見。今有《清代詩文集彙編》本。黃圖珌之《看山閣集》三十二卷，中有《閒筆》十六卷，前有林明倫序、乾隆十七年壬申黃圖珌序，為黃圖珌居官閒餘所作，故名「閒筆」，黃序云：「凡人品之大端，文學之大意，仕宦之大要，技藝之大略，分類成帙，時時翻閱以自驚惕然，恐陳腐之氣薰人，迂闊之論惡聽，因續《製作》以脫人之俗，《清玩》以佐人之幽，《芳香》以豔人之目，《遊戲》以怡人之情，庶觀是書者，端人既不致委唾，而逸士亦良有同心。」全書共分八部，每部二卷，有《人品部》，述立身養氣之道；《文學部》，講詩詞作文法門；《仕宦部》，述為官持正之道；《技藝部》，述醫術、占卜、觀星、相面之法則；《製作部》，述製作窗簾屏風等家庭用具之巧，以求雅致，並畫圖以示；《清玩部》，述典雅心態如《不言時事》、《勿對俗客》與典雅事物之安排如《放鶴亭前》、《觀魚池畔》等；《芳香部》，述欣賞花草竹木及女性美之要領；《遊戲部》，述文人破悶消閒之法如遊玩如《七巧》《納涼》《清談》等。每部皆有小序，如《人品部》云：「為士之道，首重人品，欲成第一等人，先立第一等品，清若春冰，潔如秋露，纖塵莫入，片月嘗凝，養美玉精金之貴，守蒼松修竹之高，乃是第一等人品，為士者所當立也。」每部分數則，皆有題目，間雜黃氏識語。全書並無敘事，可入雅趣小品之類。

《漱華隨筆》四卷　嚴有禧撰

　　嚴有禧（1694～1766），字厚載、韋川，江蘇常熟（今常熟市）人，雍正元年進士，歷官萊州府知府、河南按察使、湖南按察使等，著有《東來紀略》《淫刑兩鑒》《戒得錄》《延綠存稿》等，事蹟詳見《常熟國家歷史文化名城詞典》之「繩武堂」條。《鄭堂讀書記》卷六十五小說家類雜事之屬著錄。上海

圖書館藏乾隆十七年餘山閣刊本。此書前有陳法乾隆十七年序。凡 130 餘則，說部之書，皆記瑣事掌故，間有因果報應之類。陳法序云「唐啖助謂左氏博採當世文籍，太史公尤好採摭異聞，則說部固史材也」——「說部固史材」，即稗官類小說，其失在於「或傳聞異辭，擇焉不精，或有意抑揚，詞多失實」，「徵信」，雖小說筆法，亦當為「徵信」、「勸懲」為主旨。全書四卷共 120 則，卷一為歷代典章考證之類，如《採訪遺書》《會試移期》《夾帶懷攜》《五經中額》《榜後覆試》《曲阜世職》《詆毀程朱》《滿洲鄉會試》《第二稱狀元》《明初解元》《制科議》《知縣改授》等，卷二雖間有筆記考證，然以明清軼事為主，涉及社會諸階層，其中所記《莊廷鑨》《盛符生》等為清代案獄事，亦有摘自他書如《玉堂佳話》者。此書文風簡略，幾於素描，如《李忠毅》一則：「周忠介公被逮事，人豔稱之。時江陰逮李忠毅公，亦有垂髫少年十人各執短棍直呼入憲署殺校尉，諸尉踉蹌越牆逃，一賣蔗童子十餘歲，撫髀曰：『我恨極矣！』遂從一肥尉後舉削蔗刀臠片肉，擲以食狗。」《文三橋》：「文三橋先生見人止操吳音，常言南北一也。」卷三可入言語之類，人以言傳，事附益之，如《湯先生》：「湯潛庵先生課子讀書，嘗至夜分不輟，曰：『吾非望汝早貴，少年兒宜使苦，苦則志定，將來不失足也。』又云：『教子弟只是令他讀書，他有聖賢幾句話在胸中，有時借聖賢言語照他行事開導之，便易有省悟處。』」卷四為善行雅致之事，如《王司寇》述王漁洋於任揚州推官與布衣詩人邵潛交往事。此書雖有朝野筆記之屬，然敘事記人，文筆頗亦敦厚質實，故鄭堂云其「卷帙不繁，而語皆徵實，蓋其慎也。又其大旨均歸懲勸，蓋與尋常小說家異矣。」

《滇南憶舊錄》一卷　　張泓撰

張泓號西潭，漢軍鑲黃旗籍，乾隆六年至乾隆十八年官雲南新興、路南、鶴慶、劍川等知府（知州）及黑鹽井提舉，著有《買洞軒集》《滇南新語》《滇南憶舊錄》等。《鄭堂讀書記補逸》卷二十八小說家類著錄。華東師大館藏《藝海珠塵》本。周中孚云「是編乃其在滇時追憶舊時耳目所接軼聞瑣事，筆記成帙，凡三十三條。」此書軼事以外，凡山水、祠廟、怪異及自作詩詞皆收錄其中，如《有六堂記》《靖逆志略》《晚紅堂記》《金山紀事》《成公祠》《書鄭所南文集後》等應入文集之中，不盡為小說也。

《霞城筆記》十卷　　顏懋僑纂

顏懋僑（1701～1752），字幼客、癡仲，山東曲阜（今曲阜市）人，著有

《撾史》等。《藏園訂補邵亭知見傳本書目》雜家類著錄。今有國家圖書館藏民國藏園依據稿本傳抄之本，分《君德》《治略》《聖道》《奧區》《臨乘》《天文》《人物》《藝林》《逆命》《自敘》十類，所錄多為清初事蹟，每則無標題，亦讀書筆記、隨手雜錄之類。此抄本後錄有《曲阜顏幼客詩鈔》二十八首。此書文風端直，絕少妄評，言之有據，資料性較強。傅增湘《霞城筆記跋》云：「原書十卷，卷一《君德》，多錄雍正朝諭旨；卷二《治略》，述康、雍以來政事大端；卷三《聖學》，述孔廟事實；卷四《奧區》，雜述地理之事；卷五《臨乘》，記浙江臨海邑中故事；卷六《天文》，兼述律呂、時令、星野、占驗及異俗；卷七《人物》，雜述古今人事物理；卷八《藝林》，評論詩文，旁及考證；卷九《逆命》，紀雍正朝文字獄事，咸引據官書；卷十《自序》，則為其祖修來先生之年譜、及其父肅之赴浙途中日記也。」

《東皋雜鈔》三卷　董潮撰

　　董潮（1729～1764），字曉滄，號東亭，原籍江蘇武進，後贅婿浙江海鹽（今海鹽市），乾隆二十一年丙子舉人、乾隆二十八年癸未進士，官翰林院庶吉士，結社吟詩，有「嘉禾七子」之譽，著有《紅豆集》等，事蹟詳見光緒《海鹽縣志》卷十九。一名《東皋雜錄》。《竹崦庵傳抄書目》小說家類、《鄭堂讀書記補逸》卷二十六雜家類雜說之屬著錄、《萬卷精華樓藏書記》卷一百子部小說家類著錄。華東師大館藏《藝海珠塵》本。前有乾隆十八年癸酉自序，云：「槐花黃後，故我依然。日坐小窗下，覺茶香簾影，致有一段幽寂趣，讀書偶得，隨筆記錄，並及耳目所見聞者，久而成帙，因取古人『臨東皋以舒嘯』意名曰《東皋雜鈔》，非敢云窮愁著書，聊借筆墨舒寫已耳，至於備一朝之典，故擅數語之剪裁，則誠有愧昔人云。」文中可見其所讀之書除正史之外，又有《世說新語》《筠廊偶筆》《酉陽雜俎》《東都事略》《池北偶談》《草木子》《鶴林玉露》《山房隨筆》《老學庵筆記》《柳南隨筆》等說部筆記之書，摘錄當代詩詞，博物如桐城古研，考辨如蔡邕子女非僅有蔡文姬、王戎並非儉嗇者，軼事如柳如是勸錢謙益投池殉國、海昌陳之遴赴考娶妻、陳之遴頓悟前世為僧，志怪如大盜死而轉生、淳安陳明遑遇道學法術，語亦清致，如「蘭陵米賈王姓字君甫者，因尚流落不偶，至乞食岳陽樓下。一日遇道士，哀之，招與同飲，因取菜汁畫一螳螂於扇，持之索錢，比出店則蠕蠕欲動，儼然生物也，因得資之以歸。後數年友人處請乩仙，君甫亦在坐，乩忽大書一絕云：『十年不見王君甫，今日相逢鬢已霜。可記岳陽樓下事，曾將菜汁畫螳螂。』」「武林章藻功

定績，癸未庶常，工四六，為人狂躁喜事，諸生時科場後俚鄙詩文多出其手，人畏其筆舌，因寅緣得售。有陳永興者，買油為業，擁巨貲，歿後入鄉賢祠，縉紳往拜必厚贈銀幣，章往而無所獲，遂憤怒。適海寇投誠人黃明為浙藩，章與厚，力構此事，遣胥役手鋃鐺至祠中拽出之，後黃敗，罪款亦及此事，章反坐黃他事革職，居家益憤憤。時查某為少宗伯，章作書與之，首託其子舉人磨勘事，後力陳此事謂事關學校，欲其從公論攻擊。查因事伏法，籍沒時，此事遂達御覽，世宗惡其輕狡，並摘磨勘為科場大弊，特逮下詔獄，杖四十枷死，其子褫革流廣西。」

《遯齋偶筆》二卷　徐昆撰

徐昆（1691～1761），字國山，號遯齋，毗陵（今江蘇常州市）人，雍正元年舉人，歷官金華知府、曹縣知縣。來新夏《清人筆記隨錄》著錄。上海圖書館藏光緒七年濟上孫愷軒刻本，前有光緒年間徐家沭序、乾隆十八年癸酉徐昆自敘，自云年十三始隨父遊宦，後作幕為官，歷經奇景山水，至乾隆三十六年丁卯窮居無聊，「散衙後隻影自隨，有兩僕黃昏時鞠䩾聲與蟲聲相間，輒剪燭舉疇昔所經及見聞之頗新異者，各綴數語。」書分上下兩卷，上卷為山水地理如《湯泉》《松巒廟》《煙霞洞》《小飛來》，軼事如孝子節婦，博物則有文雅賞玩之類；下卷為博物、公案、鬼怪，博物如《鄂洛斯服飾》《西洋字》《乳牛》《西洋畫》等，公案如《趙公讞獄》《唐公讞獄》等，鬼怪如《神燈》《瘟神》《疫鬼》《僵屍》《吳二官》《大同使院》等。後有姚大源《讀遯齋太老先生偶筆二卷》識語，云：「凡生平所遇山水奇景、荒服奇蹟、節烈奇蹤、蛟龍奇變、妖幻奇態皆筆及之。……此編筆妙，即常璩、楊衒王子年亦無以復加矣。」過譽之語。

《片刻餘閒集》二卷　劉埥撰

劉埥（1694～1768），字原圃，一字暢亭，河南新鄭縣（今屬鄭州市）人，副榜，歷官福建崇安、臺灣彰化知縣、順寧知府等，曾纂修《崇安縣志》《遵化直隸州志》等。《清史稿藝文志拾遺》雜家類著錄。上海古籍出版社《續修四庫全書》影印乾隆十九年刻本。前有乾隆十九年彭樹葵序。此書意在保存文獻，故所記多為師友父兄及自撰之詩文，如題壁詩、贈答詩、祝壽文；行文又類乎傳記，鄉賢名宦事蹟多所記述。詩文傳記之外，另有雜說、博物、史事之類，所記在臺之見聞，於鄭氏軼事及臺灣風土記述尤詳。所錄詩文多有文采，傳記亦平實可信，頗類方志之《藝文志》《文苑傳》之體。

《豐暇筆談》一卷　孟瑢樾撰

　　孟瑢樾，原名興，字湛文，長洲（今江蘇蘇州）人，雍正七年舉人，累官至內閣中書，著有《樾籟詞》等。《中國叢書綜錄》小說家類志怪之屬著錄。《屑玉叢譚二集》本。前有乾隆十九年樂聞叟自序，云八九年來疾病塵勞，無心詩文，偶有所憶輒書之於紙，積久成帙，名之曰《豐暇筆談》。本書志怪、博物為多，少有軼事。志怪類，如《寶龍寺柱雕龍忽活》《曹參將妻》《鳳池園二異》《洞庭湖龍》《予夢先逝》《韋蘇州祠乞夢》《鬼登第》《鯉魚念佛》《棘闈女鬼》等，博物類如《牛頭驢》《掃雪鼠》《大蜈蚣》《亡板龜》《陰陽二銅鶴》《水獺玉手》《吸毒石》等。軼事類有《唐公宣》《葉忠節公逸事》等，文風質樸，如述唐公宣豪縱敗家事，唐家產富裕，狎妓冶遊，撒銀錠拋金箔，敗落後方自識世情冷暖：「吾向多狎客，此輩皆無義漢，平生用我錢不少，吾貧而往訪之，拒不納，匿形屏息，令妻子出應；我時或遇諸道，亦掉頭徑過，惟一客拳拳歲必有所遺。」

《鬼窟》二卷　傅汝大輯、陳士鑣錄

　　據書中所記，傅汝大字四如，號月樵、月瓢山人，陳士鑣字駿揚，號北園居士。《中國古代小說總目・文言卷》著錄，寧稼雨先生云「此書前輯者有《原始》一篇，作於乾隆二十年，此書當成於此後不久。全書從正史及諸小說中摘錄怪異之事，間摻雜己作⋯⋯（共）一百八篇。」此本未見。任明華《中國小說選本研究》之《敘錄》云「是書共 232 篇，均為鬼神怪異故事，取材廣泛，有《左傳》、《史記》、新舊《唐書》、《宋史》等十一種經史和《說苑》、《事文類聚》、《諾皋記》、《集異記》等 50 多種小說，引書 60 多種。」亦未詳。筆者所見為清華大學館藏鈔（或稿？）本，一函四冊，題「山陽月瓢山人傅汝大四如甫隨筆」，前有目次，約有一百三十餘篇，輯錄歷朝釋道之書、史記、類書、筆記小說及傳奇中有關鬼神故事者，其中所輯尤以婚戀題材為主。所輯之書有《列仙傳》《情史》《太平廣記》《幽明記》《續搜神記》《搜神記》《夷堅志》《稗史》《才鬼記》《靈鬼志》《幻影傳》《妙女傳》《三夢記》《神女傳》《松窗雜記》《中朝故事》《桂苑叢談》《見鬼傳》《釋氏通鑒》《集事淵海》等，每篇皆注明出處。此書為隨筆輯錄之本，並非自撰之書，每篇以人名為題，亦沿襲傳奇之舊規。

《藥鐺閒言》無卷數　戴逢旦撰

戴逢旦字辰周，安徽宣城（今宣城市）人，雍正四年丙午舉人，乾隆十年乙丑進士，以知縣改金壇教諭，卒於官，著有《禮記指南》等。光緒《安徽通志》卷三百四十二小說家類著錄。未見。

《管城碩記》三十卷　徐文靖撰

徐文靖（1667～1756），字位山，號禺尊，安徽當塗（今屬馬鞍山市）人，雍正元年癸卯舉人，乾隆元年薦舉博學宏詞，十七年薦舉經學，特授翰林院檢討，著有《禹貢會箋》《竹書紀年通箋》《山河兩戒考》等。《四庫全書總目》子部雜家類、民國《當塗縣志》小說家類著錄。臺灣商務印書館《景印文淵閣四庫全書》本。此書為考證之類，共 1284 則（四庫館臣云），以所引原書如《易》《書》《詩》《春秋》《禮》《楚辭集注》《史類》《正字通》《詩賦》《天文考異》《揚升菴集》《通雅》《雜述》等為綱，「自經史以至詩文各加辨析考證，每條以所引原書為綱而以己按為目，蓋欲小變說部之體，其大致與箋疏相近」（《文淵閣四庫全書》之《管城碩記提要》）。此書雖為說部筆記，雍正前尚可入小說家類，然在民國時已不為小說矣，不知纂方志者何以入之小說家？

《古今雜錄》《見聞雜記》，卷數不詳　鍾映雪撰

鍾映雪字戴蒼，號梅村，廣東東莞（今東莞市）人，康乾間人，諸生，精於八股，著有《梅村文集》《梅村唱和集》等。民國《東莞縣志》小說家雜記之屬著錄，未見。

《稗史》　李魯撰

李魯字得之，號石鶴，山東海豐（今屬濱州市）人，乾隆元年丙辰副貢。宣統《山東通志》小說家類雜事之屬著錄。未見。

《擲虛叢語》　張正笏撰

張正笏字書思，號筆石，湖南湘鄉（今屬湘潭市）人，乾隆十七年壬申舉人，官武陵教諭，著有《經學備纂》《說書唾餘》等。光緒《湖南通志》之《藝文》子部小說家類異聞之屬著錄。未見。

《續述異記》　張羽撰

　　據《湖南著述表》載：張羽字鶴翎，一字南材，湖南常寧（今屬衡陽市）人，諸生。光緒《湖南通志》之《藝文》子部小說家類異聞之屬著錄。未見。或為志怪之類。

《增刪堅瓠集》八卷　汪燮輯

　　汪燮字顥若，或云字容若，號復齋（或云字復齋，未詳孰是），安徽夥縣（今屬蕪湖市）人，附貢生，徽商，刊刻有《思齊堂方書》《濟世經驗良方》《金剛經集注》等。《中國古籍總目》小說家類著錄。南京圖書館藏乾隆間刻本。前有乾隆二十一年丙子汪燮序、《凡例》七條。序云少好歌詩，雖為舉業束縛，不廢吟詠，「《堅瓠》一集，向攜之行囊中，予家於夥，客於浙，道途往來，車跡帆影間枯寂無聊，則展卷流連，偶有所得，取其精者以自怡焉。」《凡例》云此書內容十之七八本之褚人獲《堅瓠集》，其增者為作者輯錄他書而得，刪者為《堅瓠集》中「先正格言及一二散行文字」，故名「增刪」，大致以韻語為主，準之以「雅馴」，並附云昭戒之旨。每則不注來源，但加圈點，以示與《堅瓠集》有別，實無多作用。稗販成書之類，內容輯錄詩歌、散文及格言之類，以詩為主，甚或全錄詩歌以成一則者，類乎詩選，如《黃山谷戒殺詩》《圓圓曲》《八音詩》《乩仙詠櫓》《擊壤集》《憫農詞》等，故多文采而乏故事，亦增刪之過也。

《芝軒雜錄》　呂之儼撰

　　呂之儼字芝軒，湖北應城（今屬孝感市）人，貢生，乾隆二十一年考授直隸州同知。宣統《湖北通志》小說家類雜事之屬著錄。未見。

《竹鄔偶錄》《殖學堂便筆》　段而聘撰

　　段而聘字儒珍，湖北江夏（今屬武漢市）人，康乾時人，附貢生，官衡山縣訓導。宣統《湖北通志》小說家類雜事之屬著錄。未見。

《聞見偶錄》一卷　朱象賢撰

　　朱象賢字行先，號玉山仙史，長洲（今江蘇蘇州市）人，乾隆六年以監生任莆田縣丞，著有《印典》等，同治《瀘溪縣志》卷七有傳。《中國叢書綜錄》小說家類著錄。上海書店《叢書集成續編》本。前有朱象賢自序。《瘞鶴

銘》一則中有乾隆二十二年事，則此書當作於乾隆二十二年後。全書一卷80則（篇）左右，內容可分為志怪如《智斃妖狐》《義狗》《蔣氏妖鬼》《忘八移家》《掘地得書》等，軼事如《讀史方輿紀要》（載乾隆間文字獄事）、《烈婦段氏》，博物如《擊琴》《胥江大橋》《百合》《鸚鵡》《八面觀音》等，考證如《古今書版》《碑帖考》等，軼事如《指頭畫》《婦人能畫》《懺拜賢儒》《男服從軍》《烈婦段氏》《毀禁邪神》等，風俗如《串月》《送春歸》等，地理如《金沙江》《大理四勝》《清溪洞》《碧玉泉》等。文風雋直典雅，為雜家筆記之書。朱氏自序云此書「凡事物之入耳過目，頗有異於尋常可以益知識而言之於人者」，故有經濟之用。

《秋燈叢話》十八卷　王椷撰

王椷（？～1794），原名柈，字凝齋，福山（今屬山東煙臺市）人，乾隆元年舉人，歷官臨城、當陽、天門知縣。《八千卷樓書目》小說家類、《藏園訂補邵亭知見傳本書目》小說家類著錄。上海古籍出版社《續修四庫全書》影印中科院館藏乾隆刻本。前有乾隆四十二年胡高望《序》：「余嘗言說家者流，義近於史而旨合於詩，正是非以昭法戒，史之義也；辨貞淫以示勸懲，詩之旨也，此豈徒筆墨馳騁誇異聞侈談助已哉。」乾隆四十三年王嵩高《序》：「唐宋以來，文人學士多以風流淹雅相尚，生平遊歷所及，目見耳聞，隨其意之所至，薈萃成一家言。……壯歲從伯仲方旭觀察西園撫軍馳騁名會大都，凡山川之靈奇、風俗之異同、人物之蕃變，無不考據淵源、言之鑿鑿……國朝商丘愚山竹垞諸君子詩話名者不一家，漁洋說部尤膾炙人口」云云。乾隆二十三年戊寅董元度《序》云此書「信實可徵、雅馴可喜」，乾隆四十五年庚子王正祺《跋》：「斯編其大旨在於彰善癉惡，使閱者怵目警心，可以遷善而改過。說部之興，由來久矣，自王子年《拾遺記》以及《齊諧》《諾皋》諸書類皆奇奇怪怪駭人聽聞。近世說部不下百餘種，亦復典雅滑稽、膾炙人口，然不過資談柄卻睡魔而已，於世道人心曾何裨益！是書所載忠孝節義可以興人之善心，邪僻姦淫可以懲人之惡意，下逮昆蟲草木無一不備，皆實有其事，非捕風捉影之談，有合乎興觀群怨之旨，讀是書者，以讀三百篇之法讀之，庶無負先生之志也夫。」此書後有乾隆二十五年年庚辰蕭劼《跋》，云此書「至其以椽筆敘瑣事，歷落嶔嵜，直可接韓柳家法，豈墮入唐人小說一流哉。」王文炯題辭。全書公案、志怪、軼事皆有，如「即墨楊宦家畜雄雞有年，一日殺之宴客，擲地騰翅而起，

斷其項復廢，立屋上，執而剖之，腹內一小雞，羽毛豐滿，與大雞同，其家後亦無他。」「余鄉諸生王某遭狐媚，父母憂之。……」「湖州弁山有鸞怪，種類甚繁，常幻人形往來村鎮間，自言白姓，服飾翩翩……」蔣士銓夢：「蔣太史士銓，鉛山人，乾隆甲戌官舍人，請假南歸，夢步月山凹中見一人踽踽涼涼獨行，恍惚似同年某宰南昌者……」「淄川唐太史夢賚登第旋里，路過青城偶憩村塾，見一總角童子，貌頗歧嶷，問之，師曰：『此子穎悟非凡，書寓目輒不忘。』試之信，顧其家貧甚，攜歸親課之。唐家藏四庫書，恣其漁獵，無不淹貫，唐深喜，目為遠大器，字以女，合巹後頓昏，毫無智慧，叩以曩昔所學，茫如隔世矣。」忠僕張保忠心奉主，且以記憶超群稱，亦多鄉野之聞。文風質樸，多記錄怪異之事。

《柳南隨筆》六卷、《續筆》四卷　王應奎撰

　　王應奎（1684～1757），字東漵，江蘇常熟（今常熟市）人，諸生，著有《柳南文鈔》六卷、《柳南詩鈔》十卷等。《鄭堂讀書記》雜家類雜說之屬、《八千卷樓書目》小說家類著錄。上海古籍出版社《續修四庫全書》影印中科院館藏嘉慶間借月山房匯鈔本。《柳南隨筆》初刊於乾隆五年、《續筆》初刊於乾隆二十三年。乾隆五年庚申顧士榮序，黃廷鑒《柳南隨筆跋》，乾隆廿二年丁丑《柳南續筆自序》、乾隆二十八年邵齊燾序。《隨筆》無細目，《續筆》有細目。黃氏跋云：「柳南先生為吾邑詩老，好著述，所撰《隨筆》六卷，多記舊聞軼事。其考證經史，論說詩文，亦雜見焉。體例在語林、詩話之間。故其書雅俗俱陳，大小並識，吐晉人之清妙，訂俗學之謬訛。洵樸山方氏所云：『遠希《老學》，近埒新城』者已。」此書考證、議論、敘事三者兼備，議論以詩文為多，亦涉時風，如「談次掉文，書生習氣，最為可厭。」考證則經史，如「夫子之稱」考、「別號」考等，敘事以士夫如名士趙執信、李馥、沈德潛、馮舒、陳察、金聖歎等軼聞為多，志怪甚少，然亦有如朱方旦之妻為狐精者。此書宗法宋代筆記、漁洋說部，可謂漁洋後筆記之佳作，敘事清雅，議論平允，考證有據，在雜家筆記中敘事鮮明，如敘述明末文社之盛、柳如是家變殉節、常熟人文之盛等，頗為可信，周中孚《鄭堂讀書記》云此書不可方之《容齋隨筆》，「《容齋隨筆》大都以考辨經典、釐正典故為主，此則體例在詩話小說之間，有類漁洋說部，未可以攀附洪氏也。」

《歷朝美人綱目百韻叢書》四卷　王大樞輯

　　王大樞（1732～1818），字澹明，號白沙、天山漁者，太湖（今屬安徽安慶市）人，乾隆三十一年辛卯舉人，著有《古史綜》《西征錄》等，同治《太湖縣志》卷二十二有傳。《販書偶記》小說家類著錄，云有乾隆二十四年己卯刊本。國家圖書館藏乾隆刻本，四卷，8冊。前有《美人綱目序例》《美人綱目百韻題詞》《目錄》，其題詞作於乾隆二十四年己卯。本書輯錄歷代有關美人詩文事蹟者，涉及200人。此書輯錄宗旨及全書體例，《序例》皆有說明：「綱以總其要也，目以紀其祥也，參考所以廣其同也，附錄所以合其異也。一綱一目，例也；有一綱而數目者，各以類從也。美人名目，見於綱傳子史者則載之，著其實也；出於稗官小說者，必慎擇而去取之，懼其誣也；其參考附錄見於某書者，其下注明之，明有所據也；其有得之記聞偶失考證者，則以白沙二字存之，非無所本也，其目不注明從綱矣。」其纂書立意，《題詞》云：「異代同情，曠代相感……樞不才……每聞豔語，或讀佳文，未嘗不感慨流連，長吟詠歎，於是作煙花之種子，為風月之主人，紀姓編名，搜香摘豔，使多情皆歸我門下，將眾美盡入吾彀中。」凡在「詩詞」「文章」「垂戒」方面留有名姓者，皆編入此書中。因此書所集為美人詩詞事蹟，故讀來清新雅麗，《目錄》寫法亦獨出心裁，以詩體分詠歷代二百女子，每人一句，共二百句。

《說卟》一卷　葉抱崧撰

　　葉抱崧字方宣，一字書農，或云號書農，江蘇南匯（今屬上海市）人，諸生，著有《壺領山人集》《涵雅堂稿》等。光緒《南匯縣志》卷十四有傳。《八千卷樓書目》子部雜家類、《萬卷精華樓藏書記》小說家類著錄。華東師大館藏《藝海珠塵》本。此為雜說之類，前有乾隆二十五年庚辰自序，云小說日出，故仿宋張淏《雲谷雜記》、楊伯岩《臆乘》之例而作此書。其所言「小說」為漢志之古義，「街談巷議」非在於敘事，在於議論、考證，多引《困學紀聞》《國史補》等筆記雜書，考訂經史掌故、制度、小學之類。李慈銘《越縵堂讀書記》云此書「多直錄本書，鮮所發明，亦多耳目所習者。」

《增訂解人頤廣集》二十四集　宋胡澹庵輯、清錢德蒼重輯

　　錢德蒼字沛思，長洲人（今江蘇蘇州市）。《中國古籍總目》小說家類著錄。乾隆同文堂重刻本，今有上海圖書館藏經綸堂刻本，前有乾隆二十六年錢氏自

序。舊有宋胡澹庵《解人頤新集》，故錢德蒼云：「坊本向有《解人頤》初集、二集，搜索古今，摭拾卮辭，最膾炙人口。誦其歌詠，深可感發人心，浣滌塵臆，觀其詼諧，真可撫掌捧腹、悅性怡情。胡子嘗病其贅疣重複，玉石渾收，已而刪繁就簡，都為一集，名之曰『新』。今予不揣愚陋，復為去陳集新，又從而廣益之，仍於本分之外，不雜毫末。」全書 24 集，名目為：《懿行集》《嘉言集》《達觀集》《陶情集》《曠懷集》《遣興集》《寄感集》《縈思集》《博趣集》《滌煩集》《消悶集》《寓意集》《達識集》《高致集》《敦倫集》《驚奇集》《樹德集》《博雅集》《超群集》《寄懷集》《闢蠹集》《讜言集》《麗情集》《遊戲集》。本書可視為雅趣詩詞韻語、遊戲文字之集，如《劉伯溫扯淡歌》《布袋和尚笑笑歌》《賭博賦》《蚤虱相詬解》《風流焰口儀範》等，也不乏道德說教者，如《安貧詠》《醒迷歌》《醒世歌》《安命歌》之類。尤有笑話意味者為《博趣集》所收之《笑談雅謔》，如石曼卿遊報寧寺，馬驚失控，謂馭者云：「幸我是石學士，若是瓦學士，豈不跌碎乎？」梁灝八十二中狀元，上謝表云：「白首窮經，少伏生之八歲；青雲得路，多太公之二年。」

《忠孝堂字問筆談》　伍起撰

伍起字鯤扶，江蘇儀徵（今屬揚州市）人，康熙五十六年舉人，雍正初補中書，乾隆間任戶部員外郎，卒於京，有《伍鯤扶稿》《山房課藝》《春秋集說》等。嘉慶《重修揚州府志》卷四十八有傳。嘉慶《重修揚州府志》子部雜家小說類著錄。未見。

《前徽錄》一卷　姚世錫撰

姚世錫號繭廬，浙江湖州（今湖州市）人，乾隆間人，其他事蹟不詳。《鳴野山房書目》子部稗家雜筆類、《中國叢書綜錄》史部傳記類著錄。廣陵書社《筆記小說大觀》本。乾隆二十六年辛巳王元禮序，姚世錫序。王元禮云「繭廬先生《前徽錄》於表揚先烈之外，旁摭逸事，原原本本，殫見洽聞，期以勸善進德為立心制行者樹之準的，非徒微顯闡幽，備鄉國之懿美，儲輶軒之掇拾已也。」據姚序可知，此書始作於乾隆十六年，意在表揚先賢，以待修方志者採擷。此為鄉邦軼聞之錄，亦有姚氏祖輩事蹟，意在褒揚先賢之嘉言懿行也，頗類史筆傳記，然於姚氏先世敘述過多，敘述亦顯凌亂，然文較為風質實，可備風土筆記中軼事之一種也，後道光年間尹元煒《溪上遺聞集錄》十卷與此同義，尹元煒另有《溪上遺聞別錄》二卷，為「山川古蹟一切興廢及諸變異事」。

姚世錫所述家世，可與其所纂《姚氏家乘》（共七卷，今藏中山大學圖書館）相參照。

《五山志林》八卷　羅天尺撰

羅天尺字履先，號百藥居士，廣東順德（今屬佛山市）人，乾隆元年丙辰舉人，未仕，雍正八年庚戌參修《廣東通志》，著有《癭暈山房詩文鈔》《癭暈山房詩刪》等，為「惠門八子」之一。民國《順德縣志》有傳。光緒《廣州府志》卷九十二小說家類著錄。南海伍氏《嶺南遺書》本。前有胡定序、乾隆二十六年羅氏自序，後有伍崇曜跋。伍崇曜跋云：「登俊、拱北、安東、梯雲、華蓋為五山，在順德境。天尺，順德人，故以是名其書，其目曰《述典》《議今》《談藝》《傳疑》《闡幽》《紀勝》《辨物》《志怪》，類多小說家言，備識鄉邦軼事。」亦地志小說之流也。全書八卷八部共 250 餘則，除耳聞目見之外，多採擷舊志、文集、族譜、野史、筆記之書如張汝霖《椒花集》、華夫《焚餘錄》、黃佐《革除遺事》、朱懷吳《昭代紀略》、鄒漪《明季遺聞》、梁麟生《藥房雜著》、陸釴《病逸漫記》等，顯美耆舊兼程先人懿行，故自序云：「自念太史公周流天下乃獲《史記》……遂於邑中近事耳聞目見者，輒錄投敗簏中。雍正六年，詔天下纂修《大清一統志》，余邑大夫柴公謬採虛聲，命與諸君子編輯局中……兩次從事，雖未有所撰述，而得備覽其中嘉言懿行，心有所欲輒自私錄一冊以歸，蓋亦耳所習聞，目所習見，可以傳信者也。」每部卷端皆有小序，述本卷緣起，如《述典》序云：「登於史，典也；登於郡乘，典也。宦斯土者，生斯土者，斯土巾幗而鬚眉者，登諸史冊，美不勝收。」《志怪》序云：「無怪不成天地之大，不語怪不見天地之大，客曰：『是編非史非志，曷取乎爾？』余曰：『《齊諧》乎？姑妄言之。』」《述典》，記前代忠義之事；《識今》，記國朝之忠孝事；《談藝》，記藝林文苑事，類詩話；《傳疑》，記可怪可疑之事，多有按語辯證；《闡幽》，記忠孝可闡發幽光之事；《紀勝》，記順德科甲盛事；《辨物》，記史冊文集中所載嶺南異物事，筆法類《杜陽雜編》，所謂以異物帶事蹟者；《志怪》，記災異、幽冥事，如《異產》《酒徒死後訪友》《燒肉生光》等。此書風格清致，語亦敦厚，雖兼有志怪之類，大約徵實為主，故有闢舊志之謬、續家乘之功。

《移燈閒話》　何夢瑤撰

何夢瑤（1693～1764），字極之，號西池，晚年自稱研農，廣東南海（今

佛山市）人，雍正庚戌進士，出宰粵西，治獄明慎，受知於學使惠士奇，與羅天尺、勞孝輿、蘇珥並稱「惠門四君子」，有《廣和錄》《皇極經世易知》等。光緒《廣州府志‧藝文略》小說家類著錄。未見。

《依紅自惕錄》無卷數　　岳夢淵撰

岳夢淵字嶼岸，號水軒、清涼山樵，河南湯陰（今屬安陽市）人，康乾時人，諸生，著有《海桐書屋詩鈔》等。據吳曉玲先生關於國家圖書館藏《情中幻》雜劇的版本描述可知，岳夢淵在乾隆二十六年尚在世。同治《續纂江寧府志》卷之九上小說雜事類著錄。未見。

《筆山堂類書》無卷數　　蘇珥撰

蘇珥字瑞一，號古儕，晚號睡逸居士，廣東碧江（今屬順德市）人，乾隆三年戊午舉人，與羅天尺、沈德潛友，著有《宏簡錄辨定》《古儕雜鈔》《安舟遺稿》等。咸豐《順德縣志》卷十七小說類著錄。未見。

《瀟湘聽雨錄》八卷　　江昱撰

江昱（1706～1775），字賓谷，號松泉，江蘇甘泉（今屬揚州市）人，諸生，乾隆初舉博學鴻詞，不就。與金農交善，博學多財，工詩詞，精音韻訓詁之學，著有《松泉詩集》《梅鶴詞》等。《四庫全書總目》雜家類雜說之屬、嘉慶《揚州府志》卷六十二子部雜家小說類著錄。上海古籍出版社《續修四庫全書》影印天津圖書館藏乾隆二十八年春草軒刻本，前有乾隆二十八年江昱自序。此書為江昱於乾隆二十年從湖南省親後所作，「因摭見聞，考訂故實，著為一編。曰聽雨者，取蘇軾兄弟對床語也。……惟讕言瑣語，頗傷泛濫，不免失之貪多耳。」（四庫館臣云）大旨仿唐宋小說，故序稱「段成式《酉陽雜俎》、孫光憲《北夢瑣言》皆在楚所作也，地處偏遠，中土至者殆以筆墨為娛，不獨湘中歲時諸記，專紀方輿已也。」內容有地理、風俗、志怪、詩話、博物、軼事，大致以湖南為敘事之場域，其中以風土為多，語言平實，亦風土筆記之類，如「湘中風土，不宜於梅，千瓣者更少，靈均撰著所以未之及也。」此書為風土筆記、地志小說之流。

《滋堂紀聞》四卷　　陳居祿撰

陳居祿字嘉封，號封藜，福建仙遊（今屬莆田市）人，乾隆六年辛酉舉人，

乾隆二十六年官南安教諭，卒年四十九，著有《雪鴻集》《橋西詩草》等。乾隆《仙遊縣志》卷三十九有傳。民國《福建通志》小說家類著錄，云「道光通志云：是書紀明季及國初遺事，述其鄉人，頗寓褒貶。」未見。

《人鏡》八卷　董大新編

董大新字自芳，婁東（今江蘇太倉市）人，事蹟不詳。《中國古籍總目》小說家類著錄。南京圖書館藏乾隆二十九年甲申婁東胡氏介福堂刻本。前有乾隆二十九年董大新、胡開泰序，目錄。「人鏡」者，意謂人心如鏡，檢我身心如拂拭炯然。據董序可知，此書為胡開泰發起，其於「（乾隆二十八年）癸未夏，杜門養疴，見因果報應諸書，心有所契，欲與人同歸於善，謀付梓以廣其傳……獨是舊本雖多，博採或失於繁蕪，徵事或病其錯雜，苟非條分縷析，無以醒閱者之目，乃囑餘編次為之。」此書編排頗為究心，「卷首列《感應篇》《陰騭文》及諸格訓，昭神鑒也；先以孝親，百行孝為先也；以遏淫，萬惡淫為首也」，「篇首各綴四言嘉言懿行依次具列，而示戒者亦附焉」，故卷首列《太上感應篇》《文昌帝君陰騭文》《戒士子文》《科名報應記》《俞淨意遇灶神記》《袁了凡立命之學》等；又此書為眾人醵資所為，故目錄中列有出資人姓名及金額，云「計刻銀八十一兩八錢，眾姓捐銀四十七兩，今將捐錢銀姓氏刊列於左」。此書體例較為別致，類分三十二目，有《孝親》《遏淫》《友悌》《夫婦》《朋友》《積德》《利濟》《還財》《救人》《存心》《改過》《謹言》《謙遜》《度量》《安分》《治生》《懲忿》《隱惡》《節飲》《戒賭》《息訟》《居官》《化導》《敬聖》《惜字》《尊師》《誨人》《敬老》《詒謀》《待下》《閨範》《愛物》等，每目中前為議論，引名人言語以為證，後以「某某案」之形式羅列故事，惜每則故事不注出處，而勸世歌如《勸孝歌》《八反歌》亦附焉。乾隆間每多士夫教化刊書之舉，此書宗旨亦如石成金《家寶全集》，敘事兼議論，軼聞兼具志怪，多輯自小說雜記之書，其中每多志怪之談，亦勸世敦厚之意也。

《板橋筆記》四卷　鄭燮撰

鄭燮（1693～1765），字克柔，號板橋，江蘇興化縣（今屬泰州市）人，雍正十年舉人，乾隆元年進士，歷官山東范縣、濰縣知縣，善畫工書，所著今有《鄭板橋全集》。《中國古籍總目》小說家類著錄。上海圖書館藏民國大德書局石印本，四冊，前有板橋居士鄭燮序、目錄，每卷前有插圖 6 幅。全書共 80餘則，多從他書抄撮，鬼怪劍俠居多，亦駭人聞聽之書。此書引鄭燮以自重，

實為晚清民國偽書之一種，如卷一《嬰寧第二》云：「季謀時讀毛詩，潛置《聊齋誌異》於卷底，露其半頁」，《十字架》云：「夜色沉沉，籠罩巴黎城中，蓋長天以入晚矣。聖約瑟街一古屋之第六層樓上，末的麥公爵之夫人阿黛兒特‧末的麥方倚窗前，竭其盈盈雙波，盼槁砧之歸來。」鄭燮之時雖有《聊齋》，卻未流行，遑論書中所云巴黎、公爵之類。

《巢林筆談》六卷續編二卷　龔煒撰

　　龔煒（1704～？），字仲輝，號巢林，自稱巢林散人，晚號際熙老民，江蘇崑山（今屬蘇州市）人，著有《屑金集》等。本書《鄭堂讀書記補逸》卷二十六雜家類雜說之屬著錄。乾隆三十年乙酉蓼懷閣刊本，《續修四庫全書》影印湖北省圖書館藏乾隆三十年蓼懷閣刻本。乾隆三十年乙酉龔煒《巢林筆談自序》云：「楊子雲稱世有不談王道者，則樵夫笑之。予際極盛之世，淺浴詩書之澤，不王道之談，而矢口涉筆，冗雜一編，典雅不如夢溪，雋永不如聞雁，亦剽其名曰筆談，其不免樵夫之笑者幾希！而二三同學，則謬許可傳，意者略其瑣屑無謂之處，其間頌聖稱先，道人著書風俗，或蠡測經史，辯訛證誤，亦間有近道者歟！先民不廢芻蕘之詢，聖人亦擇狂夫之言，覽者推斯義焉，庶乎其可也。」乾隆三十三年戊子《巢林筆談續編序》：「乙酉春，予以筆談六卷付梓，四十餘年來視履所及暨胸中所欲吐，稍稍見於此矣，稍稍見於此矣，而塵筒尚遺剩紙，邇來間有記言，復揀若干條，續編二卷，亦知談何容易，敢雲筆有餘妍，要以意緒所觸，不能自止。竊附坡公不刪之義，以博一粲云。戊子仲冬，際熙老民龔煒又筆。」此為筆記說部之書，兩編共700則左右，舉凡目擊耳聞悉載之書中，雜說為多，歌頌皇權盛德之外惟詩文經史之論，兼有三吳風俗之記。敘事次之，敘事之中又有志怪與軼事，志怪如「有市牙趙某者病疫，為鬼卒攝至冥司」事，軼事如「亳州卒顧周士以漕米數上不收，憤激暈官倉，歸一夕卒。」「浦高陽湘，孝子也，以丁酉舉人應孝廉方正，薦擢令高陽，廉介有守，卒於官。競傳其為神，或云即高陽城隍。」軼事之中除寫及當代名公外，多錄家族親朋友之事，如「先夫人雅好文章，每於不孝等昏定時講論亹亹」、「祖姑丈朱儀九與其弟昆發任其父遺各幾百金」、「業師朱維暎先生一病不起十餘年」等。

《山海經類纂》　蔡人麟撰

　　蔡人麟事蹟不詳。項元勳《台州經籍志》子部十三說家類著錄。未見。

《水鏡新書婪尾》一卷　王譙撰

王譙字學周，號韓樓，浙江黃岩（今台州市人）人，乾隆歲貢，與兄謙、弟詩並有文名，號「三王」。項元勳《台州經籍志》子部十三說家類著錄，云「是書凡八十一條，有乾隆丁亥自序。」則此書成於乾隆三十二年。未見。吳興劉氏嘉業堂抄本《台州經籍考》小說類亦著錄，云：「《水鏡新書》本莆田彭聖壇所著，取古事可議者代為立言如西山逐夷齊文、西楚霸王盈覆狄仁傑書、余闕逐危素檄之類，凡二十餘篇；譙又從漢唐宋明中摘可議者得八十餘條，名曰《婪尾》。有自序。」

《笑林廣記》十二卷　遊戲主人輯

遊戲主人未詳何人。《中國古籍總目》小說家類著錄。此書較早版本有乾隆三十一年美堂重刻本、乾隆四十六年金閶書業堂刊本。書業堂刊本卷端題「遊戲主人纂輯，粲然居士參訂。」前有掀髯叟序，全書仿明馮夢龍《笑府》之例，分 12 部，每部一卷，卷有數則，每則有題目，十二部分別為《古豔》《腐流》《術業》《形體》《殊稟》《閨風》《世諱》《僧道》《貪吝》《貧窶》《譏刺》《謬誤》等。取材前代笑話集者尤多，然亦有改編，每則不注出處，共有 1000 餘則，掀髯叟云此書雖為「文人遊戲」，然亦有所「解悼」之作。三教九流，莫不訴之筆端，借譴譏世，頗多褻筆，不過為書賈獲利所輯也。語言淺俗，亦雜吳語蘇白以資談笑者。後有《新刻閒談笑語》《笑談雜說》，皆書賈據此書改換面目而發行者。

《毗陵觚不觚錄》　錢人麟撰

錢人麟字民長，號鑄庵，江南武進（今江蘇常州市）人，雍正元年舉人，著有《毗陵科第考》《東林紀事》《東林別乘》等。《清代毗陵書目》小說家類著錄。未見。

《雙柏廬遺聞》　屠可堂撰

屠可堂字斯壽，號歷湖，浙江鄞縣（今屬寧波市）人，乾隆十七年舉人，官至白鹽井提舉，乾隆二十九至三十年官宜良縣教諭，著有《霞爽閣詩鈔》等。孫詒讓《溫州經籍志》卷十八小說家類瑣語之屬著錄。未見。

《井蛙雜紀》十卷　　李調元撰

　　李調元（1734～1803），字羹堂，號雨村、童山老人，四川綿州（今綿陽市）人，乾隆二十八年進士，歷官直隸通永道，與袁枚、趙翼、王文治並稱「林下四老」，著述多種，編有《全五代詩》一百卷、《蜀雅》二十卷、《粵風集》四卷、《函海》三十集等，著有《童山文集》二十卷、《補遺》一卷、《賦話》十卷、《雨村詩話》二卷、《雨村詞話》一卷、《蠢翁詞》二卷等。《藏園訂補邵亭知見傳本書目》小說家類著錄。《函海》本。前有乾隆三十四年李調元自序，「《井蛙雜紀》者，蜀中歷代瑣事軼文，李子輯之而別為此書也。」云蜀中經明末清初之亂，典籍散亂，亂定後纂修省志時正繆互見，故時時留意搜集史料，積年成編，「其間或得之舊志，或得之新聞，或得之山經石室，或得之小說稗官，要皆有關於華陽志典故、文獻之考徵，事多為正史所不載、案頭所未數數見者。」全書共 151 則，多歷朝在蜀之軼事、志怪，亦地志小說者。每則無標題，多為短製，所列有帝冑、名宦、勝蹟、鄉賢、賊寇以及節孝、科舉、博物、雜說、考證等，於在蜀鄉賢名士事蹟及明末動亂景象輯錄較多，如卷十「莊祖誥字天秩，成都人，歷雲南按察使，致仕歸，獻賊屠城，祖誥衣冠坐於堂上，賊至痛罵，遂罹害。」惜所引之書多無注出處，所見者有《狀元紀事》《嘉定志》《三國志》《蜀都賦》《綿州志》《酉陽雜俎》《成都古今紀》等數種而已。語多清雋，如卷一「中江王隱君，孟蜀時人，抱道不仕，尤工於詩。有《落花吟》云：『富貴雨中花，昨開今復落。無人解花意，俱為貪花錯。』蓋有感於時事云。」此書與其所輯《蜀雅》於後世頗有傚仿者，較著者為道光年間王培荀之《聽雨樓隨筆》八卷，「凡蜀人士及遊宦於蜀者嘉言懿行志乘所缺無不摭拾而存之，以至異物殊俗、軼事雋詞悉載焉。」（蔡振武《聽雨樓隨筆序》）

《南越筆記》十六卷　　李調元撰

　　一名《粵東筆記》。《中國叢書綜錄》史部地理類雜志之屬著錄。《函海》本。李調元乾隆三十年任職廣東學政時，於其地見聞所及並據屈大均《廣東新語》而成之。前有序云：「載筆者間收之水經國志，聊存一時應對之捷，其去多識之學，水火也。夫自虞帝明庶物、孔門講格致，而後之儒者遂不厭詳悉，舉凡峙流天喬、翱飛喙息之儔，無不欲各盡其情實，而自成一家言，如嵇含之《南方草木狀》、范成大之《桂海虞衡志》以及《嶺表錄異》等篇，大抵皆足

補《禹貢》厥包實竹筍之名，職方其畜宜鳥獸之異，其為五嶺九溪，搜奇矜異，洵哉不少遺漏，遠遊者誇奧博，土著者務精覈，後之人縱有聞見，又何加焉？……丁酉之冬，復來視學，古太史輶軒採訪之職也，遂得遍歷全省諸郡縣。」全書近 500 則，記載南粵氣候、節日、風俗、方言、地理、古蹟、神祠、礦產、器皿、族群、海產、草木、鳥獸之類，多與《廣東新語》重合。所述如《粵俗好歌》《粵人多捕魚為業》等，較為生動，寫物摹景，如在目前；書寫之中兼有考證，所引如《山海經》《南越志》《述異記》《嶺南雜記》《林邑記》《羅浮志》等，亦博物君子地志小說之流。

《然犀志》二卷　李調元撰

《鄭堂讀書記補逸》雜家類雜品之屬著錄。《函海》本。前有乾隆四十四年己亥李調元序云：「水族之適用惟魚，而魚之類不一。漢、淮、河、漢之魚，尚可約指，而海中之魚之眾，則尤瑣屑而難名。余視學粵東，遍至其地，如廣、惠、潮半皆濱海，以故，供食饌者惟魚為先。而其中奇奇怪怪令人瞠目而不下箸者，指不勝屈。以是博採方言，按諸山海地志，一一精細備載。每得一物，即志其形狀，考其出處；即非魚類，如介蟲之屬，亦附於魚之族。日久所得，裒然成編，以其皆鱗介之物，故以《然犀》名之，聊以遮掛一漏萬之譏，非如溫嶠之必欲照見幽潛也。余曾有《南越筆記》，靡不收入，而又別為此編者，以粵中之魚較多他處也云爾。」此書亦博物之類，所述魚蝦蟹蛤之屬達 93 種，如三腳蟾、虎沙、海鏡、封龜、牛魚、西施舌、江瑤柱、六眸龜、翠蟹、飛魚、海膽、朱魚等。描寫細緻，敘事生動。

《尾蔗叢談》四卷　李調元撰

《鄭堂讀書記補逸》小說家類異聞之屬著錄。《函海》。書前有李調元自序，云：「世有怪乎？吾不得而知也；世無怪乎？吾亦不得而知也。但自齊諧志怪而後，好異者每津津樂道之，因而《搜神》《廣異》之書紛紛錯出，至《太平廣記》而牛鬼蛇神千形億貌，可謂幻中之幻矣。近世山左蒲生又有《聊齋誌異》書，以驚奇絕豔之筆寫迷離惝恍之神，詞清而意遠，事駭而文新，幾乎淹貫百家、前無古人矣！然皆鑿空造意，無實可徵，考古者所弗貴焉。予生平宦遊所歷，足跡幾遍天下，所至之處，輒訪問山川風土人物、採其事之異乎常談並近盡在耳目之前為古人所未志者輒隨筆記載以為叢談之資。其始自何人、出自何

地，爰取其有據，不取其無稽，即以此為續齊諧之書亦無不可乎？昔人謂蔗自尾倒當漸入佳境，讀此書者，亦可知其味矣。」書前有目次，134 則（據《鄭堂讀書記補逸》卷二十八），多為志怪，如《龍船沈》《天仙椒》《樹神》《僵屍》《賣鬼氏》《井鳴》《龍傭》《手甲龍》《龍母廟》《墓銘忽飛》《水神》《芝藥》《神魚》《蠱毒》《柳妖》《獻賊初生事》《神女詩》《仙人床》等，不過山精物怪、僵屍飛劍、異兆僧道之類，如卷二《夜半人語》云：「澄城孫嘉士閉戶讀書，夜半忽聞人語云：『天有五星兮，晦明不一；地有五嶽兮高卑不齊。草木兮夭喬，鳥獸兮走飛，人生造化兮一定而不可移。』孫開戶視之，不見有物，惟聞山谷沊濠、深風響答而已。」間有軼事，如卷二《自成考試》云：「李自成據秦府，大集士子考試，出題曰『道得國』，士子相謂曰：『仍不離盜賊二字』。」周鄭堂云此書「所記雖多近怪異，而務求有據，不取無稽，故不至荒謬，其可廣見聞，可資博識者，頗不少云。」

《制義科瑣記》四卷　　李調元撰

《鄭堂讀書記》卷六十五小說家類雜事之屬、《續修四庫全書總目提要》史部著錄。《函海》本。前有乾隆四十三年李調元序，自云本書與五代王定保《唐摭言》相類，「自前明以迄于今幾五百年，儲材養士之厚、□舊作新之制，文人學士多談而樂道之，其雜載於高文典冊、稗官野史之內者更未易彈數，予於誦讀之餘，隨見摘抄，自明洪武開科以至於今，共得百十條，彙集成冊，為制科雅話以鳴盛事，亦以見國家待士之隆也，故曰《制義科瑣記》，聊以備典故云爾。」自洪武迄崇禎為三卷，順康為一卷，共 176 條（據《鄭堂讀書記》），皆有標題。所記為制科雅話，「雖所記間涉神怪，然皆科名中事，尚不惡道，惜其不著出處，是其一失耳。」（《鄭堂讀書記》卷六十五）

《淡墨錄》十六卷　　李調元撰

《鄭堂讀書記》卷六十五小說家類雜事之屬著錄，《叢書集成初編》列之於「清稗史」類。《函海》本。本書所記皆清代名臣言行、科場條例，兼及軼事奇聞，意在續《玉堂嘉話》也。乾隆六十年乙卯李調元自序云：「《淡墨錄》者，所記皆本朝甲乙兩榜諸名臣之言行也。」此為雜家筆記之類，有關科舉典章制度、科舉人員者及軼事異聞也在羅列之中，「自國初起，每科俱按題名碑錄科分前後，而康熙己未、乾隆丙辰兩舉鴻博，辛未一舉經學，得人尤盛，亦

並逐一搜羅，詳為考釋，足以備詞林之典故，續玉堂之佳話焉。其曰《淡墨錄》者，用唐人以淡墨書榜人名故事云。」(《鄭堂讀書記》卷六十五) 如《國初館閣官制》《翰林所掌》《己未博學鴻詞五十人》等，書中亦有小說，如《陞官預兆》《會元為家人後身》《啞子開言》等，亦是科場軼事。另：據《清史稿·藝文志》小說家類所載，李調元尚有《官話》三卷、《弄譜》二卷等，《八千卷樓書目》小說家類瑣語之屬著錄，俱未見。

《劇話》二卷　李調元撰

《八千卷樓書目》小說家類瑣語之屬著錄。《函海》本。輯錄古今文集、筆記中有關戲曲之名稱、角色、劇本、劇目、術語、唱詞、聲腔、音韻等文獻而成，行間做考語。共二十餘則，每則無標題。宋以來有詩有詩話，詞有詞話，此為劇話，頗有考證戲曲源流之意。

《新搜神記》十二卷　李調元撰

《中國古代小說總目》著錄。今有國家圖書館藏嘉慶二年萬卷樓刻本。前有嘉慶二年自序：「神者，聖人所不語也，故季路問事鬼神，則曰『未能事人，焉能事鬼？』樊遲問知，則曰『敬鬼神而遠之』，可知鬼神者，二氣之良能。陽則為人，陰則為鬼，故曰『鬼神之為德，其盛矣乎！』阮瞻言無鬼，劉惔不信神，皆非也。晉干寶作《搜神記》，而所記不盡皆神，且又多昔之所謂神，非今之所謂神，故出處生辰多略而不載。茲書所纂，近神獨多，然必據正書，而覈其原委、考其事蹟，大抵以人事為先，而非以神道設教，亦敬遠之意也。再余向著《神考》二十卷，分天地、人物，苦其卷帖（案：或當為「帙」）浩繁，因刪為二卷，但摘取今時各處祭賽之神，而亦以正書參校之，以附於此書之後，使讀者便於觸目審考，統名《新搜神記》，原其名，思以補干寶之遺也。知此者即知鬼神之德，庶免民鮮能久之歎矣。」每卷皆有目錄，每則有標題，共 151 則。內容主以志怪，多為乾隆間事，前十卷有異夢（《夢魘》）、神鬼（《七姑娘》《金龍四大王》《貢院遇祟》《程魚門談鬼》《金剛轉世》《桓侯顯神》《鐵拐李補傳》《武穆三轉世》）、魂魄（《招魂》《馬鎮番赴城隍任》）、精怪（《蛇精》《枯柳精》《狐請客》《孫公刺狐》《狐治妒》《開元寺石菩薩》《空中神仙》）、回煞（《回煞》）、僵屍（《僵屍假稱貴妃》）、乩仙（《箕仙詩》《乩仙明示科場題》）、劍客（《東山老人》）、入冥（《陰司會審》《蔡守冥判》）、術數（《賈鹽異術》《看水碗》《岳公數學》《月忌無害》《唐堯春天文》）、節孝（《周孝子》《廖氏》《蕭

氏孝感》)、地震(《地震》)、歷史軼聞(《孫相撈金》《錮金燒柱》《周鼎昌擊賊》《楊展射藝》《余飛抗賊》)、流言(《剪辮髮》)、投生(《河神投生》)等，偶有考證之文，如卷十《貂蟬本呂布九妻》一則為楊慎之文，不為自撰。後二卷為《神考》，所考有《關帝歷代封號》《忠顯王（張飛）生辰》《梓潼帝君封號》《川主》《土主》《藥王有三》《灌口李二郎》《趙公明》《王靈官》《五顯》《馬王》《牛王》《龜蛇二將》《魁星》《太歲非凶》《城隍生辰不同》《壁山神》《蕭公神》《晏公神》《張仙》《壽星》《鍾馗》《和合二聖》《五道》《五通》《西王母》《水府三官》《灶王》《護法伽藍》《門神》《閻羅王》《牛頭馬面》《夜叉》等，共 33 則神鬼考證文，其中《鍾馗》一文引《夢溪筆談》《五代史‧吳越世家》《考工記》，以為「鍾馗」即「終葵」，此說清初顧炎武《日知錄》已然言之，李調元未見。故後二卷鬼神考證，亦乾嘉考證風氣浸染與稗官小說之表現。文氣樸實，大約亦信徵之意。

《柚堂筆談》四卷　盛百二撰

盛百二字秦川，浙江秀水（今屬嘉興市）人，乾隆二十一年丙子舉人，精研六經，官淄川知縣，著有《柚堂文存》《皆山閣筆談》等。《借書園書目》小說家類、《八千卷樓書目》子部雜家類著錄。上海古籍出版社《續修四庫全書》影印山東省圖書館藏乾隆三十四年潘蓮庚刻本。前有乾隆三十四年潘蓮庚序。雜家筆記之類，有經史考辨如「漢銅尺」考、「煞」考，詩話如「溫李」、「誠齋竹枝詞」、「秋柳詩」，雜說如「明於盈虛剛柔之理」、「宋太祖不能取幽燕，趙普不能辭其責」等。每則無標題，亦不分類目，頗為雜亂，卷四列《感應篇跋》《陰騭文跋》《周禮句解序》《盛母馮太孺人家傳》，不過雜著文之類。語風質樸，不過考證並未精確，讀書不博故也。

《柚堂續筆談》三卷　盛百二撰

《觀古堂藏書目》子部小說家著錄。上海圖書館藏清鈔本，今有上海書店《叢書集成續編》本。本書所書有名人軼事，民間怪異如嘉興賽神會、王顓庵禮斗、道人奇異等，亦有考證，皆無標題。文筆樸拙，如「濟州城南臥佛之前曰陶姑庵，先有陶氏女，自幼出家於此，刻苦自治，每一念非禮即引錐自刺，血流以敗絮拭之，臨終召其弟姪，付以後事，群見一篋封鐍甚密，以為當有私財，及發之則盈篋皆血絮也，遂語其故，且曰：『出家甚不易，有子女切弗輕令出家也。』言畢而沒。」

《閒漁閒閒錄》九卷　蔡顯撰

蔡顯（1697～1767），字笠夫，一字景真，自號閒漁，江蘇華亭（今上海市）人，雍正年間舉人，著有《笠夫雜錄》《宵行雜志》等。《中國叢書綜錄》雜家類著錄。今有華東師大館藏《嘉業堂叢書》本，前有蔡顯自序，後有劉承幹跋。自序云記錄名賢嘉話、山水之勝及文獻怡情，故「亦足資獻納、備法戒」之用。雜家筆記之類，內容有雜事、考證、雜說、詩話等，其中雜事與詩話為主，劉承幹跋云：「觀此書雜記朝典、時事、詩句，於雲間故事所記尤多，其中於人事之變遷、風俗之醇漓，時有感慨，文筆亦雅潔。」蔡氏終因「中記載之事，語含誹謗，意多悖逆，其餘紕繆之處，不堪枚舉」（《清代文字獄檔》之「蔡顯《閒漁閒閒錄》案」條）而被處斬。然觀此書並無悖逆之詞，頌聖之語在在有之，大約多錄野史、語用「清軍」而賈禍。

《排悶錄》十二卷　孫洙輯

孫洙（1711～1778），字臨西，號蘅塘退士、無悶居士、忍辱仙人等，江蘇金匱（今屬無錫市）人，乾隆十六年進士，歷官上元縣教諭，盧龍、大城、鄒平知縣，著有《蘅塘漫稿》，輯有《唐詩三百首》等。《清史稿·藝文志》雜家類、《中國古籍總目》小說家類著錄。北京大學、北京師大、復旦大學館藏乾隆三十五年莆田書屋刊本，上海圖書館藏道光十八年述古堂刊刊本（名《異聞錄》）。述古堂刊本有牌記，云「道光戊戌重鑴」，前有道光十八年戊戌孫洙自序（疑偽），無《凡例》，存前五卷，即《孝行》《忠義》《貞烈》《友愛》《高誼》——此書大約為書賈剿竊稗販之本，序文年月亦誤。莆田書屋刊本前有乾隆三十五年庚寅孫洙序、凡例四條、總目。全書分《孝行》《忠義》《貞烈》《友愛》《高誼》《琦行》《明斷》《義俠》《玩世》《仙緣》《靈異》《翰墨》等十二類，每類一卷。每卷前皆有小序，為本卷題旨，如《翰墨》序云：「偉人傑士握管濡毫，或浩氣發抒，或逸情流露，無意求工而自堪壽世，讀之者如獲至寶，乃知片羽隻麟，皆徵龍鳳之彩，何必鴻文巨製，始足不朽乎！」此書為稗販所成，輯錄明清兩代文集、叢書、地志及小說雜記中「愜心」之文，分類編輯，「聊因睹記之餘，藉為消遣也」（孫洙序），輯錄之書如《客窗涉筆》《闈義》《長洲野志》《聖師錄》《居易錄》《現果隨錄》《板橋雜記》《甲申忠義傳》《江寧府志》《廣莫新語》《大有奇書》《仰山脞錄》《蕭山志刊誤》《梅窗小史》《枝山前聞》《堅瓠集》等，大抵所輯以吳氏《說鈴》《聊齋誌異》及漁洋說部為多。全書

輯錄二百餘則以上，以軼事為主（卷一至卷九），兼收志怪如卷十《仙緣》卷十一《靈異》，「要其旨歸，只期扶植綱常，不徒以資談謔也」（《凡例》），卷十三《翰墨》輯錄詩文 65 篇（則），皆為明代名士賢臣及貞婦孝女所作，如羅倫、唐寅、楊慎、海瑞、熊廷弼、楊漣、周順昌、盧象昇等。

《異聞錄》五卷　孫洙輯

　　《中國古籍總目》小說類文言之屬著錄。臺北經學文化《稀見清代四部輯刊》影印道光十八年述古堂刻本。前有道光戊戌孫洙自序、目錄。此書分五類，每類輯錄為一卷，卷前皆有小序，以名類別所由，於前《排悶錄》體例同，實則前書節錄之本。卷一《孝行》，輯錄有《啞孝子傳》《孝丐傳》《孝犬傳》等10 則（篇）。卷二《忠義》輯錄有 46 則（篇），如《義犬記》《瓊枝曼仙》《孔四郎》等。卷三《貞烈》，輯錄 22 則（篇）如《黃善聰》《李道甫妾》《許烈婦》《三烈婦傳》等。卷四《友愛》，輯錄 3 則（篇），即《張誠》《劉昱》《無足蟹》。卷五《高誼》輯錄 223 則（篇）。所輯書有《聊齋誌異》《觚賸》《闡義》《堅瓠集》《池北偶談》《曠園雜志》等，每則（篇）皆注明出處而加圈，以明側重所在。孫洙序云其有幽憂之疾，閱案頭舊帙而隨手錄之以遣日，「以豁塵襟，以滌凡慮」，分類標題，其寓意蓋在拯世風、勸美德而已。

《廣新聞》四卷　孫洙輯

　　《販書偶記》小說家類著錄。華東師大館藏乾隆五十七年巾箱本。前有乾隆五十七年壬子拈花侍者序，云：「搜神干寶，記盡瑰奇，說鬼東坡，事無真偽，性所近也。意即留焉。無悶居士家本齊雲，誼嘗立雪，夙具粲花之舌，每為碣石之譚，木魅山精，得未曾有續梟斷鶴，姑妄言之，今乃出其新編，丐余弁首。稗官野史登大雅堂，著作無關惡癉善彰，遇下等人因果且說云爾。」李福、顧蓴、吳嘉泰、徐葵、顧寅、李銳、王聲雷、薄鳳翼等題詞。李福題詞云：「壬子夏，無悶居士輯其往常所聞為一編示余，鬼怪居其半，次及仙狐，下至街談里諺，莫非可驚可愕者。」全書共 76 則，有目錄，然所輯之書未注明出處。所記多怪異之事如《村婦昇天》《青蛙借雷》《陰司誤勾》《長舌鬼》《小頭怪》等，亦有里巷佚事者如《男妾》述騙子偽為女以作妾，終於敗露事；《燕尾子》為豫兗間響馬事，《俞三娘》《肥香生》為黑店事。語言質樸，如《叫中》：「乾隆癸卯科太倉轉漁墩，夜有鬼叫，曰：『轉漁墩中二二名。』後果驗。」亦有可笑者如《古人受罪》：「慈谿令某，斷獄稱明決，適春郊演《鳴鳳記》，

中有《嵩壽》一則，狀趙蓉江趨奉嚴相處，頗淋漓盡致，時趙氏裔過其地見之，怒謂：『吾祖雖入嚴黨，何至形容若此！』遂詣縣訴，某亦大怒，拘優嚴訊，既而曰：『耳聞為虛，眼見乃實。』命服飾演之，毋許一毫避忌，由是觀者如堵，而大堂上優孟衣冠無微不入。演未畢，令大怒曰：『如此惡狀，令人難堪，該打二十板，打後以重枷枷之，上判枷號「奸黨趙文華一名。」』紅袍玉帶，蜂擁而出。趙大窘，固求之，三日乃釋。」國家圖書館亦藏有此乾隆刻書，名為《續消夏錄》，扉頁有民國三十九年周作人題記云：「此書原名《廣新聞》，今改名《續消夏錄》，豈書估歆羨紀曉嵐筆記歟？青城子著書名《誌異續編》，則似亦不足為奇也。」南京圖書館藏清藻思堂刻本，封面題《（河間紀氏注）灤陽消夏續錄》，《中國古籍總目》題「陸鼎翰撰」，實則同一書也。

《嘯月亭筆記》十二卷　徐時作輯

　　徐時作字鄴侯，號筠亭，福建建寧瀘江（今屬三明市）人。雍正五年丁未進士，官滄州知州，著有《崇本山堂詩鈔》等，錢以塏為其門人。《中國古籍總目》小說類文言之屬著錄。上海圖書館藏乾隆三十五年庚寅崇本堂刻本。前有蘆汀黃度於叔氏序。此書為雜家筆記之類，內容有軼事、詩話、雜說、建寧地理、詔書、理學等，輯錄他書時每有不注書名者，每則無題目。卷五云：「嘯月亭，予青山住屋右邊之書齋也。」此書名為「庚寅年鑴」，然卷十二有乾隆三十九年為錢陳群病逝特發詔書事，則此書並非成於一時也。

《聞居偶錄》十二卷　徐時作撰

　　《大通樓藏書目錄》小說家類雜事之屬著錄，云有崇本山堂原刊本。今有國家圖書館藏刻本，存卷五至卷十二。書中志怪、軼事、詩話、文評、考證、恩遇、博物、地理、野史等，每則無標題，目擊耳聞之外，抄諸他書如《池北偶談》《虛谷閒鈔》者，議論平正，文風藹然，較有循儒之氣，如「余邑前明進士李春熙皡如未第時祈夢龍龜山，夢神賜品蕭，命吹解者謂當朝一品，即己亦以一品自負，後中外遷徙，總不離推官，吹進吹出，蓋鄉語誰與吹同音也，厥後雖經行取官，亦終於刑曹而止。」

《茶餘客話》二十二卷、《補遺》一卷　阮葵生撰

　　阮葵生（1727～1789），一名作芝生，字安甫，又字寶誠，號唐山，山陽（今江蘇淮安）人，乾隆二十二年進士，累官至刑部右侍郎，著有《七錄齋詩

文鈔》等。光緒《淮安府志》卷二十九有傳。《萬卷精華樓藏書記》卷一百子部小說家類、《鄭堂讀書記》卷六十五小說家類雜事之屬著錄。上海古籍出版社《清代筆記小說大觀》本，無序，後有光緒戊子王錫琪跋、（乾隆五十九年）甲寅戴璐跋、（乾隆五十八年）癸丑阮鍾琦《十二卷本阮跋》。戴璐跋云：「是書成於辛卯之前」，即乾隆三十六年之前。此為雜家筆記也，其中考證、地理、詩話、博物、志怪、軼事皆有，志怪如鏡聽、祈夢等事，軼事如文天祥嗜象棋、明末復社之事等。文筆爽直，較少玄虛。阮鍾琦跋云：「先司寇……入直綸閣，歷卿垣，僦居長安，藏書最富，手不停披，殫心著述，與一時賢士大夫遊，賓客過從，煮茗劇談，靡間寒暑，凡所得於載籍，以戴聞見所及，輒誌之，積二十年，成《茶餘客話》三十卷，所記自經史及國朝典故、淮陰事蹟，下及書畫琴魚之類，靡不講貫精覈，獨出己見，論斷而折衷之。」語言樸質，如《王相國假歸後逸事》：「王太倉相公假歸，入山養病，戒僕人勿言姓氏。道遇疾雨，移舟避鄉坊，其家不容；逐之，乃告曰我好人，勿疑也鄉人嘗曰好人那肯六月出門遠行公聞之悚然，曰：『彼言是也。』公喜菊，多蓄名種。杜醒陶造之，猝見白剪絨，不覺身人花間，忘與主人交交禮，公曰：『君興故不減我。』乃贈與之。公夏六月科跣據地，手提菊蟲，鄰叟不知，意花丁也。呼之不應，乃戲蹴之。公曰：『叟亦愛菊耶？』亦贈與之。公有古瓷，直不貲。一日，李安溪索觀，命奴捧之，歷階而上，失足傾跌而碎。李不覺失聲，公怡然不動。安溪每服其雅量。」志怪如《吳雲裏為九華山僧轉世》《老少同榜異夢》等。卷十五《守財奴》臨歿去雙燈草事，與《儒林外史》嚴監生事相同。周中孚對此書評價甚高，云：「所記自經史及國朝典故、淮陰事故，下及書畫禽魚之類，靡不講貫精覈，獨出以己見，論斷而折衷之，多有未經人道為說部諸家所不及者。」李慈銘評此書「頗多記國朝掌故」「嫻於文獻之學。間及考古，則多疏舛」，評價亦中肯。

《病餘長語》十二卷　　邊連寶撰

　　邊連寶（1700～1773），字趙珍、肇畛，號隨園、葬仙、茗禪居士，直隸任丘（今河北任丘市）人，雍正十三年拔貢，著有《隨園詩集》四十一卷附《禪家公案頌》一卷、《隨園文集》四卷、《肇畛先生文稿》二卷、《評選蘇詩》十卷、《病餘長語》十二卷等，《清史稿》卷四八四有傳。未見著錄。本書舊有鈔本，今有齊魯書社 2013 年馬合意校點本。據馬合意校點，共有 499 則，每則

均無標題。此書向以說詩為主，錄之他書如《香祖筆記》《池北偶談》《六研齋筆記》《禽經》者，亦復不少，間有文人軼事，亦可作小說看，如陸平泉謁嚴分宜、胡貞起說種子奇方、二人相對談古、三人共對春雨、冬烘先生教村書、起山先生逸事、女狐嫁奴服役、劉師退趙秋谷戲老儒、毛大可性腐而呆、請乩降仙、竊唐寅畫、紀曉嵐書法不工等。雜家筆記之類。

《楚庭稗珠錄》六卷　檀萃撰

　　檀萃字默齋，安徽望江縣（今屬安慶市）人，乾隆二十六年辛巳進士，官貴州青溪、雲南祿勸知縣，著有《逸周書注》《滇海虞衡志》《滇南詩話》《儷藻外集》等。周永年《借書園書目》小說家類著錄。今有《中國人民大學古籍叢刊》影印乾隆三十八年刻本。前有乾隆三十八年黃燾、檀萃序。黃序云「若乃前朝軼事，先賢名跡，片善必舉，單辭必錄，感人心，振風教，大有合於《荊楚歲時記》《襄陽耆舊傳》之意，蓋非《諾皋》《夷堅》所可同日語也。」檀萃自序不過述書名之由來，此書亦屈大均《廣東新語》、吳綺《嶺南風物記》、范端昂《粵中見聞》之類。全書分《黔囊》《粵囊》《粵琲》《粵產》《說蠻（物產附）》四部分，共 286 則。記述兩廣地理山水、名勝物產、風俗物產、民族風俗，考證地理沿革、古今異同，間述神話故事、文人軼事、異聞逸事，既似遊記、文集，又似傳記，語亦清致灑脫，敘事從容，所錄多歌詩，頗為可觀。每則無標題，因此書為「江夏黃濤編」，故頁眉處有每則所擬標題及評語，如「桃源洞」「辛女岩」「帝不取孟子」等。今《廣東地方文獻叢書》整理本或據此列為標題。

《穆天子傳注疏》六卷　晉郭璞注、清檀萃疏

　　《青島市圖書館古籍書目》子部小說家類著錄。今有宋志英、晁岳佩編《〈穆天子傳〉研究文獻輯刊》影印宣統元年《碧琳琅館叢書》本，卷首為《穆天子編年》，卷一至卷四為《西巡》，為巡狩西北區域與西王母相會；卷五為《東巡》，記述巡狩王畿內外之地；卷六為《東巡（盛姬）》，記載盛藏盛姬事；卷末為《序傳》，有乾隆五十八年癸丑檀萃《穆天子傳注疏序》、晉郭璞《穆天子傳注序》、晉荀勖《校定穆天子傳序》、元王漸《重刻穆天子傳序》、《穆傳人姓名》、檀萃《汲冢書考》、檀萃《晉書郭璞傳附前後論》。另臺北新文豐公司《叢書集成續編》本前有檀萃弟子曾力行、嚴娘序，目次及《穆天子論》一篇，為前本所無。此書為晉汲冢遺書之一，郭璞注本為歷代祖本，唐、明書錄皆著之

於史部起居注類，至《四庫全書總目》始著錄之小說家類異聞之屬，案語云：
「《穆天子傳》舊皆入《起居注類》，徒以編年紀月，敘述西遊之事，體近乎起
居注耳，實則恍惚無徵，又非逸周書之比。以為古書而存之可也，以為信史而
錄之，則史體雜，史例破矣。今退置於《小說家》，義求其當，無庸以變古為
嫌也。」檀萃有感於郭注有「蕪沒」之虞，「故分其章節，正其句讀，其缺圈
處可以大意屬讀者，即補其字於圈中；其古字奇畫郭氏所缺釋者，亦推驗仿象
而釋之……每卷之後附以諸考證……於正文之上方加以評論」，既有注疏之
體，復有評點之例。其眉批除古今地理沿革、史實辯證、字體辯證外，並有排
擊教門（佛、耶）附會之說、論文章奇正之法、正帝王道德之道等語，並非僅
為考證而考證之書，故莫友芝《宋元舊本書經眼錄邵亭書畫經眼錄》云此書「蕪
衍」，「然滇荒窮宦，籍抒無聊之思，至於精闢不磨處，故是奇作。」

《蒙溪詩話》《碧雲亭雜錄》　史承豫撰

史承豫（？～1774），字衍存，江蘇宜興（今屬無錫市）人，承謙弟，諸
生，與兄並擅詩名，著有《蒼雪齋詩文集》《蒙溪詩話》《碧雲亭雜錄》及《評
點漁洋詩話》。《毘陵經籍志》子部小說家類著錄。未見。

《硯雲甲編》八卷　金忠淳輯

金忠淳字古還，號硯雲，浙江仁和（今杭州市）人，候選布政司經歷，著
有《古泉錄》《古錢考》等。《觀海堂書目》小說家類瑣語之屬著錄。華東師大
館藏本，前有乾隆四十年乙未金忠淳《硯雲甲編小引》，雲仿《說部叢書》《說
海》《稗海》之遺意，「余是編大率寫本居多，不敢堙沒前修，俾共流傳。」此
書內收陸采《都公譚纂》、楊儀《明良記》、鄭仲夔《耳新》、包汝輯《南中紀
聞》、沈德符《顧曲雜言》、余永麟《北窗瑣語》、黃東涯《屏居十二課》、張岱
《（陶庵）夢憶》等八種筆記。上海圖書館藏《硯雲》一部，申報館仿聚珍版
為《甲乙編》，共十六種筆記小說。甲編同華師，《乙編》有《汴京勾異記》《冷
賞》《長物志》《小隱書全帖》《嶠南瑣記》《揮麈詩話》《敝帚齋餘談》《槎上老
舌》等筆記小說八種，前無序。說部叢書也。

《夜譚隨錄》十二卷　和邦額撰

和邦額（1736～1795後），字閒齋，號霽園主人，滿洲鑲黃旗人，乾隆三
十九年舉人，歷官山西樂平縣令、興漢鎮總兵等。《中國古籍總目》小說家類

著錄。乾隆四十四年己亥刻本、乾隆五十四年己酉衙刻本、乾隆五十六年辛亥刻本等。前有乾隆五十六年辛亥和邦額自序，共 140 餘篇（則），每篇（則）之後多有「蘭岩」「閒齋」評論。據蕭相愷先生《和邦額文言小說〈霽園雜記〉考論》一文，和邦額又有《霽園雜記》一書（筆者案：此書為《中國古籍善本書目》小說家類著錄，南京圖書館藏清抄本，四卷。前有乾隆三十六年序、目錄，共 72 則），為《夜譚隨錄》定稿前之鈔本。乾隆三十六年和邦額序，與乾隆四十四年和邦額自序略不同，兩序大意皆云本書為「志怪」之作，並言志怪之正當性。此書創作於乾隆三十六年前，篇章結構、故事類型多與《聊齋》同，其中數十篇篇幅漫長，歌詩談情，大類聊齋豔情之體，如《崔秀才》《碧碧》《香雲》《邵廷銓蘇》《蘇仲芬》《梁生》《倩霞》《修鱗》《韓樾子》《阿稚》《汪越》《邱生》《白萍》《霍筠》《秀姑》《王公子》《王侃》《董如彪》等。其他如僵屍鬼怪、堪輿回煞、貓怪夜星之類，亦駭人聽聞，但大要在於錄自傳聞，並非全然杜撰。昭槤《嘯亭續錄》卷三「夜談隨錄」條云其「效《聊齋誌異》之轍，文筆粗獷，殊不及也」，並云其內容有「用意狂謬」「悖逆之詞」處，總體評價不高。其古雅穠麗不如《聊齋》，然敍事言情，文風樸質亦有動人處，如《張五》《譚九》，亦「乾隆盛世」下凋哀之音，此方為筆記小說寫實信史之正途。

《黃奶餘話》八卷　　陳錫路撰

陳錫路字玉田，浙江歸安（今湖州市）人，乾隆三十三年戊子舉人，曾任富陽教諭。《八千卷樓書目》子部雜家類著錄。上海古籍出版社《續修四庫全書》影印乾隆刻本。前有乾隆三十七年曾光先序、陳錫路自序。陳氏自序云此書不過為消閒之餘話，「《金樓子》載有人把卷即睡，因呼黃卷為黃奶，而唐人遂以黃奶作晝睡之稱。」此即書名之意。此書仿宋人筆記為之，故曾氏序云：「說部之書固子之屬也……茲餘話一編，即不過自叢言腄史、文詞韻語中來，一經黏綴，如掘得玉合子，底必有蓋，或加以考訂，復具有理致，令閱者心開目明，是其浸淫乎卷帙者以講論為哺乳則有之矣，而顧取《金樓子》黃奶之語為自謙乎！」考證雜說之類，所引宋人筆記為多。

《大槐閣雜鈔》　　胡必達撰

胡必達字月儼，湖北天門（今天門市）人，乾隆三十一年進士，由庶吉

士改兵部主事，主講蒲陽書院。宣統《湖北通志》小說家類雜事之屬著錄。未見。

《蓬窗瑣語》 李莘撰

李莘字耕崖，湖北雲夢（今屬孝感市）人，乾隆三十二年拔貢，官兵部主事。宣統《湖北通志》小說家類雜事之屬著錄。未見。

《乍了日程瑣語》三卷、《通俗八戒》一卷 李元撰

李元字太初，號潭窩，湖北京山（今屬荊門市）人，乾隆三十六年辛卯舉人，官四川仁壽、金堂、南充知縣等，著有《檢驗詳說》等。宣統《湖北通志》小說家類雜事之屬著錄。未見。

《桑梓錄》《率爾操觚錄》 李元撰

宣統《湖北通志》小說家類雜事之屬著錄。未見。

《夷堅志補遺》 錢思元撰

錢思元字宗上，一字止菴，江蘇吳縣（今蘇州市）人，乾隆諸生，從沈德潛學詩，宗晚唐，著述多種，有《止菴聞見錄》《吳門軼事》《吳門補乘》《嶺表錄異補葺》等。陳詒紱《江蘇通志藝文志》子部續編小說家著錄。未見。

《因證錄》十二卷 陳守詒輯

陳守詒（1731～1809），字仲牧，號約堂，江西新城（今屬宜春市）人，由貢生遵豫工例捐納員外郎，乾隆六十年內用河南陳州知府致仕。《販書偶記續編》小說家類著錄，乾隆四十一年丙申石竹山房刊本。未見。

《桂山錄異》八卷 顧淴編

顧淴事蹟不詳，據書中所題，知其字戀寅，號獅橋居士，蘇州（今蘇州市）人。《販書偶記續編》小說家類著錄。華東師大館藏刻本。獅橋居士編、碧梧主人校。無序跋，末頁有「乾隆己亥十月山陰魯和琴良氏校錄於曲江品石山房」字一行。乾隆己亥即乾隆四十四年，獅橋居士當為顧詮，碧梧主人當為魯和。華師大館藏本共 101 則，多取自唐人小說，如《杜子春》《王度》《劉宴》等，傳奇文占比重較大。

《秋燈叢話》一卷　戴延年撰

　　戴延年字壽愷，號藥砰，乾隆間長洲（今江蘇蘇州）人。嘗旅居粵西、京師，後僑居吳江，與楊復吉交好，著有《搏沙錄》《叢桂山房詩》等。《八千卷樓書目》小說家類著錄。今有上海書店《叢書集成續編》本，後有乾隆四十九年楊復吉跋。此書清新雅致，所記多博物、軼事，間有志怪，共 84 則，《王秋娘》一則為乾隆四十四年己亥事，可證成書在此之後。奇異之事如《浴雷公》《鳩摩羅鬼》《搏虎、《箍桶翁》等，雜事如《延師課賭》《杜雲川》《板橋》《杜于皇》《葉元禮》《一門風雅》《葛帳布衾》《老先生》《董小鈍》《談鶴洲》《吳漢槎》《白頭花燭》《臨刑閱案》《碎玉聲》《煙波釣徒》等，博物如《異菊》《靈珀》《五花瘴》《連理枝》等，於文人詩畫亦有記錄，文筆洗練，與《世說新語》《堅瓠集》頗詳類，即瑣語與詩話入小說者，如《杜雲川》云：「康熙朝杜太史雲川詔雅負才望，廣陵一富商頗好客，素慕其名，必欲致之。杜感其誠，留榻數日而去，人問其主人何如，杜沉吟曰：『亦佳。但吾所嫌者，坐無寒士，家少藏書耳。』」《板橋》：「揚州鄭板橋變號板橋，曾任山東濰縣令，恃才玩世，以是去官。遇夜出，惟令兩役執燈前導，亦不署銜，自書『板橋』二字，體兼篆隸，其放誕如此。尤工詩，余最愛其『滿架秋風扁豆花』之句。」《老先生》：「吳江孝廉某計偕入都，舟泊紅花埠，遇盜，箱篋攫取一空，某袖手含笑而稱之為『老先生』，乞稍留路資，盜不應，飛棹而往，詎遺一幼盜在舟，某狂呼曰：『不留物亦小事，尚有一少年老先生未曾載得去。』盜復回，挈之過舟，以一筐篋還之。孰謂此輩不可動之以誠哉！」《杜于皇》：「杜于皇濬既入本朝，隱居雞鳴山下，足跡不入城市，四壁蕭然，爨煙常絕。偶有遠友過之，欲供一飯而無所措，以案頭《葉龍泉集》易炊對食，頃口占一絕，有『看君咀嚼葉龍泉』之句；又有人詢以近狀，答書云：『昔日之貧，以不舉火為奇，今日之貧，以舉火為奇。此其別耳。』遺老高風，與茲想見。」文人諧語無寒酸氣，短則叢語，頗可讀。

《吳語》一卷　戴延年撰

　　《八千卷樓書目》小說家類著錄。世楷堂《昭代叢書》本、上海書店《叢書集成續編》本。前無序，後有楊復吉跋。全書二十二則，所述吳中士女、風俗、物產、名蹟、異聞、軼事等，所述吳中女性如青樓喬秀、名姬劉碧環、張憶娘，貞女薑桂，多寓同情意；風土如豌豆、牛乳、銀杏葉汁、詠榆錢飯詩詞、吳江棹歌、虎丘山塘酒館、羊山白龍娘娘廟、詠唐寅墓詩詞、東禪寺紅豆樹、

虞山水潤等，以斯土為美之意；述曹宗楷七十八歲始入泮、杜玉奇年老尤演倩女、顧舜年夜讀砍鬼手等，亦雅聞趣事而已，辭旨清致，詩詞婉麗，可謂風土筆記中之小品。楊復吉跋云戴延年「秉性蕭冷」，並云此書為乾隆六十年乙卯「出都時舉以贈餘者」，可知此書成於乾隆六十年前，正值蘇州盛時，故知為憶念江南之作矣，如「銀杏葉汁，以之洗眼，滿四十九日，能見鬼物。」「虎邱山塘自酒務茶棚花房竹塢之外，大半皆以紗櫥檀匣粉飾土偶，剪繪綴採，光豔如生，四方爭觀，殆無虛日。吳江潘廷塤有句云：『問渠那得嬌如許，分取真娘途一抔。』饒有風趣。」

《筆談》八卷　施廷琮撰

施廷琮，安徽天長（今天長市）人，乾隆四十五年舉人。事蹟不詳。光緒《安徽通志》卷三百四十二小說家類著錄。未見。前有乾隆四十五年自序（見嘉慶《備修天長縣志稿》卷四下），序云：「予不談世事者，今十餘年矣！自乙酉春病聾，雖高朋滿座，不能交一語，乃置木版水筆為畫字具，於是人有言以筆示余，余以口答之；久之，人以筆問予，亦以筆答，答竟相視而笑……癸巳夏，避暑款冬山房客，有從外郡來者，間以吾邑風土人情為詢，予隨手答之，久而成袂，其中事蹟多有兼資邑乘者，非剿說也。蓋取本末粗備、人有所徵信耳，爰分類錄，存名以筆談，是即予不談之談也。」

《陰晉異函》三卷　李汝榛輯

李汝榛字仲山，號錢來山人，陝西華陰（今華陰市）人，乾隆四十一年癸酉拔貢，歷知山東平陰、東阿、歷城、江蘇溧水縣事，著有《驢譜》《洗鉢餘錄》《華陰縣志》等。《中國古籍總目》小說家類著錄。國家圖書館藏咸豐二年壬子本，有來紫堂牌記。前有乾隆四十五年庚子李汝榛《陰晉異函敍》、乾隆四十七年壬寅陳之魁《陰晉異函敍》、乾隆四十七年張西銘《鈔陰晉異函敍》。全書分上中下三卷，上卷為《靈徵》《君符》《仙》《道》《術》，卷二為《夢》《魔》《鬼》《人》《物》，卷三為《女流》《賊徒》《諧談》《辨偽》。共 14 類 270則，每類皆有小引，每則皆有標題。梅伯言《陰晉異函序》云：「昔李吉甫敍《元和郡縣志》，謂敍邱墓，徵鬼神，非地志之要；而太史公書，獨好言鬼神……乾隆時，華陰李小泉先生，自溧水令罷歸，專以文史自娛，既修《華陽志》成，乃取仙佛神怪之事可喜可愕者，別為一書，曰《陰晉異函》，蓋不悉載之志乘者，固本李吉甫實事求是之意，而旁採博取，必萃而不遺，亦太史公著書多好

奇之意歟？顧太史公以意有所鬱結不得攄，故著書詞稱微妙難識，《封禪書》言宛若陳實事，靈貺昭應，屑如有聞，而使人自得其誣罔之意於言意之表。今先生書皆網羅舊聞，不自為倣，而時亦附見己意，若莊若俳，以寄其慷慨排調，不合乎流俗之意，蓋其雄於文、廉於吏，而不得遂於宦者，後之人亦可概見其素抱焉，則是書也，謂為先生所自作可也。」梅序不見於咸豐刻本，收錄於《梅伯言文》中。此亦地志小說之類也。

《二十二史感應錄》二卷　彭希涑輯

彭希涑（1761 — 1793），字樂同，號蘭臺，吳縣（今江蘇蘇州）人，事蹟不詳。《藏園訂補邵亭知見傳本書目》小說家類著錄。華東師大館藏有道光二十九年番禺潘氏刊本。前有乾隆四十六年彭紹升《序》彭氏《自序》《凡例》七條及《緒論》，道光二十六年彭蘊章《跋》。《潛園集錄》本前有嘉慶二十年歸安張師誠序，亦不過勸誡之意。彭希涑為佛教信徒，故自序中云「希涑幼承家學，頗知嚮往，稍長閱歷世故，益有契於感應之理，爰以讀史餘閒，擇其善惡事蹟、果報最著者，得一百八十餘條，編為二卷。子曰：『舉一隅不以三隅反，則不復也。』二十二史，無一事而非感應之證也，茲之所載，二十二史之一隅也，伊古及今，普天匝地，無一事而非感應之證也。二十二史，又古今感應之一隅也，推之而稗官說部、里巷傳聞，苟由此而反之，其理明、其事確，又何不可信之有？」此書不過從二十二史中摘抄因果報應者，摘抄之文皆注明出處，亦徵信之意也。

《聞見瓣香錄》十卷　秦武域撰

秦武域（1725～？），字紫峰，號福亭山人，山西曲沃（今述臨汾市）人，乾隆二十五年舉人，曾知兩當縣事，著有《笑竹集》等。《鄭堂讀書記補逸》雜家類雜說之屬著錄。上海書店《叢書集成續編》本，前有乾隆五十八年癸丑張九鐔序、乾隆四十八年癸卯自序，後有裴振跋。此書並非成於一時，致仕後釐為十卷，以天干排序，類乎《夷堅志》之目，每卷皆有目次，每則有標題，敍述涉及時事、詩話、博物、地理、考證等事，自敍云「乞養後里居多暇，因仿歐陽文忠公六一《歸田錄》、楊文獻公升菴《丹鉛錄》、王文簡公漁洋《居易錄》等例，釐為甲乙，藏諸家塾」，張序云此書「凡山川風俗物產土宜，莫不搜訪，至於近代圖籍之原委、金石碑版之存亡，悉證訂確鑿，與亭林、竹垞諸前輩上下其議論，而邪淫鄙倍之，談鬼魅神怪之迹無一及焉。」

雜家筆記一流，敘事雖云不錄志怪，然已卷《見鬼》《縊形》皆為虛無縹緲之
事。此書頗右文獻，故遇有金石碑刻之文皆錄之，至於乾隆三十七年所成之
《四庫全書》尤為注意，於《四庫簡明目錄》全錄之，「所採擇率取文章之有
資於學、治術之有裨於國者，而於本朝之文治武功、煌煌數大事紀之尤詳，
洵不愧古太史陳詩之義」（裴振跋語）。文風清雋，足為博物之書，敘事平實，
不尚虛誕之語。

《孝感錄》　張泰撰

張泰字魯瞻，山東膠州（今屬青島市）人，諸生，有《魯齋雜錄》《西田
遺詩》等。乾隆《膠州志》卷五有傳。宣統《山東通志》小說家類異聞之屬著
錄。未見。

《花月新聞》　冷紘玉撰

冷紘玉字華雲，號芝岩，山東膠州（今屬青島市）人，進士，乾隆四十三
年進士，任東城兵馬司正指揮、安陸府同知，有《研經堂古今體詩》一卷。《青
島歷代著述考》小說家類著錄。民國《山東通志》卷一百四十云「《採訪冊》
載是書云『謂可繼趙秋谷宮贊《海漚小譜》』。」未見。

《梅谷偶筆》一卷　陸烜撰

陸烜字子章、梅谷，號巢雲子，浙江平湖（今屬嘉興市）人，乾隆諸生。
《鄭堂讀書記補逸》卷二十六雜家類雜說之屬著錄，今有《昭代叢書》本、《梅
谷十種書》本。卷端前有自序，後有乾隆四十八年楊復吉跋。自序稱暇日無事，
隨筆記錄，「語無倫次，適情而已」，所述近百則，內容為雜事、志怪、鑒賞、
詩話及製作、考證之類，多雋語，雜家筆記之類。

《礪史》一卷　陸韜撰

陸韜字子容，一名自震，事蹟不詳。浙江錢塘（今杭州市）人，乾隆《杭
州府志》卷五十八小說家類著錄（此《杭州府志》纂修於乾隆四十九年）。

《短檠隨筆》五卷　楊偕撰

楊偕，事蹟不詳。乾隆《杭州府志》卷五十八小說家類著錄。（此《杭州
府志》纂修於乾隆四十九年）

《叢殘小語》一卷　丁健撰

丁健字誠叔，杭州人增廣生，事蹟不詳。乾隆《杭州府志》卷五十八小說家類著錄（此《杭州府志》纂修於乾隆四十九年）。

《耕餘談》　施禮嵩撰

施禮嵩，浙江黃岩（今屬台州市）人，光緒《黃岩縣志》卷之二十中云：「施禮嵩，初名立宋，字友山……闊略多穎悟，好讀書，手不釋卷，嘗為劉令世寧繪河閘志水道圖，山川形勢，瞭如指掌，以布衣終，年八十六，著有《武經心略》二卷、《耕餘談》、《黃岩形勝論》，藏於家。」項元勳《台州經籍志》子部十三說家類著錄。未見。

《消寒詩話》一卷　秦朝釪撰

秦朝釪字大樽，江蘇金匱（今無錫市）人，乾隆十三年進士，由禮部郎中出為楚雄知府，著有《峐齋詩文稿》等。《毘陵經籍志》子部小說家類、《八千卷樓書目》集部詩文評類著錄。上海書店《叢書集成續編》本。書中有乾隆三十九年甲午事，則成書在之後。此書體頗不純，名為詩話，大約詩話、軼聞、野史、遊記各為一端，詩話之作類於本事詩，以交遊引詩歌，軼聞如官楚雄時禁饋上官梨、述妒婦傷兒，歷史事件如明「奪門之變」、「朱宸濠之亂」，遊記多記西南之山景、氣候之多變。文風較為典雅，惜詩論無創見，如論李義山、王太嶽、蔣士銓詩，褒美而已。

《燕蘭小譜》五卷　吳長元撰

吳長元字太初，號安樂山樵，浙江仁和（今杭州市）人，著有《宸垣識略》等。《八千卷樓書目》小說家類瑣語之屬著錄。《雙梅影闇叢書》本、《雙肇樓叢書》本。上海書店《叢書集成續編》本前有宣統辛亥葉德輝《重刻燕蘭小譜序》、乾隆乙巳安樂山樵太初序、乙巳竹醉居士跋、乾隆乙巳西塍外史《題詞》《例言》，《雙肇樓叢書》本前有乾隆五十年乙巳安樂山樵太初《燕蘭小譜弁言》、乾隆乙巳西塍外史《燕蘭小譜題詞》《燕蘭小譜例言》，後有乙巳竹醉居士跋。此書所載為京中優伶之事，詠歌詩詞，葉德輝序云「袁枚《隨園詩話補遺》盛稱此譜，在古人《南部煙花錄》《北里志》之外別創一格……要之當時風流豔跡，一展卷如見其人，斯固非乞文字之靈，不足傳神千古。」安樂山樵亦云此書為「一時創見」，專述男伎，雖為志豔之類，然與《南部煙花錄》《北

里志》《青泥蓮花記》《板橋雜記》及趙秋谷之《海漚小譜》又有所不同,「始甲午迄今,共得六十四人,計詩百三十八首,又雜詠佚事傳聞共五十首。先之以畫蘭詩者,識原始也。繼之以《燕蘭譜》者,美諸伶也。終之以雜詠者,寓規諷也。諸伶之妍媚,皆品題於歌館,資其色相,助我化工。或讚美,或調笑,或即劇傳神,或因情致慨,其優劣略見於小敘中。而詩不沾沾於一律,大約風比興三義為多。」花部、雅部優伶皆為敘錄,每卷端有小序,題本卷主旨,卷一專述畫蘭詩詞,卷二為述都中旦色及詩詞,卷三為花部諸伶及題詩,卷四為雅部諸伶及題詩,卷五為優伶軼事及題詩。每卷歌詠為多,然詩詞「神韻之逼漁洋」(竹醉居士跋語)似為過譽,卷二至卷五例以先書伶人事蹟,次列歌詠,亦《明湖花影》體例也,描寫姿態多「弱不勝嬌」「銷魂」「媚態」「姿容明秀、靜中帶媚」語,軼事則有俠義、局騙之類,可見優伶諸相。此為狎邪體(或稱「花譜」體,見劉汭嶼《清代中期北京花譜筆記文體研究》一文,《北京大學中國古文獻研究中心集刊・第 13 輯》),遠祖《北里》《板橋》,近師陳同倩《優童志》,不過色藝品題、花界軼聞,或稱「花譜」類品鑒之作,可謂筆記小說中之《品花寶鑒》者。清代筆記體優伶小說,肇始於此,後《日下看花記》《聽春新詠》《評花新譜》《情天外史》《燕臺集豔》等以詩詞品鑒優伶之作,皆仿此書體例。

《秦雲擷英小譜》一卷　　王昶編

王昶(1725~1807),字德甫,號蘭泉,江蘇青浦(今屬上海市)人,乾隆十九年進士,累官至刑部右侍郎。《八千卷樓書目》小說家類著錄。《昭代叢書》本、《雙梅景闇叢書》本。今有上海書店《叢書集成續編》本,前有丁巳年葉德輝《重刊秦雲擷英小譜序》、王昶序、徐晉亨《題詞》目次,後有嚴長明跋、光緒乙亥袁祥甫識語。此書為王昶編輯,非為自著也,其中嚴長明撰《祥麟》《小惠(附寶兒、喜兒)》《瑣兒》《金隊子・雙兒・栓兒(附太平兒、豌豆花)》四篇,曹仁虎撰《三壽》《色子》兩篇,錢坫撰《銀花》一篇,故葉德輝序云此書「皆乾隆時秦中諸伶小傳,中雖雜入曹宮允仁虎、錢明經坫兩篇,其主名固仍屬於侍讀(嚴長明)也。」葉說為是。嚴長明跋云:「吾鄉潘之恒有《秦淮劇品》諸作,祖唐人《小名錄》、元人《點鬼簿》為之,皆記曲中士女殿最,焦文端序之,謂其盤遊無已太康,而辭致無妨大雅也。」此書亦《錄鬼簿》之意,在清代亦屬「板橋」志豔一類,辭旨婉約,聲色之外,並有曲論,

在諸同類中較為別致。案嚴長明（1731～1787），字冬友，一字道甫，江南江寧（今南京市）人，乾隆二十七年高宗南巡召試，賜舉人，官至內閣侍讀，曾入畢沅陝西幕府，又主講盧江書院，著有《毛詩地理書證》《三經三史答問》《尊聞錄》《歸求草堂文集》等。嚴氏所撰為入阮元幕府期間，即乾隆五十年左右。

《炙硯瑣談》三卷　湯大奎撰

湯大奎（1728～1786），字曾輅，號緯堂，江蘇武進（今屬常州市）人，乾隆二十八年癸未進士，官福建鳳山知縣，乾隆五十一年臺灣林爽文起義，湯氏以守土官死之，著有《緯堂詩鈔》等。《毘陵經籍志》子部小說家類、《中國叢書綜錄》雜家類雜說之屬著錄。華東師大館藏《常州先哲遺書》本。前有乾隆五十七年趙懷玉序、湯大奎自題小序、以及洪亮吉撰《湯君墓誌》、趙懷玉撰《湯君墓表》，書後有趙懷玉、盛宣懷、戴璐、莊宇逵跋。此書本為十二卷補遺一卷，經亂散亡，經趙懷玉整理，鏊為三卷，見趙懷玉序及莊宇逵跋語。趙序云湯氏著述之意在乎「考鏡是非，揚扢風雅」，故語言雋秀，類乎詩話。所錄多嘉言懿行、閨秀典作，如黃仲則詩、洪亮吉詩、陳維崧詩等，間有考證如考泉州洛陽橋之由來及歷代題詠等，較為徵實。

《遺珠貫索》八卷　張純照撰

張純照字葵圃，浙江秀水（今屬嘉興市）人，嘉慶初年貢生，著有《大六壬尋源》四卷等。《販書偶記》小說家類著錄。上海圖書館藏嘉慶二十三年刻本。前有嘉慶二十三年蔗園楊澧序、乾隆五十一年丙午張純照序、《例言四條》。張純照序云此書原為「先大父手澤」，恐年久堙沒，故為排比編輯，每卷皆有目次。近 400 則。所輯書有《雲麓漫鈔》《續綱目》《原化記》《博物志》《桂海虞衡志》《通典》《歐陽文忠公集》《夢溪筆談》《酉陽雜俎》《藝蘭佳話》《輟耕錄》《採蘭雜志》《蠡海集》《中吳紀聞》《丹鉛錄》《吳越春秋》《鶴林玉露》《雞肋編》《拾遺記》《致虛雜俎》《說聽》《韞光樓雜志》《漢書》《史記》等，內容有軼事志怪如《曹操大度》《鍾能決訟》《絕倒》《二香取禍》《文字之禍》等，博物如《無價香》《異硯》《酒山》《方卵》等，考證如《孔孟關三夫子生日辯略》《田名考》《神明降誕考》《製器考略》等，雜說如《論經》《讀詩偶評》《論易》《辨西方聖人》《論齋》《辨奔者不禁》《辨孔子師老聃》等，其中以雜說、考證為多，紀事則博物與名人軼事為多，大約讀書筆記之類，亦雜家筆記之一

種，其中《鬼神》一則論鬼神之有無，可見清世之鬼神觀：「近世俗儒言鬼神事，即謂此釋道之說，我儒所勿論，不知《四十二章經》未至洛陽、達磨未入建康之前，聖人亦多言之矣！語曰：『未知生，焉知死？』『未能事人，焉能事鬼？』又曰：『鬼神之為德，其盛矣乎？使天下之人齋明盛服以承祭祀，洋洋乎如在其上、如在其左右。』此何物也？」

《甑塵紀略》一卷　姚齊宋撰

　　姚齊宋（1737～1803），字再元，號古愚、狎鷗野客，江蘇常熟（今屬蘇州市）人，諸生，有《狎鷗軒集》《春秋地理今釋》等。《中國古籍總目》小說類文言之屬著錄。臺北經學文化《稀見清代四部輯刊》影印顧氏小石山房鈔本。前有乾隆五十一年丙午姚齊宋自序、目錄、道光丁酉姚玉林識語。姚齊宋自序云家貧無米，甑釜生塵，室人交謫，「余苦其嬲之不置，因覓消遣法，追溯五十年中，師友相知，或曾謀面，或共晨夕，自縉紳先生及布衣方外，一笑噸一舉動，可作佳話傳者，命筆直書，毋詿毋諛，期於核實而已。蓋可以解憂，可以樂饑，此物此志也。」此書仿《世說》體例，分 12 目，即《德行》《言語》《政事》《文學》《雅量》《識鑒》《豪爽》《容止》《巧藝》《任誕》《簡傲》《汰侈》，共 54 則，「雖遊戲之筆，然與一時諸名人攬環結佩，據所見聞，語皆紀實，可備邑乘採擇，非若丈人弄筆，作無謂之遊談也。」（姚玉林識語）此書雖亦《今世說》之類，然類乎小傳如蘇布衣、陳天桂、僧化葦、孫琳等，可謂新雨舊雨，感愴徵實。文筆雋直，無王晫標榜之習。

《三臺述異記》二卷　戚學標輯

　　戚學標字翰芳，號鶴泉，浙江太平（今屬台州市）人，乾隆四十六年辛丑進士，官河南涉縣知縣，著有《毛詩證讀》《三臺詩錄》《鶴泉詩鈔》《文鈔》等，曾纂修《涉縣縣志》《台州外書》。《重修浙江通志稿》之《著述考》「《三臺述異記》」條云：「是書皆引古書，取有徵近今，得於聞見者不錄，凡九十七條，有自刻本。又有《回頭想》四卷，《回頭再想》四卷，《回頭再想想》四卷，其休官後記所歷境，及鄉里舊事、友朋遊跡。以命名不雅，不錄。」占驍勇云其乾隆五十二年成書，見《清代志怪傳奇小說集研究》。未見。此書大約亦地志小說之流，地志小說者如《渠邱耳夢錄》《潯陽跁醯》《中州雜俎》等，作者皆有纂修方志經歷，觀戚學標曾參纂方志，此應為方志之餘緒。

《所見錄》八卷　王起霞撰

王起霞字磊亭，浙江寧海（今屬台州市）人，戚學標友，道光間尚在世，有《餘硯齋詩存》《挑燈偶錄》等。項元勳《台州經籍志》子部十三說家類著錄。未見。

《紀汝佶小說》六則　紀汝佶撰

紀汝佶（1744～1786），字御調，一字俠如，直隸獻縣（今河北獻縣）人，乾隆三十年乙酉舉於鄉，紀昀長子，此六則出紀昀《閱微草堂筆記》，紀昀云「余從軍西域，（汝佶）乃自從詩社才士遊，遂誤從公安竟陵兩派入，後依朱子穎於泰安，見《聊齋誌異》抄本，時是書尚未刻，又誤墮其窠臼，竟沉淪不返，以訖於亡故……惟所作雜記，尚未成書，其間瑣事，時或可採，因為簡擇數條，附此礎之末，以不沒其篝燈呵凍之勞。又惜其一歸彼法，百事無成，徒以此無關著述之詞，存其名字也。」朱孝純（子穎）於乾隆三十九年任泰安知府，紀汝佶在之後始撰，則此書乾隆五十二年（1786）尚未成書。紀昀以為此書為仿聊齋之筆，則其中或有傳奇文，故所擇取六則當為文雅可信者，即「花隱老人」「士人某」「徂徠山」「泰安韓生」「煙戲」「教馬」。

《偶札》四卷，《耳目志》二卷　黃世成撰

黃世成字培山，江西信豐（今屬贛州市）人，乾隆元年進士，授禮部主事，著《詩文集》五十卷。光緒《江西通志》卷一百六小說家類雜事之屬著錄。未見。

《笑得好》初集二集　石成金輯

石成金（1660～1747後），字天基，號惺齋，江蘇揚州（今揚州市）人，著有《傳家寶全集》。《中國古籍總目》小說類著錄。《笑得好》為《家寶全集》之一種，上海圖書館藏刻本。笑話之類，多從他書如《笑林廣記》《譚概》輯錄，不過寓莊於諧之意，石成金從事俗文學，寄意於倫理教化，故此書《初集》《二集》皆書名主旨：「人以笑話為笑，以笑話醒人。雖然遊戲三昧，可稱度世金針。」《初集》有自序云：「予乃著笑話書一部，評列警醒，令讀者凡有過衍、偏私、朦昧、貪癡之種種，聞予之笑，悉皆慚愧悔改，俱得成良善之好人矣，因以《笑得好》三字名其書……但願聽笑者入耳警心，則人性之天良頓復，遍地無不好之人，方知克毒語言，有功於世者不小。全要聞笑即愧即悔，是即

學好之人也。」語多通俗，每則皆有題目，《二集》題目後加注每則主題，如《投宿》云：「笑說順話的，改潘遊龍語。」《瞎子墜橋》云：「笑不放下自苦的，改劉元卿語。」《滅火性》云：「笑易動怒的。」每則敘事後繼之以勸誡語，語中多引詩詞以增飾。

《南州舊聞》二卷　曹繩彬撰

曹繩彬字右宋，江西新建（今屬南昌市）人，歲貢生，康乾時人。光緒《江西通志》卷一百三十九有傳。光緒《江西通志》卷一百六小說家類雜事之屬著錄。未見。

《瓜廬記異》四卷　夢椽公撰

夢椽公為許秋垞伯祖，當為雍乾間人。未見。許秋垞《聞見異辭自序》云此書：「舉凡宇宙間形形色色奇奇，既貴於親朋納之入；尤貴於筆硯導之出。用是述古人之異，繼以近來之異。談遠方之異，參以同里之異。志目中之異，益以夢境之異。其事雖殊，其所稱異者，一也。非敢擬袁簡齋之《新齊諧》、紀曉嵐之《灤陽消夏錄》以詡傲鬼靈奇，特欲傚伯祖夢椽公《瓜廬記異》四卷，所謂補談資、昭勸懲、消炎夏，居斗室以犁許田，遣閒情以卻睡魔而已。」可知《瓜廬記異》為志怪之書，《聞見異辭》成書於道光年間，則其伯祖《瓜廬記異》當成書於乾嘉時期，故列入本目，以備筆記小說之一種云。

《癸亥消夏錄》《丁卯雁南編》《戊辰雜編》《茅渚編》《茅渚雜編》五種，卷數皆不詳　徐廷槐撰

徐廷槐字笠山，一字立三，號墨汀，或曰字立三，號笠山，浙江山陰（今紹興市）人，雍正八年庚戌進士，因故未仕，教授生徒為活，曾主戢山書院，卒年七十六，著述凡七十餘種。上五種為乾隆《紹興府志》卷之七十八小說家類著錄。未見。

《掃軌閒談》一卷　江熙撰

江熙字蘊明，一字甘白，常熟（今屬蘇州市）人，康乾時人，師從周鼎、吳東樹、何碩人，與葉景高往還，其他事蹟不詳。《八千卷樓書目》卷十四小說家類著錄。華東師大館藏《賜硯堂叢書新編》本。此書內容為雜說、軼事、志怪、考證之語，所著之文中有「乾隆二十一年疫癘大作」一條，則此書成於

乾隆年間，所述雜說不過勸學論經解詩之語，如「讀書不先讀五經，是無頭學問」「律詩韻最嚴，一紐者必隔別用之固也」等等；所載軼聞則以常熟先賢為多，世事又以順康年間為多，如吳偉業仕清為俳優所譏、王煙客夫人喜食鵝等，語言雅淡，敘事不過數語，如敘錢謙益事：「錢牧翁聞瞿稼軒殉難桂林，不覺愕然起立，唏噓而歎曰：『小子成千古名矣！』為之不食者累日。」志怪如優伶包振玉為鬼演劇一事亦見他書，大約傳聞異詞也。

《存春雜志》十卷　　趙曦明撰

趙曦明（1704～1787），字敬夫，號畎江山人，江蘇江陰（今江陰市）人，諸生，與盧文弨友，著有《顏氏家訓注》《讀書一得》《桑梓見聞錄》等。《毘陵經籍志》子部小說家類著錄。未見。

《桑梓見聞錄》八卷　　趙曦明撰

清何震彝之《江蘇江陰藝文志》子部小說家著錄。未見。

《閒居韻趣》一卷　　楊永曾撰

楊永曾，江蘇陽湖（今屬常州市）人，事蹟不詳。《毘陵經籍志》子部小說家類著錄。未見。

《新齊諧》二十四卷、《續新齊諧》十卷　　袁枚撰

袁枚（1716～1797），字子才，號簡齋、倉山居士、隨園老人，世稱隨園先生，浙江錢塘（今杭州市）人，乾隆四年進士，選翰林院庶吉士，曾知溧水、沭陽、江寧等縣事，乾隆十四年隱居南京隨園，專門著述，詩倡「性靈」之說。《鄭堂讀書記補逸》小說家類著錄。此書有隨園刻本，藏上海圖書館。《新齊諧》初刊於乾隆五十三年、《續新齊諧》初刊於乾隆五十七年。今有新興書局《筆記小說大觀》本。《新齊諧》原名《子不語》，因元人有同名者，故改之，實兩名皆行之於世。前有自序。自序有前後兩個版本，略有不同，前序多評《聊齋誌異》之語，即「《聊齋誌異》殊佳，惜太敷衍」一語，是為前序。每則前各有標題。全書以江南地區為敘述中心，主以志怪，有驅狐走屍、入冥附魂、降乩預兆、易形奪舍、雷殛產麟、掘冢攝魂、煉氣種蠱、堪輿避煞、前生祈夢以及公案、科場之事，間有述及風俗以為怪異者，如《黎人進舍》《產公》《京中新婚》等，所述神仙之處以關公為多，大約其為「伏

魔大帝」之故，亦有官場軼事如《一字千金一咳萬金》等。此書為袁子才戲編，不過遊戲之筆，然其中人物多據事實寫入，並非臆造，且人所自言，故可稱為「自言體」小說。所述鬼怪故事中，僵屍類尤多，甚可驚異。此書雖為自言體小說，然亦不乏子才借題發揮，以闡發己之史論與經學觀，如《武后謝稷先生》《神仙不解考據》《麒麟喊冤》等。袁子才詩主性靈，為人灑脫，不主故常，於道學、考據學皆不甚欽服。此書語言疏朗，古樸散行，力摒穠麗。書中亦有數則為《閱微草堂筆記》借用者，如「袁子才前輩新齊諧載南昌士人行尸夜見其友事」「雄雞卵事」「針工遇鬼」「冥司榜呂留良之罪」「福建汀州試院堂前二古柏」等，袁枚《續子不語》亦有載紀曉嵐充軍西域所聞見事如《軍校妻》《飛天夜叉》等，並錄其《烏魯木齊雜詩》。二人雖無交往，然於小說一途觀點相近，皆可視為「反聊齋」之人也。《子不語》二十四卷刊印後，紀曉嵐亦撰《閱微草堂筆記》二十四卷，愚以為大約相從之意，後袁子才《續子不語》者，反於《閱微》有所鑒借，鄭堂云「是編皆遊心駭耳之事，為語怪之尤，多得自傳聞，故失實者甚眾。或文心狡獪，空際樓閣，且鄙褻猥瑣，無所不載，然亦有足資勸誡，可裨識見者在，惟當加以淘汰耳。」「失實者甚眾」語，恐不合《子不語》實際。

《纏足談》一卷　袁枚撰

《清史稿藝文志拾遺》小說家類諧謔之書著錄。蟲天子編《香豔叢書》（上海書店，2014 年）本。此文可謂「婦人弓鞋考」，因纏足與鞋制相關，故袁枚據漢武梁祠漢畫像、毛詩、《漢書》《宋書》《宋史》、漢唐詩文、宋元筆記等，「既以緩行為貴，則纏束使小，在古容或有之。」證弓鞋本出歌舞伎，宋時民間已流行，此間接可證《墨莊漫錄》婦人纏足起於李後主窈娘之說，非為無據。

《庚辰雜記》無卷數　王芾撰

王芾，事蹟不詳，據袁枚《子不語》之「見曹操稱晚生」條，知其中江寧副榜；然古人未必不可重名者。待考。同治《續纂江寧府志》卷之九上小說雜事類著錄。未見。

《桃溪客語》五卷　吳騫撰

吳騫（1733～1813），字益存，安徽當塗（今屬馬鞍山市）人，歷官惠州知府、廣州知府、山東按察使，著有《惠陽山水紀勝》四卷、《拜經樓詩話》

《粵東懷古詩》《吳氏遺訓箋釋》《樂園文稿》《典裘購書吟》等。《萬卷精華樓藏書記》卷一百小說家類著錄。上海古籍出版社《續修四庫全書》本。前有乾隆五十三年戊申周廣業《桃溪客語序》，云：「義興為東南奧區，吾友吳君槎客寓遊其間，既著《國山碑考》，復著《桃溪客語》，搜剔溪山，爬梳人物，博而且精，洵不負此地矣。」首卷卷端有乾隆五十二年丁未吳騫序，云此書主旨：「予朅來荊南，樂其風土之閒曠，人士之雋淑，買田學稼結廬國山之下，日與田更野老相往還。輟耕多暇，偶有聞見，則筆而識之，積久成帙，以其叢脞尨瑣，一若道聽而途說之，命曰《桃溪客語》，若夫攄懷舊之蓄念，發思古之幽情，世有東都主人能無聽然而笑乎？」此雜家筆記之類，考證、詩文、議論、志怪、軼事、博物皆書之，190 則，每則有標題，如《葉文忠詩》《水利議》《陽羨春歌》《宜興異夢》《長溪賦》等，所記宜興地理掌故、人物風俗，文筆清致，大約多與談詩文相關，如「梁溪周履道，元末避地荊南山中，主於周氏最久，與邑人馬孝常為莫逆交，嘗輯其詩為《荊南倡和集》，凡百七十九首，時人以方皮陸。履道工畫，兼善六法，義興富人多置酒招之。一夕遁去。張士誠據吳，履道從軍，至會稽卒於兵，高季迪為作《荊南倡和集序》，季迪死，徐幼文又題其後。」

《扶風傳信錄》一卷　吳騫編

　　《八千卷樓書目》子部小說家類異聞之屬著錄。民國商務印書館《叢書集成初編》本。前有嘉慶丁卯吳騫序、任安上《與吳拜經書》，書後附錄《會仙記》《後會仙記》《居易錄》《觚賸》《宜興縣志》《修宜興縣舊志》原文。此述宜興扶風橋人許丹忱於康熙二十一年壬戌正月十一日至康熙二十三年甲子十月十八日與狐仙胡淑貞婚戀事，類於《周氏冥通記》，日記中詩詞較多，蓋扶鸞之詞。清人言之鑿鑿如邵士梅三世為人事，故吳騫「稍翦其繁蕪，並取詩辭之近雅者」（吳騫序），重編之以為訂訛傳信之意。文風旖旎，類乎傳奇文。

《課士瑣言》一卷　吳騫撰

　　民國《當塗縣志》小說家類著錄。未見。

《粵西從宦略》一卷　王庭筠撰

　　王庭筠（1729～1797），字養吾，江蘇常熟（今屬蘇州市）人，乾隆年間任西隆州州同。《中國叢書綜錄》小說家類著錄。《虞陽說苑》乙編本。前有王

氏乾隆五十四年自序，凡 66 條，附錄二則，後有王庭筠跋，記王氏粵西宦事，所記多為論說，間有怪異、軼事之類。

《誌異新編》四卷　福慶撰

福慶（？～1819），字仲餘、蘭泉，號蘭泉主人、用拙道人等，滿州鑲黃旗鈕祜祿氏，乾嘉間歷官甘肅鎮迪道道員、貴州巡撫、工部右侍郎、理藩院右侍郎、禮部尚書、兵部尚書等。《萬卷精華樓藏書記》小說家類著錄。《八旗藝文編目》云此書又名《異域竹枝詞》。今有華東師大館藏嘉慶十年乙丑刊本。前有乾隆五十四年己酉自敘、蘭泉居士小引、嘉慶十年顧皋序，卷一至卷三為《異域竹枝詞》，分別為新疆六十首、外藩二十一首、絕域諸國十五首（附嘆咭唎國貢物），卷四為《浮梗歌》《摽梅行》《殷其雷行》《慶雲詩》《潭底餘生記》《趙風子傳》《異夢述》《黔中雷火記》。所述多為西域見聞、新疆風物，然其體例頗殊於它小說，自序云「余是以詠成竹枝詞百首以為綱，分注其事以為目，俾閱者悅心賞目焉。」故前三卷類乎注疏體，卷四為詩文之作，其小引云此書命名之意：「誌異者，史之一體也。竹枝者，詩之一端也。既詠竹枝而曰誌異，何也？蓋詩為誌異而作，非徒寄吟詠、寫風騷、弔古抒懷、慨當以慷也；且敘事之文，皆如列傳，即史體也，況從來誌異諸書，文中莫不有詩，此編則詩中莫不有文，史耶詩耶？融會而貫通者也，事新詩新文新體新，閱之者耳目一新，是當以新為名，故名之曰《誌異新編》也。」此書於新疆景物描繪細緻，故顧皋稱讚「其書有山經水注之精，有搜神述異之妙，有歲時風俗記載之備而一出之以吟風弄月、曠覽暇眺之懷。」亦地理雜記之類，其體例頗為新穎。

《紫弦暇錄》四卷　管心咸撰

管心咸，江蘇陽湖（今屬常州市）人，事蹟不詳，著有《遼海見聞錄》《一榻齋詩》。其詩為乾隆《武進縣志》採錄。《毘陵經籍志》子部小說家類著錄。未見。

《燈窗雜志》六卷　呂兆行撰

呂兆行，江蘇陽湖（今屬常州市）人，著有《春秋左氏傳分國紀事》《國朝詠物詩》《詩餘》《史鯖》等。《毘陵經籍志》子部小說家類著錄。未見。

《螢窗異草》三編十二卷　　長白浩歌子撰

長白浩歌子姓氏不詳，或以為即尹繼善第六子慶蘭。案慶蘭（？～1788），字似村，庠生，滿洲鑲黃旗人。關於作者問題，平步青、孟慶錫、薛洪勣、王海洋等學者亦有辨析，尹慶蘭作雖未為定論，然書中所述無越乾隆以後事（然書中所提及人物幾無一可查者），故列入本目。廣陵書社《筆記小說大觀》本，共 138 篇（則）左右。前有序文，卷中敘事之後多有評論，外史氏外並託之隨園老人云云。此書為後人所激賞者，在於篇幅曼長達數千字作品如《溫玉》《郎十八》《瀟湘公主》《住住》《鍾鼎》等，兼之書中屢次提及《聊齋》作品，如《續念秧》《續五通》等，可見作者熟諳《聊齋》故事，故模擬聊齋筆法以成是書，視之「擬唐派」可也。此書主以志怪，多狐鬼之類，亦有鄉閭軼聞、歷史瑣聞如《卜大功》《鍾鼎》等，筆法雖不如《聊齋》靈動，而敘述綿密耳。筆記小說以自言體為佳，「自言」者，時、地、言說者少虛造，而此書初編卷三《假鬼》「余師馬（馮）佩琛」，二編卷一《白雲叟》臨清孝廉「盧之椿」、《弱翠》固安舉人「王立猷」，卷三《癡狐》中有戊戌進士「吳晼」，以及其他舉人進士皆不見於史冊方志，視為虛造亦無不可。《聊齋》為自言體、代言體相雜，此書似乎全然代言，故未敢云其真為乾隆時期作品，亦不可視為民間小史一流，然敘事頗有可觀處，卷四《夏姬》隨園老人云「不細述於前，惟約略於後，深得龍門敘事之法」，故聊備筆記小說之一種云。予頗疑此書為晚清人撰，如王韜有「續聊齋」數種、《柳崖外編》易名《真正後聊齋誌異》《續聊齋誌異》《聊齋誌異外集》、賈銘輯《女聊齋誌異》、省非子有《改良繪圖新聊齋》等，皆一時風潮際會之作。

《螢雪窗具草》二卷　　慶蘭撰

《中國古籍總目》小說類文言之屬著錄。南京圖書館藏民國廿三年上海新文化書社鉛印本。此書即《螢窗異草》三編十二卷，同《筆記小說大觀》本。《中國古籍總目》誤。

《柳崖外編》十六卷　　徐昆撰

徐昆（1715～？），字後山，號嘯仙、柳崖子、柳崖居士，山西臨汾（今臨汾市）人，乾隆三十五年舉人，四十六年進士，自稱蒲松齡後身，著有《易說》《書經考》《詩學雜記》《雨花臺傳奇》等。此書有華東師大館藏乾隆五十

六年癸丑晉祁書業堂八卷本、中國人民大學館藏乾隆五十七年貯書樓十六卷本。《藏園訂補邵亭知見傳本書目》小說家類著錄為八卷本，為原書之前半部分。前有乾隆五十八年癸丑王友亮序、乾隆四十六年李金枝序。此書為奇見異聞隨筆偶錄之書，王友亮序稱「以文言道俗情，又不雷同於古作者，無愧聊齋再世矣。」全書近三百則（篇），有圓光（圓光之術始見於《幽明錄》之佛圖澄，大約本為胡僧之術）、回煞（此亦見《幽明錄》，名《殃殺》）、入冥、狐魅、僧道、卜筮、魂鬼、祈夢、俠客、科舉、龍陽、博物、節烈、忠義、縊鬼、山魈、僵屍、謔語、優伶、友與等諸種類型，篇幅漫長者多豔情事，其中狐鬼為多，如《阿巳》《鮑生》《小年》《顧武陵》《非煙》《文綃》《小還》《素素》等，短篇如博物類博物《我有油》《和合草》《冬蟲夏草》《雨銅菩薩》《番蒜》《不灰木》《脆蛇》《木化石》等，亦可廣見聞。此書雖主以志怪，然如《繆枲司》述落魄兒知遇事、《蔡狀元》述蔡啟僔事、《杜于皇》述杜濬事，皆軼聞也；間有考證如《鶼獺》，為《聊齋》未有之舉；每則之後皆有「柳崖子」評論，或議論曼長，或雜說後復有考證、敘事，兼引《閩志》《曹州志》《夢溪筆談》《兼明書》《搜神記》等以徵實，要亦仿《聊齋》之別出者，惟語言較後者平實，然於清初征戰、梨園新話皆有記載，其《雲茜》《靜完》《花落餘芬》又近乎《紅樓》之意，此皆乾隆「聊齋體」之新變也。

《諧鐸》十二卷《續諧鐸》一卷　沈起鳳撰

　　沈起鳳字桐威，號贅漁、紅心詞客，別署花韻庵主人，江蘇吳縣（今蘇州市）人，乾隆三十三年舉人，五十三年任祁門訓導，五十八年以母憂去，著有傳奇《報恩緣》等四種等。《八千卷樓書目》小說家類著錄。本書今有藤花榭刊本。前有乾隆五十六年辛亥韓藻《序》、乾隆五十六年殷傑《序》；廣百宋齋本有錢棨《序》，乾隆五十七年壬子本有王昶《序》，黃桂芳《跋》乾隆五十六年馬惠《跋》乾隆五十六年沈清瑞《跋》。全書共 122 篇（則），敘事之後多有評論。後人以為仿《聊齋》之作也，然敘述平實，與聊齋體頗有不同。此書有數則與《聊齋》故事相似，如卷一《狐媚》卷二《屏角相郎》卷四《桃夭村》卷五《菜花三娘子》卷十一《青衣捕盜》等。《聊齋》風格穠麗，世人所喜者在於神怪狐仙相戀之事，然此書軼事志怪兼而有之，並非滿紙荒怪之談，其異於眾書之處有三：一為小說多用寓言之體，如《雞談》《獺祭》《鄙夫訓世》《色戒》《獸譜》《棺中鬼手》《犬婢》《嘲吳蒙》《賽齊婦》等；二為行文多採自其他文體如檄文、祭文、判詞、八股、詩詞等，尤善用駢文入話，此於寓言體小

說中屢見之。寓言之體、駢體之文如《北里》《南部》，其意在炫才乎？然譏刺
士風、鞭撻官場，皆有所寄託也。三為此書敘事中志怪不如軼聞如《洩氣生員》
《巾幗幕賓》《老僧辨奸》《掃帚鈍秀才》《片言保赤》《才士懲驕》之娓娓，至
若北里菊部之談如《葛九》《死嫁》可與吳珠泉《續板橋雜記》相映看。至如
文士之談曲詠詩，亦見諸篇章，如《隔牖談詩》《垂簾論曲》《考牌逐腐鬼》《嬌
娃飯佛》《窮士扶乩》《蟲書》等，敘事之外多有所譏刺，如《能詩鬼》中所云
「予不能詩不至落魄乃爾也。」《蟲書》述葉佩纕卒後所作《冥中八景詩》，亦
鬼詩中較傑出者。本書卷十二《天府玄書》中沈桐威云：「予詩文之暇，好作
傳奇。」傳奇者，代言體也，此小說雖有如《聊齋》玄幻之作，但仍以自言體
敘事為多。《續諧鐸》稿本一卷，國家圖書館藏為管庭芬《花近樓叢書》之一
種，前有嘉慶八年王元昕序，云為沈起鳳刪餘之本，篇目有八，即《真銷魂》
《假作竊》《奇遇》《屈刑》《小兒星造》《少女姻緣》《弔蝴蝶》《討鱉虱》等，
敘述一如舊本。

《續板橋雜記》三卷附《雪鴻小記》　吳珠泉撰

　　珠泉居士不詳其人，或為菱湖吳霖世。吳霖世，字朗文，浙江歸安（今湖
州市）菱湖人，乾隆三十五年舉人，曾官嚴州訓導。（案：據文中所敘：珠泉
居士姓吳，浙江歸安人，曾入蘇松糧道又江寧知府章攀桂、揚州甘泉知縣陳璸
幕府，與桐城秀才孫起巇、舉人光立聲為友，且其同鄉沈權衡為歸安菱湖人；
據文中吳珠泉不曾與乾隆四十五年、四十八年、四十九年浙江鄉試可知，作者
或為舉人身份；其年齡與孫起巇、光立聲相當。查《蒼基孫氏家譜》《桐城光
氏族譜》及同治《湖州府志》、光緒《菱湖鎮志》，菱湖鎮在乾隆元年至乾隆五
十年間之拔貢、舉人而吳姓者，惟吳霖世耳。此推理而來，非為定論，聊備一
說耳。）《持靜齋書目》卷三小說家類瑣記之屬著錄。國家圖書館藏乾隆酉西
山房刻本，前有乾隆五十五年庚戌黎松門序、青閣居士敘、研香序、《題詞》
（白沙胡棣園、沮溪潘秋水、苕溪潘柳塘、同里丁柳溪、同里金愚泉、同里沈
平子、同里孫萼南）、甲辰苕南珠泉居士《續板橋雜記緣起》及印文兩枚（「吳
珠泉印」「文魔秀士風欠酸丁」）。正文為丁柳溪評點，為文評、人物品評之類，
如「含毫邈然」「極瑣屑卻極簡淨」「結句古峭」「曼翁雜記香豔獨絕，然摹寫
俠烈處未盡所長，此傳（張玉秀）生氣勃勃、哀感頑豔，即使曼翁換筆為之，
不能有此種魄力也。必傳無疑。」「敘事之妙，歷歷如繪，非得力於盲左腐史
者不能一語關鍵。」「調笑風流，意在言外。」「筆如遊龍」「寥寥數語，意致

正復不盡。」賣花馬嫗事「笑得灑落、罵得痛快」「豪情義舉，足以愧死鬚眉」。
文後有《詞餘》（清溪照了居士撰南曲一套）、《題後》（津門趙夢倩、海陵宮霜
橋、吳越錢竹泉、武林王魯石、武林范讀山、同里丁柳溪、雲間廖茶畦、同里
孫惠谷）、《總跋》（陳維濬撰文，云「苕南珠泉先生懷才未試，寄跡江揚，嘗
於遊覽之餘，譜花叢之勝，清詞麗句傳誦一時，余耳名久矣。今夏舊雨蘭坡來
至吳陵，得假半面緣，從先生遊，快覩斯冊……辛亥立秋前二日蒲濤陳維濬拜
跋。」）、鷗亭跋：「今冬珠泉大兄歸自江南示餘兩記……時在壬子小春前三日
愚弟鷗亭拜跋」、《弁言》（屠維作噩陽月上浣海陵墨堂主人拜題）。庚戌夏海陵
霜橋苞《雪鴻小記題辭》、洪都黎松門《小引》、《題詞》（白沙胡棣園、沮溪潘
秋水、苕溪潘柳塘、同里金愚泉、同里沈平子、同里丁柳溪），正文為呂霜橋
評，如「敘次簡淨」「字字精練，巧不可偕」「敘事與議論相輔而行，惟龍門乃
有此種魄力。」「此傳章法絕妙」，評人物如「上下千古，同聲一哭」「獨立無
雙」（蘇高三）「曼睇柔些，何關人事；安神靡體，非此安歸？」。後有越州青
閣居士跋。此書今流行有《章臺紀勝名著叢刊》本、《香豔叢書》本等。《續板
橋雜記》為金陵遊跡，卷上《雅遊》，卷中《麗品》，卷下《軼事》。所附《雪
鴻小記》《雪鴻小記補遺》，皆珠泉居士撰，為揚州冶遊記錄。此書為余懷《板
橋雜記》之餘緒也，故吳珠泉序云：「余曩時讀曼翁《板橋雜記》，留連神往，
惜不獲睹前輩風流。迨聞丙申以來，繁華似昔，則夢想白門柳色，又歷有年所
矣。……今秋于役省垣，僑居王氏水閣者十日，赤欄橋畔，回首舊歡，無復存
者，惟雲陽校書，猶共晨夕。因思當日，不乏素心，曾幾何時，風流雲散。」
亦回憶舊遊之作，卷上為金陵清溪之物態盛況，卷中為北里嬌娃之可頌者王秀
瑛等二十餘人，卷下為文人青樓交遊掌故，敘述曼麗，亦志豔類中之佳作，不
過佳人才士而已，故書中多錄有詩文以增色。《雪鴻小記》為珠泉入幕揚州後，
又有竹西花事，故《續板橋雜記》又有續作，「雪泥鴻爪」之意，寥寥「麗品」
短篇，亦頗清婉。

《唐人說薈》十六集　　陳世熙編

　　陳世熙字贕颾，號蓮塘居士，浙江山陰（今紹興市）人，乾隆諸生，據道
光《廣東通志》卷一百九十八載，陳世熙自越遷粵，遂入番禺籍，著有《蓮塘
詩鈔》四卷。《清史稿藝文志拾遺》子部小說家類編之屬著錄。國家圖書館「中
華古籍資源庫」（道光二十三年弁山樓刻本）。前有道光癸卯陳其鈺序、道光癸
卯程裔采《重刻唐人說薈序》、《例言》4條、總目。陳其鈺序云：「《唐人說薈》

一書，凡一百六十餘種，為先大父所輯，刻於乾隆丙午丁未間，長沙周愚峰先生為之序，後以此版付近光堂，沈氏書賈易吳門書百種，書未到而先大父已歸道山。嘉慶十一年為仁和王姓購得，潛易己名，改為《唐代叢書》，梓行海內，日久莫辨，鈺懼先人手澤湮沒不彰，用是重為校刊，以復其舊，不特後之博雅君子，閱是書得知原委，即先大父好古敏求之苦心，亦可藉此以見矣。」據秦川《中國古代文言小說總集》研究，本書所引書目原為 149 種，由王文誥改名《唐人叢書》於嘉慶十一年出版。閔寬東等所著《韓國所藏中國文言小說版本目錄》中云此書版本系列有乾隆五十七年挹秀軒刻本、道光二十三年序刻本、宣統三年上海天寶書局石印本。筆者所見同治八年連花閣藏板本，題「長沙周愚峰訂，山陰陳蓮塘輯」，即源出乾隆刻本，前有乾隆辛亥彭翥序、乾隆壬子周克達序、總目、《凡例》。此書原為明代桃源居士輯本，陳氏擴充改變為十六集，涉及唐五代宋之書 164 種，《凡例》中述成書過程云：「小說多矣，而以唐人為最，可以周應世之務，供吟詠之資，洪容齋謂唐人小說不可不熟，小小情事，悽惋欲絕，洵有神遇而不自知者，與詩律可稱一代之奇。舊本為桃源居士所纂，坊間流行甚少，計一百四十四種，每種各取數條，條不數事。今復搜輯《四庫書》及《太平廣記》《說郛》等，得一百六十四種，聞有意緒可採者附益之。」此書所收有地記類《吳地記》《北戶錄》、譜錄類作品如《茶經》《食譜》、筆記小說集如《隋唐嘉話》《酉陽雜俎》、唐人傳奇文如《離魂記》《謝小娥傳》《李娃傳》《霍小玉傳》《長恨歌傳》、詩文評《詩品》《本事詩》等，共計 164 帙，類於後世《筆記小說大觀》之類「說部叢書」者。《唐人說薈》不足之處，魯迅有《破〈唐人說薈〉》一文，可參考。關於此書價值，彭翥序云：「則夫領異標新，多多益善，稱觀止者，唯唐人小說乎！蓋其人本擅大雅著作之才，而託於稗官，綴為卮言，上之備廟朝之典故，下之亦不廢里巷之叢談與閨閣之逸事。至於論文講藝，裨益詞流；志怪搜神，泄宣奧府。窺子史之一斑，作集傳之具體，胥在乎是。」此書亦有關唐人小說選本中之較為優秀者，在當時頗省翻檢之勞。

《秋坪新語》十二卷　張太復編

　　張太復，原名景運，字靜旃，號春岩，一號秋坪、浮槎散人，直隸南皮（今屬河北滄州市）人，拔貢，乾嘉時人，歷官浙江太平縣知縣，改遷安縣教諭，著有《因樹山房詩鈔》《令支遊覽集》《晉遊草》等。《中國古籍總目》小說家類著錄。北京大學藏乾隆五十七年刻本，未見；今有南京圖書館藏嘉慶二年丁

巳本衙刻本。前有乾隆五十七年壬子信都三友學人、天漢浮槎散人序。張太復序云此書為目擊見聞及訪諸親朋而成，「長言瑣語，日有投贈，隨得隨錄，不復詮次其後先，惟時繫異代、書見前人者概弗錄，而以淡夫夫子事發其始，枝山夫子殿其終，明素心、志本懷也。」全書共 310 則，每卷列有目次，每則列標題。此書亦志怪之書，故三友學人序稱「論古勝、談時事、說怪愈、佞佛老，世間一切志怪之書，因事託諷，取義風人，非漫然也……（張太復）里居無事，壯氣在胸，世故人情，洞若觀火，於是作為《新語》，議敘兼行，貞淫並載，而不離乎怪者……風人之旨，即寓諸供噱笑、資博物中也。」此書志怪為多，內容有物怪、僧道、狐魅、僵屍、復生、轉生、異夢、雷異、徵兆、科場報應、遇狼、咒術、祥異、扶鸞等事，如《臨安府署怪》《魚籃道人》《怪手》《屍汗》《義騾》《物語》《狐借什物》《雷擊婦人》《龍掛》《樓中怪》《死作山西語》《長舌嫗一足童》《妖僧》《臥榻自動》《閔子騫柩》《陳野仙張蓬頭》《何半仙》，其中「採生」（生剖孕婦以煉術）、「剪髮」多見於清代小說，大約為民間傳言，《剪髮》云「甲午夏，忽傳有妖剪人辮髮、婦女割其衣底襟，一時驚喧。」間有軼事如《楊軼才》《周焯》《九世同居》《趙廷煒》等，博物如《美人石》《消夫人》《仙人房》《海中怪》《天主堂畫》等，詩文如《西川海棠圖》《芳草蝶飛圖》《隨園鐫句》《天津丐婦詩》《阮桂堂（題壁詩）》《詩扇》《詩丐》等。篇中如《徐葉英》《金岩觀》頗有《聊齋》之風，敘事婉轉，用詞清麗。敘事之後每有浮槎散人評論，不過勸世之語。敘事多為康乾間故事，近於實錄，然其中不乏猥褻之語。此書成就亦當在《閱微》《子不語》之後，文筆較為清致。

《水曹清暇錄》十六卷　　汪啟淑撰

汪啟淑（1728～1799），字秀峰、慎義，號切庵、悔堂、秀峰山人、退齋居士，自稱印癖先生，安徽歙縣綿潭（今屬黃山市）人，乾隆時以捐資人仕，歷任工部都水司郎中、兵部職方司郎中，擅詩文，與杭世駿、厲鶚、程晉芳、翁方綱等文人唱和，家富藏書，編有《飛鴻堂印人傳》《飛鴻堂印譜》等。莫友芝《藏園訂補郘亭知見傳本書目》子部雜家類雜考之屬著錄。上海古籍出版社《續修四庫全書》影印乾隆五十七年汪氏飛鴻堂刻本。前有乾隆四十六年汪存寬序、乾隆五十七年錢大昕。錢序云：「其體皆本龐氏《文昌雜錄》而間及時賢詩詞，則又兼《能改齋》《苕溪漁隱》之長，洵所謂才大無所不有也。」內容有典制、政事、詩話、古蹟、志怪、軼事、博物、恩遇、著述、考證等，頗輯錄他書如府志、詩文集、詩話、經史及得自傳聞者如卷十云「山左蒲留仙

好奇成癖，撰《聊齋誌異》後，入棘闈狐鬼群集，揮之不去，竟莫能得一第云。」
敍事溫柔敦厚，頗多詩人佳話，如沈德潛、塞爾赫、高其倬、馬柳泉、釋實濟、
戴世佐、楊鳳姝、徐暎玉、吳瑛、尹慶蘭、高文照、王文治、箍桶匠女、杭世
駿、胡慎容、李鍇、盧見曾等，每則無標題，其中亦有志怪如嘉興錢某與亡友
相見、南昌西僧化鶴、江都縣螃蟹報冤、狐仙七仙姑教授圍棋、蜘蛛報恩解蜂
毒等事，亦得之耳聞。敍事亦清致，如卷五「常州趙申喬大司馬容貌奇古，性
峭氣岸，京師呼為冷廟龍王；蘇州何焯太史短小精悍，多髯足智，時人稱為袖
珍曹操。」此書在乾隆中可謂傑作，然纂自他書者稍多，如《北京水路歌》《燕
臺新月令》等，頗有稗販之過。

《耳食錄》初編十二卷、二編八卷　　樂鈞撰

　　樂鈞（1766～1814），字符浦，號霞裳，臨川（今江西撫州市）人，乾隆
五十四年己酉拔貢，嘉慶六年辛酉舉人，與吳嵩梁、羅聘為友，著有《青芝山
館詩集》等，光緒《撫州府志》卷六十有傳。《八千卷樓書目》小說家類著錄。
今有齊魯書社《歷代筆記小說叢書》本，前有乾隆五十七年壬子樂鈞自序、道
光四年吳山錫《敍》、乾隆五十七年吳嵩梁《耳食錄序》、道光元年徐承恩《重
刻耳食錄序》。二編有乾隆五十九年甲寅自序。廣陵書社《筆記小說大觀》本
為五卷節本。此書為仿《聊齋誌異》之作，篇幅較長者有《夕芳》《紫釵郎》
《宓妃》《秋心山人》《秦少府》《困默真人》《芙蓉館掃花女》《段生》《明綃》
《文壽》《張碧雲》《仍吉》等皆為傳奇體，其他如《三元》《清河令》《龍虱》
等，皆為筆記體，故此書為代言體與自言體相雜之小說，雖云多得之耳聞，以
意謀篇者亦不少，敍事後間有「非非子」評，議論透徹，較有生氣，甚或有議
論篇幅過於敍事者，如《並蒂蓮》評男女之情、《癡女子》評《紅樓夢》《惡鼠》
評尸位素餐者等。吳嵩梁為乾嘉名士，書中有數則與之有關，如《蕊宮仙史》
《紺霞》等，吳嵩梁序云「事多出於兒女纏綿，仙鬼幽渺，間以里巷諧笑助其
波瀾。」此書志怪為多，故事類型不出《聊齋》之外，仙跡怪影，筆致舒緩，
每見詩文鑲嵌其中，頗有炫才之疑，可謂擬唐派之一種云。李慈銘《越縵堂讀
書記》云此書「蓋學《聊齋誌異》，而作者筆滯而詞陋，間有修潔者，終不免
措大氣。」

《飲淥軒隨筆》二卷　　伍宇澄撰

　　伍宇澄（1745～1785），字既庭，江蘇陽湖（今常州市）人。《中國叢書綜

錄》小說家類著錄。華東師大館藏《常州先哲遺書》本。前有乾隆五十八年癸
丑荊溪萬之蘅小序，云：「伍君既庭《隨筆》，因記吾輩一時調笑之語，遂及詩
文說諸雜事，每成一則，必以示余……多可喜可愕者。」後有宣統三年辛亥盛
宣懷跋，云「此書體同詩話，旁及雜事，藉可考見雍乾人物衣冠之盛。」所述
有湯大奎《有緯堂詩鈔》汪溥《玉田山房詩》等，皆清致可誦，卷下述宜興蔣
生遇白衣女子事類乎傳奇，郡城禪林異僧、興國寺塔影、平陽府牛殺虎救牧兒，
亦事類怪異；所引《菽園雜記》《今言類編》諸書，亦可廣見聞。

《吹影編》四卷　　南翔垣赤道人撰

　　垣赤道人即程攸熙（1752～1810），初名廷俞，字寶輝、謢堂、謩堂，南
翔（今屬上海市），諸生，曾參修《南翔鎮志》十二卷。《中國古籍總目》小說
家類著錄。今有國家圖書館藏有嘉慶二年酉山堂刻本，有牌記。前有朱淞序、
乾隆五十八年作者自撰《緣起》，《緣起》云：「世之厭常而好異也久矣，故與
人談仁義道德，不若與人談怪奇詭異之靡靡動聽也……予向以口舌取咎，自貽
伊戚，尚口乃窮，豈虛語哉，暇時搜輯近事，微寓勸懲，以補口過，淫媟靡曼
之詞、詼諧刺譏之語概屏勿錄，事取其真，理取其正，仍自有新奇可喜之致，
俾閱者好奇而不厭。關尹子有云：『思之如鏤塵，言之如吹影』，爰取以顏是編。」
全書四卷分 16 門，卷一為《碩德》《時政》《妙契》《閨範》，卷二為《風土》
《賸句》《景物》《藝術》，卷三為《家箴》《感應》《定數》《佚事》，卷四為《庶
物》《妖祥》《妖邪》《迷妄》，共 214 則，博物、志怪、軼事皆有記錄。來新夏
《清人筆記隨錄》對本書有考辨，云：「內容有轉錄他書者（此為筆記雜著之
通病），有記見聞者，有憶『祖德』者，有記風土人物者，有記果報迷信者，
有旨在勸懲者。其中亦有可備採擇者。」

《巽緯編》四卷　　楊望秦撰

　　楊望秦（1729～1793），字敬之，號晴江，江蘇武進（今屬常州市）人，
乾隆三十年乙酉舉人，晚授廣西知縣，未赴而卒。《中國古籍總目》小說家類
著錄。南京圖書館藏光緒二年刻本。前有趙懷玉序、光緒二年李朝儀序。此書
之名，《說卦》曰「巽，入也，風象也」，故能無所不入，即尋繹故事以風人。
趙序云此書「自先世之遺範及當世士大夫之言行，近而至閨闥，幽而至鬼神，
靡不載錄。」「綴輯瑣語、採敘奇聞，是亦《虞初》《世說》之亞也」（李序）。
全書共 170 則，內容涉及祖德、博物、節孝、志怪、詩文等，大抵軼事與志怪

兼半。每卷為一目，卷有目次，每則有標題。卷一《述錄》，如《售宅還金》
《一門異數》《瑞夢》《郎太君軼事（三條）》《十二榜科第全對》《徐文長題聯》
《喬仙人全孝》《海烈婦廟》《前輩先識》《張聖姑傳》《劉先生雲山墓》《紅梅
閣仙蹟》等，卷二《摭談》，如《詩人典據》《濼下亭詩碑》《犬解音律》《詩貴
真性情》《治蛟法》《詩貴渾厚》《詩尚懷抱》《詩倒裝句法》扶鸞先兆等；卷三
《志聞》，如《仕途巧幻》《爐中造化》《六安祝姓義僕》《武進湯氏世醫說》《紅
梅閣集仙說》《王松山遇難獲救記》《論痧症》等；卷四《說異》，狐怪、科場
報應、鬼、符籙等，如《貞女拒狐》《壬午闈中見聞》《紫金書院狐仙記》《喬
仙人幻術》《孝廉寓狐》《旱魃》《陳孝廉三異》《定州學院鬼對》《王貢南家異》
等。此書敍事兼議論之體，頗類雜說，語言敦厚有餘，間有雋語，並非侈談神
怪者，故李朝儀云「雜纂之書，體例雖寬而要以能記實事不飾虛詞為難……先
生此書，遠自先世之言行，旁及當時之新奇，事紀神鬼而不蹈虛誣，語涉閨帷
而不流纖靡，示箴警於遊戲之中，寓勸導於見聞之際，洵於風俗人心多所裨益，
固非黏黏焉佐談藪而資笑柄者。」

《蟫蟜雜記》十二卷　屠紳撰

　　屠紳（1744～1801），字賢書，號笏岩，別署竹勿山石道人、黍餘裔孫、
磊砢山人，江蘇江陰（今江陰市）人，乾隆二十八年進士，著有《鄂亭詩話》
《笏岩詩鈔》及長篇小說《蟫史》二十卷等。《怡雲仙館藏書簡明目錄》小說
家類異聞之屬、《販書偶記》小說家雜事之屬著錄。或名《瑣蟜雜記》《瑣珸雜
記》。《藏園訂補郘亭知見傳本書目》小說家類亦著錄，名《六合內外瑣言》，
二十卷。南京圖書館藏十卷刻本、國家圖書館藏十二卷本，中華書局資料室、
河南大學圖書館藏二十卷本。前有乾隆五十八年癸丑王雨谷序。其中南京圖書
館藏《蟫蟜雜記》十卷，題「竹勿山石道人著」，非足本；國家圖書館十二卷
為足本，99 則（篇）。或以為《╱蟜雜記》即《六合內外瑣言》，今《六合內外
瑣言》有版本六種：石渠閣本、清坊刻本、申報館本、宣統三年上海扶輪社石
印本、大連圖書供應社鉛印本、新興書局《筆記小說大觀》本。申報館本《六
合內外瑣言》二十卷，每卷皆有目錄，卷端題「黍餘裔孫編　垂瀑山人校」，
共 176 則（篇）。新興書局本二十卷 166 則（篇），體例同申報館本。蕭相愷先
生《〈瑣蟜雜記〉與〈六合內外瑣言〉敍考》《從乾隆五十六年到六十年屠紳的
行蹤看增訂本〈瑣蟜雜記〉為後人偽託之刻》兩文以為，二十卷本《╱蟜雜記》
及《六合內外瑣言》為後人偽託之作。以筆者觀察，新興書局本所改換題目、

增加篇幅，亦書賈稗販之故技，增加之文多篇幅曼長之文及褻語，頗有晚清筆記小說仿《聊齋》虛構尚幻之病。今據《筆記小說大觀》本論之：敘事婉轉，志怪為多，體例與《聊齋》相類，所述人物有官吏、娼妓、文士、屠戶、鹽商、刻工、幕客、僧道、術士等，故事類型多神仙鬼怪幻化之事，如扶鸞、狐魅、神仙道術等，行文多詩賦，從中概見唐傳奇、晉宋志怪影子，如《呼天女》《五色虬》《馬頭神劾》《蔣帝甥女》《琵琶散人》《巨瘡》《海市舶》《燭光愛生》《元元帥》《畫舫客》《南漢關節》《文則敬秋心亭》《夫人侍兒》等，或化用《柳毅傳》《任氏傳》，或敷衍戲曲《王魁負桂英》，或以遊戲文，託古行文，大抵寓言為多，好炫才華、語驚奇，與清代前中期尚實尚樸之風及勸懲之旨多不類。《蟪蛄雜記》十二卷雖亦有上述之弊，然並非以虛構為能，敘事較為生動，少褻語，如卷一《肉瘤》（即國家圖書館本之《扶鸞女》）述承大裕迂腐之狀云：「承好為古文，時鋟於版，忽憶門前大棗樹可用，急以鋸解，壓鄰屋數椽，拆所居木償之；雪中乘小衛行林梅間，以無句，索竟日，衛旋斃，冰屐夜歸，獨行十里外，逢營卒荷戈者，疑為劫，自獻其衣帶，皆迂態也。」

《鸚亭詩話》一卷附錄一卷　屠紳撰

　　《中國叢書綜錄》集部詩文評類詩話文話之屬著錄，魯迅《中國小說史略》述及。《江陰叢書》本，華東師大館藏本光緒二十年金氏粟香室刻本，上海書店《叢書集成續編》、上海古籍出版社《清代詩文集彙編》亦收錄。前有光緒十五年金武祥序、光緒己丑汪瑔題詞，後有夏勤邦跋語。此書雖以「詩話」為名，卻較有小說意味，金序云：「余觀詩話共三十六條，不盡論詩，每條各署姓名，而用筆之詼譎庸峭，與《蟪蛄雜記》相似，疑刺史一手所為也。書雖小品，終勝於小說家言，因亟為鋟木以傳，並以詩附於後。」汪瑔題詞云：「書凡三十六條，皆寓言儲說之流，而名以詩話，殆不可解。」魯迅《中國小說史略》視本書為「雜說」，又認為與《六合內外瑣言》相類，「《鸚亭詩話》一類，文辭較簡，亦不盡記異聞，然審其風格，實亦類此。」此36則中亦有署名屠紳之作，占驍勇以為書中名姓三十六人（屠氏除外）疑皆屠紳幕客之類，每則皆有題目，有《鸚論》《小戶逃》《判鬼僕》《映山紅》《槐影》《當局迷》《捧心吟》《結習》《乞毀碑》《聲色臭味》《手柔》《倉神傳》《蠱圭》《鞠先生誡子文》《說雲》《平讞紀略》《凝香亭》《參軍鬼話》《鴿》《銛公子》《陋辨》《江仙》《十日想》《金銀花氣》《稗賦》《柳溪》《盜有道》《巴布馬先生》《食羊》《燒

香詞》《魚腸美》《無言》《二岩》《鬼雄》《雙鶴堂》等。附錄雖為詩話之體，然皆從他書如《北江詩話》《粟香三筆》等錄出有關屠紳者也，並非屠紳作品，與前卷並不屬一體。

《稗販》八卷　曹斯棟撰

曹斯棟字仙耩，號飯顆山人，浙江仁和（今杭州市），諸生，與厲鶚、盧文弨為友，著有《飯顆山人詩集》五卷等。又據何冠彪《明清人物與著述》之《曹斯棟非明遺民考》一文，約生於乾隆五年，嘉慶初尚在世。《藏園訂補邵亭知見傳本書目》雜家類上著錄。北京出版社《四庫未收書輯刊》影印乾隆飯顆山房刻本。前有乾隆五十九年甲寅曹斯棟自序、目錄，後附《飯顆山人小傳》。曹斯棟序云：「壬子癸丑之歲，授經沈氏箇所軒，課讀之暇，發灰絲蠹蟬之餘，以資朝夕遊覽，惟苦插架無多，藏書家又不肯輕易一假手，但就眼光所到輒連類以書，時復斷以己意汰而存之，分為八卷。夫少不學道，老而無成，恥也，不能為世所用，徒漁獵眾說以自炫鬻，又《唐書》所為稗販也；然世固不少嫫母、無鹽，忘其為醜，敢於刻畫西施以捧心而顰里者，山人所為得毋類是。」此書共 253 則，每則無標題多經史考證之語，卷一以《易》《書》《孝經》《爾雅》《春秋》《論》《孟》為序列，頗與《日知錄》敘述之法相類，其中「彖義考」「顏回卒年考」「左丘明考」較有憑據；卷二、卷三為子史考證，卷四、卷五為詩文之錄，類詩話，其中多文人軼事；卷六至卷八為博物、軼事、志怪、雜說、考證、地理、文獻之隨筆錄載，不乏明見，其中對八股文多有批評。所引諸書如《困學紀聞》《佩韋齋輯聞》《風俗通》《能改齋漫錄》《瑞石山志》《艮維雜志》等，雜家筆記之類。此書天頭處間有李築初、朱古心按語眉批，亦考證之語。要之經史子集考證多為有據，雜說不乏博雅之識見，《杭州詩續輯》云此書「考索故聞，疏證新義，篇帙不多，饒有雋味。」

《靄樓逸志》六卷　歐蘇撰

歐蘇（1750～？），字叔瞻，一字睿珍，別字靄樓，廣東東莞茶山（今屬東莞市）人，嘉慶間諸生。民國《東莞縣志》小說家雜記之屬、《嶺南文獻綜錄》雜家類著錄。北京大學館藏乾隆五十九年刻本，國家圖書館藏嘉慶三年戊午刻本，今有《明清廣東稀見筆記七種》本。前有乾隆五十九年歐蘇自序，凡例十條。自序云此書不過師友之談，「得百八十條，雖無當於大雅，然信而

有徵，奇不失常，亦頗異乎近世蒲留仙之《聊齋誌異》、袁子才之《新齊諧》
沈桐威之《諧鐸》，可知天下可入著作之事，隨處皆是。」《例言》云是書得
自本邑傳聞，但仍以信徵為律，皆是耳目所及經者，其意在乎「勸誡」，故著
述絕少香奩之體，「非等《聊齋誌異》形容盡致，撩撥閱者無限豔慕心神，間
有數條，都是使人鑒戒。」此書綺麗不如《聊齋》、簡潔不如《新齊諧》《諧
鐸》，語言較為平實，雖鄉賢軼事、怪異載記，亦與他書多有出入，大約傳聞
異辭也。

《霭樓剩覽》四卷　歐蘇撰

此書為續《霭樓逸志》而作。國家圖書館藏嘉慶五年刻本，前有《自序》
《例言》，每卷 35 則，四卷共 140 則。序云：「從前之逸志，已寓微箴，而爾
日之餘辭，復成剩賢」，《例言》八條，云除自撰之外，亦採掇親朋之書如李容
齋先世之《異聞錄》、張竹居《雜著》等已成卷，所記怪怪奇奇之事如《奇產》
《丐仙》《太監送試》等，序云此書與《聊齋》寫法向左、自為一家，故文風
較為樸拙，重在實錄而已。乾隆之後，筆記小說非皆盡入如魯迅所言「擬晉」
「擬唐」兩派中，故上海進步書局《誌異續編》提要云：「平心而論，近代小
說遞相倚摭，非必盡無所本，然無心暗合，容或有之，必欲探索其源出某書，
未免於求劍刻舟矣。」故一集不可截然兩分其體，《霭樓逸志》《霭樓剩覽》皆
居中焉。

《張夢階小說》十二卷　張夢階撰

張夢階或寫作張夢喈，字鳳於，婁縣（今江蘇崑山市）人，著有《寶襖堂
詩文集》《塔射園詩稿》等。光緒《婁縣續志》卷十有傳。袁枚《子不語》小
說刊布後，上至福康安，下至普通文人，都非常喜愛，也有人在模仿創作，張
即其中之一。《袁枚日記》記載：「（乾隆五十九年）三月十八日，塔射園兄弟
張氏請……其令尊夢階，字鳳於，年七十四，仿隨園《子不語》著書十二卷，
內亦頗有可觀者。」未見。

《妄妄錄》十二卷　朱海撰

朱海字蕉圃，乾隆間吳縣（今蘇州市）人。《藏園訂補邵亭知見傳本書目》
小說家類著錄。上海古籍出版社《續修四庫全書》影印遼寧省圖書館藏道光十

年刻本。前有道光二年葉世倬序、乾隆五十九年甲寅朱海自序、《凡例》兩條、每卷目錄。朱序云家道中落，「抑鬱無聊，日與妻子泣涕牛衣中」，後依人為幕客，處處不得意，是書所載「神仙詭幻之事不載，惟鬼則記之，蓋士不得志，筆下即有神，亦當化為鬼耳。」《凡例》兩則，云「一、是書著於乾隆甲寅，述人科目官職，皆就當時稱謂，迨今剞劂，相距三十餘年，人有及第升遷一概未改；一、記錄之事，內有數條，近見他書亦載其間，大同小異，乃屬各據所聞妄言妄聽，固亦無須確究。」全書412則皆為鬼事，實寫人間之畫像，如《鴉片鬼》寫鴉片之流毒海內事，《懼內鬼》寫夫妻矛盾事，《鬼俠》記鬼畏俠義事，《龍陽鬼》《鬼孝子》等皆屬社會之變形，但也有破除迷信之事如《鬼由人興》《鬼畏老儒》等，亦有因果報應之時，文風尚樸，情節多亦動人，如《鬼愁》為幕客之自況，託於鬼語也。書多寓言，大約隱喻為多，勸誡之意也。此書敘述多關聯他小說，如《聊齋誌異》《異談可信錄》《灤陽消夏錄》《二十二史感應錄》《諧鐸》等，以明作者於小說有所博覽。

《漁磯漫鈔》十卷　雷琳、汪琇瑩、莫劍光輯

雷琳字曉峰，汪琇瑩字少湖，莫劍光字冶堂，三人皆華亭（今上海市）人。雷琳為乾隆四十五年庚子順天舉人，編有《賦鈔箋略》《經語必讀初編》《續編》等。《販書偶記》卷十二小說家類雜事之屬、《怡雲仙館藏書簡明目錄》小說家類瑣語之屬著錄。今有華東師大館藏民國掃葉山房石印本。書前有乾隆五十九年王氏《敘》、乾隆五十九年趙萬里序。趙序云此書「博搜約選、條記成帙」，雖卷前有目錄，實並未有分類之舉，故平步青《霞外攟屑》卷六云此書不過為舉業家抄撮以備科舉也，所輯多見於他書又少注出處，「蹈明末人習氣，非著書體，為可議耳。」觀此書所輯多自宋明筆記之有關文人雅士、秦樓嬌娃之藝文軼事者，如《金山寺詩》《東坡卜算子》《馬湘蘭》《趙今燕》等，敘事兼詩話，此與褚人獲《堅瓠集》頗為相似。所輯宋明軼聞而外，於清代則多錄順康年間事，如《啖鼠矢》述柳敬亭排憂解紛、《登桅觀日》述鄭芝龍武藝超群等。《張楊日記》云此書「所輯多稗說、詩話，亦足為茶餘消閒品」，大約此書並非為科舉而設，僅為文士清閒把玩之具爾。此即曹斯棟所謂「夫少不學道，老而無成，恥也，不能為世所用，徒漁獵眾說以自炫鬻，又唐書所為稗販也。」

《質直談耳》八卷　錢肇鼇撰

　　錢肇鼇字瑤光（或云堯光），號鈍夫，嘉定（今屬上海市）人，乾隆諸生，工詩文，精小學，著有《說文分韻》《六書考》等。《販書偶記》卷十二小說家類雜事之屬著錄，乾隆甲寅刊巾箱本。國家圖書館藏乾隆五十九年文瑞堂刻本，六卷六冊；南京圖書館藏甲寅鐫本堂刻本，大約即《販書偶記》所著錄版本。國家圖書館藏六卷本前有乾隆五十九年錢大昕序，云：「吾弟鈍夫篤志嗜古，精於六書形聲之學，著書數萬言；復以暇日撰次生平所見聞可喜可愕足資懲勸者匯為一編，名之曰《質直談耳》……名書之由，則曰：『向常夢案頭置一書題此四字，因以名之，亦未審其何謂也。』」全書六卷，共 150 餘則，卷一為當地名人如陸隴其、黃淳耀軼事，卷二為民間異聞，如《內鄉民》《後至童》等，卷三至卷六主要為志怪，如《三人夢兆》《山海石卵》《浙江異人》《泥穴土偶》《烏龍》《黑虎》《女魅》《異產》《柱龍》《僵屍》《仇犬》等。南京圖書館藏八卷本，前六卷與國圖本同，後兩卷，卷七 42 則，卷八 28 則皆以五字標題，與前六卷稍異，如《韓慕廬祈夢》《姚簡中遇美》《湯素亭聞蕭》《雲間施相公》《浙中溫天君》《嘉定元壇廟》《吳江江木祟》等，其中多志怪之類，亦有軼聞如《吳悔庵評史》《故名臣尺牘》《王文肅尊師》《潘柴主吟詩》等，《潘柴主吟詩》述嘉定城西柴肆主人潘忠觀，目不識丁而好吟詩，語多不可解，然即景摹寫，「亦有子美詩中『林花著雨燕脂落，水荇牽風翠帶長』之遺意。」全書短篇叢語，文風較為質樸，敘事平直。

《聊齋誌異精選》六卷　蒲松齡著、小芝山樵選

　　小芝山樵事蹟不詳。《中國古籍總目》小說家類著錄。齊魯書社《五里山房珍本叢書》影印道光七年本衙藏本。前有乾隆五十九年甲寅小芝山樵序、蒲松齡《自誌》《聊齋誌異總目》《蒲留仙先生小傳》（引《淄川縣志》）、王士正（即王士禛）《聊齋誌異題詩》，所選為《聊齋》中傳奇作品，共五十八篇，有《狐嫁女》《嬌娜》《葉生》《成仙》《王成》《青鳳》《賈兒》《陸判》《嬰寧》《聶小倩》《俠女》《張誠》《阿寶》《王者》《巧娘》《大男》《曾友與》《阿纖》《瑞雲》《珊瑚》《恒娘》《辛十四娘》《仇大娘》《黃九郎》《連瑣》《夜叉國》《大力將軍》《汪士秀》《庚娘》《青梅》《田七郎》《促織》《鴉頭》《封三娘》《西湖主》《張鴻漸》《褚生》《崔猛》《王桂庵》《粉蝶》《房文淑》《段氏》《蔣稼女》《邑丞》《胭脂》《高三官》《董公子》《武孝廉》《林氏》《費公》《宮夢弼》《胡四娘》

《細柳》《夢狼》《喬女》《顏氏》《小梅》。所列篇目為聊齋中之傑作。小芝山樵云己曾有志怪之書，為人攜去不知所在。此書王利器有解題，云為「古剿」當作「古鄒」，則小芝山樵為山左人。

《嶺南隨筆》八卷　關涵撰

關涵字東皋，浙江仁和（今杭州市）人，乾隆二十七年壬午舉人，著有《春秋通論》等。《販書偶記續編》卷七地理類雜記之屬著錄。今有上海圖書館藏乾隆六十年刻本，前有乾隆六十年乙卯關涵自序，云乾隆丁未其子關槐親迎羊城使院，「凡三易寒暑，既而槐成《使輶紀聞》一書，上呈乙覽，蒙恩宣付史館，周諮所及，卷帙較多。老人是書與輶軒採訪不同，蓋一名一物，靜觀自得，隨所見聞匯而輯之」。此書仿屈大均《廣東新語》之例而減之，卷一、二為《南天管見》，述嶺南氣候、分野及地理；卷三、四《炎陬物辨》，述禽鳥走獸；卷五、六《南言略》，記載嶺南方音及風俗；卷七、八《長春譜》，述嶺南花草樹木。此書除目擊外，多從方志、地理雜記書如《廣東新語》中輯錄，每部類前皆有小序，述本類主旨，每則皆有標題，且每則後多以按語考索，引諸書如《周禮》《瓊州志》《西樵志》《香山志》《夢粱錄》《輟耕錄》《南史》以考索之。敘述細緻，如《大娘小娘》條云：「東莞稱女未字者為大娘，已字者為小娘。廣州統稱夫娘，猶言有夫之娘也。韶州人統稱婆娘。」《凝冰‧水浮》條云：「凝冰，中外晶瑩，核亦半明半隱；水浮則重而不沉，山枝之屬也。」亦地理雜記之類。

《小豆棚》八卷　曾衍東撰

曾衍東（1751～1830），字青瞻，一字七如，號鐵鞋道人，又號七如道人、七道士，山東嘉祥（今屬濟寧市）人，乾隆五十七年壬子舉人，歷官咸寧、江夏、當陽、巴東知縣，卒於溫州。《中國叢書綜錄》小說家類著錄。溫州圖書館藏六卷清鈔本、申報館本。此書原為八卷，後光緒間為項震東詮次分部，分為十六卷，為今日通行本。前有乾隆六十年曾衍東序，云此書以閒心境寫閒書，敘事婉轉，東省之事頗多，然不以縟麗取勝，簡澹為尚。軼事、志怪，傳奇三體匯於一書，體不統一，似為斷續之作，杜貴晨老師云此書中有述及嘉慶十年後事，則此書亦非成於一時，乾隆後當有續作。此書所述有祈夢、科場、入冥、俠客、綠林、忠義、節烈、入幕、商旅、夢異、扶鸞、海外、僧道、狐魅、友與、鬼怪、疇人、優伶、戲術、騙術、蠱術等，大體不出《聊齋》故事之外。

今人以為聊齋之流，然僕頗有別體，今一一辨之：蒲松齡為文多種，擅諸體文章，今《蒲松齡全集》可概見之，《聊齋》中吟詩為多，此書則詩詞之外，雜諸體如傳記、判詞、曲文、遊記、論說、青詞、賦體、檄文、鼓詞、道情、考證文等入小說中，謂之為詩文小說亦不為過，《封丘陳女紀事詩》《述意》曲文等，皆引人注目；《聊齋》古雅間化用口語，並未脫古文範圍，此書引用四書語外則有徑用口語者，如卷三《徐國華》妾二侉云「三伏天炎炎炙背，想你的好情兒！」以及卷八《劉祭酒》論及《紅樓夢》《郝驤》唱曲類《金瓶梅》等，已為通俗小說浸染之；《聊齋》敘事曼長者多狐妖，此書雖沿舊例如《文酒》《夢花記》《十八娘外傳》《娟娟》《黃玉山》等，然軼事為多，卷一、卷二傳記類為忠臣孝子、貞女烈婦，與史傳無異。故云為「聊齋之流」者，不過部分言之耳。此書為書賈一度改換名目，稱《聊齋補遺》，南開大學、瀋陽圖書館藏光緒六年石印本。

《集異新抄》八卷　李振青抄

李振青字鶴林，中州人，事蹟不詳，與李調元為友。《中國古籍總目》小說家類著錄。東北師大圖書館藏乾隆六十年桂月樓刻本，國家圖書館藏嘉慶元年刻本。今有新興書局《筆記小說大觀》本。前有乾隆六十年李振青《集異新抄自敘》，云丁未歲遊武林，於故書攤中得說部書四冊攜歸，不知書名姓氏，「所言皆明時事，其中鬼神妖祥種種眩怪以及房闈瑣細怒詈」之類，皆「一片警世苦心」，「本朝張山來之《虞初新志》、蒲留仙之《聊齋誌異》，海內風行，士大夫皆樂觀之；近如袁簡齋紀曉嵐諸先達皆有說部行世，而此書猶湮沒不彰」，故付之剞劂氏——此書所述多為吳越故事，且卷四《稱謂》中云「近日逆瑠稱九千歲」，大約明末之人所著。全書約有 250 則，其中志怪為多，如物怪、夢異、入冥、科場、魘魅、徵兆、祥異、產異、扶鸞、僧道、復生等，兼有軼聞如《傷風》敘王世貞與嚴世藩交惡，考證如《梁灝》考證梁灝功名困頓、《傳國璽考》考證秦璽之下落，雜說如《稱謂》謂古今風尚之不同、《傳奇》云傳奇（戲曲）敘事之謬，以及詩文輯錄如《唐墓碑》記述唐代張氏墓誌全文、《含滋傳》為寵婢之傳記、《隱憂序》《綠陰篇敘》《為亡婦禮懺疏》《上某相國書》等為文章之錄、《元祐黨人碑》記錄黨人姓名，《驛壁句》《眉語》《石田對句》《王介甫詩》等為研詩之筆記等。筆法灑脫，雖多短製，然亦有《金城太守》《開讀記略》《來雁》等長篇，敘事婉轉，文辭典贍。

《漢上叢談》四卷　劉士璋撰

劉士璋字南赤，號奉羨，湖北江陵（今屬荊門市）人，乾隆己酉拔貢，有《三湖漁人詩文全集》《夢竹軒筆記》等。《中國古籍總目》子部雜家類雜學雜說之屬著錄。臺北經學文化《稀見清代四部輯刊》影印道光十九年江陵劉氏刻本。前有嘉慶五年吳省蘭序、道光己亥陶樑序、乾隆六十年劉士璋《例言》8條。全書共 178 則左右，考證、議論為主，敘事次之，陶樑序云此書與《夢竹軒筆記》「於六藝太史百家之言騷人墨客之文章，至於地志風土佛老方伎之眾說，無不搜採尋繹，間出己意，亦莫不一軌於正，非博物之君子，其何能若是歟？」輯錄故典如《三國志》《元史》《酉陽雜俎》《法言》《夢溪筆談》《輟耕錄》《清異錄》《宣室志》等原文考辨之處較多，考辨間有新意；詩話於卷三較為集中，故《例言》中申明之云：「應城陳士元心叔撰《江漢叢談》二卷，今已採入《四庫全書》，其書皆疏通楚地故實，故以『江漢』名編，予則旅食漢上，筆墨消閒，名雖偶同，實與陳氏義類迥別。」「前人說部之有名者，如張鷟《朝野僉載》、何光遠《鑒戒錄》、范鎮《東齋記事》、陸游《老學庵筆記》、陶宗儀《輟耕錄》、陸容《菽園雜記》，體雜小說，識者深致惋惜。是編訂訛核實，搜剔頗詳，諸如怪異瑣屑芟薙者屢矣，援諸書之例，聊覆載入。」「近人說部有直抄舊說漫無辯論者，又不標舉引自何書，陳言往跡，竟如自出機杼矣。是編考較鉤稽，用力為多，或援古以證今，或因此以例彼，旁通互究，不敢數典忘祖。其或單舉一義，必事涉新奇，近時諸說部未經採入者也，然不過存什一於千百耳。」「詩話兼載雜事，自宋人始；說部兼紀詩辭，則自漢晉諸書已然。第博採時賢，或近標榜。編中錄詩自二三老成而外，皆耆舊故交化為異物者也，匪曰闡幽抒懷，舊之蓄念云爾。」敘事於卷三卷四較多，軼事如卷三「沙市妓汪小」述義妓，志怪如卷三「荊門諸生王化淳」、卷四「淮安相士」「鍾祥諸生李治運」「鍾祥諸生楊某」，鬼怪異夢之類。陳士元《江漢叢談》為地理雜記之體，此則為雜家筆記之書。

《晉人塵》一卷　沈曰霖撰

沈曰霖字驤展、紉芳，江蘇吳江（今屬蘇州市）人，諸生，生活於雍乾時期，同治《蘇州府志》云其「長於駢體，驚采絕豔。」著有《小瀟湘四六》《小瀟湘詩鈔》等。與沈欽道為同族。《清朝續文獻通考·經籍考》小說家類著錄。

同治《蘇州府志》云原書為兩卷，楊復吉取一捲入《昭代叢書續集》中。今有上海書店《叢書集成續編》本。一卷 33 則（篇），分《詩話》《瑣言》《異聞》三部，分類似《漁洋說部精華》。《詩話》為評論前輩詩作如《阮亭有誤》《東坡詩句》《聖歎批杜》《杜陵詩律》、記錄當代詩句如《逸老堂詩》《賈客詩》《詩骰》等。《瑣言》為記錄己作之詩詞、雜說之類，如《骨牌名詩》《等第黃鶯兒》《十二生肖論等》。《異聞》所述皆為怪異之事，多因果報應之類，文風質樸，如《一銅錢》《捏骨相》《筆端火》《未嘗見城郭》《大士救人》《生魂覓食》《田中異人》《舟人見鬼》《周氏之怪》《囚徒妖術》《串月》《二比乃中》《人與雷搏》《劾陰騺文得中式》《僕碑遭亞》等。《一銅錢》云：「湖州丁先達名麟，性好博。嘗元日與人抹牌，丁所攎者自二文錢至九文錢俱備，止缺其一，丁乃對眾祝曰：『此牌若得一銅錢，吾今科當中式。』攎之固是，已而得雋，又連捷春闈如所祝。故人並戲呼之為『一銅錢』。」《捏骨相》述南潯朱用民得不義財，後罹文字獄家敗人亡事，然禍起於偶然耳：「既而交於金文通之俊，盛席酌金，水陸畢備。人或問文通曰：『朱氏之筵，其豐何若？』文通曰：『席雖豐，但在船坊中坐地。』蓋譏其堂無匾額也。朱聞而羞之，乃重價覓得清美堂匾，是前朝玉音賜朱相國者以懸廳事，復設席邀文通曰：『請君再過船坊。』於是前辱則既雪矣。適有無名子造作謗書，借刻作清美堂藏板，禍隨匾移，朱乃不免，捕者至，繞室檢搜，而所瘞之商屍亦露，朱既正法，家亦齏粉。」後有乙未楊復吉跋云：「先生生平著作以駢體為第一，填詞及制舉義次之，散行本非所長，亦雅不欲以之自命。天困奇才，齎志而歿，遺書等身不克一見之剞劂，良可惋歎。茲《晉人麈》及《粵西瑣記》二書以未經削稿，生前秘不示人，先生捐館後始得目睹。今輯叢書，亟登之以發幽光，《瑣記》甚為完善，此帙尚有疵累未經修飾，雖不能意滿，要未敢妄加增刪以欺死者也。乙未夏日門人楊復吉識。」

《粵西瑣記》一卷　沈曰霖撰

　　《八千卷樓書目》史部地理類著錄。世楷堂《昭代叢書》本。此書為沈氏遊幕粵西之隨筆，一卷 70 則，每則有標題，中述廣西氣候、地理、風俗、物產之類，其中《礦說》一文較長，為開礦之利害辨說文。書中興會之處輒有歌詠之詞，故楊復吉跋云「紉芳先生工於詩餘，入粵時曾有《粵遊詞》二冊，鏗鏘幽渺、蒼古悲涼，直可衙官辛柳，外此嘈嘈細響，更當涕唾棄之矣。文憎命達，沉沒巾箱，劍氣珠光，日就銷磨，又安得顧曲周郎登諸梨棗、令詞壇另建

一幟耶？！讀此記及記中附載諸詞，不禁為之悵然。」粵西文風不振，科場中每有可笑歎者，沈曰霖對此多有記錄，如《文風》《考規》《無韻詩》《蘇州才》等。所記近於實錄，文風清雅，較為可讀，《鬼使》一則所述「僧道而外，有所謂鬼使者，為其通人鬼之交，故名。頭戴布巾，又以尺許紅布紮頭，頭上插一小牌，畫鬼魅之狀，身穿青布海青，腰繫紅布帶，不襪穿草履，手執牛角以吹，聲如篳篥，人家有病則延之跳神，喪事亦用之，凡遇日月蝕及祈晴祈雨，皆令當差。」此「鬼使」類於殷商之巫覡、清之薩滿、今鄉間之師婆也。

《見聞錄》五卷　黃椿慎齋氏撰

　　黃椿事蹟不詳。《清史稿藝文志拾遺》小說家類傳奇之屬著錄。國家圖書館藏清抄本（中華古籍資源庫）。前有乾隆五十六年自序，每卷皆有目錄。自序云：「邵子曰：『聰明男子身，洪鈞賦予不為貧。』是耳目為天所授，不可負此聰明。齊諧志怪、《聊齋誌異》皆以新耳目、助笑談，其中事故變出情理之外、愛添男女之私，怪怪奇奇，遂足以附野史稗官之末。余讀書未窺一隅，遨遊未半宇內，所見所聞亦陋且寡耳，醯雞豈知甕大、夏蟲難以言冰，第七十年中稍悟天地生人生物之理，宇宙一變一局者出之新，有聞之先人前輩者，出之身親蹈履者，得之親友傳聞者，一事一語，皆為耳目所及，若獨為吾之所私而堪以實彼聰明，閒中隨意錄存以為一家之小說，庶幾謂造物不空生余之耳目，而所謂餘者亦不負此耳目聰明，至於後人閱之，或笑余之好事，或鄙余之淺陋，均在所不計也。」此書為筆記志怪之書，如《大頭鬼》《木人怪》《居易遇仙》《紫姑仙》《龜蛇聲》《狐報私仇》《黃龍治蠱》《幻遊非夢》《三世因果》《誦經豆跳》等，間有時政如卷四《水旱營盤》《蒙古包》《黃布城》《卡船照壁》諸條記乾隆南巡中禮儀，文筆冗漫，有傳奇小說之態。

《三晉見聞錄》不分卷　齊翀撰

　　齊翀字羽豐，又字雨峰，安徽婺源（今屬江西上饒市）人，乾隆二十八年進士，曾任高要、電白知縣等，主持纂修《（乾隆）南澳志》。光緒《重修安徽通志·藝文志》史部記載類著錄。國家圖書館「中華古籍資源庫」（光緒六年刻本）。前有光緒二年方濬頤序、目錄。方濬頤序云「此編乃雨峰先生主講晉陽書院時所作，凡三晉名勝之區，物產、土風、異聞、軼事皆有紀載」，內容有關山西文獻如《碧落碑》《書庫碑》《絳帖二則》《吳道子南極老人圖》《裕公和尚道行碑》《老君堂後崖石刻》《唐太宗書晉祠之銘》，名蹟如《純陽宮》《小

五臺》《皋陶墓師曠故里》《伏牛臺》《皋落故墟》《晉城故址》《女媧煉石補天處》，博物如《石炭》《榆次西瓜》《上黨參》《長松草》《娑羅樹》《羊羔酒》《豆葉粥》《并州剪刀》《太原酒》《藐姑仙人銅鞋》，風俗如《正月風俗》，三晉堯都，上古至隋唐古蹟遍布，故此書敘述之中每寓考證之文如《曲沃辨》，文筆端雅，紀載詳實，考證有據，學人之筆也。

《松塵燕談》二十四卷　　吳元相撰

吳元相，字子襄，江蘇吳江（今蘇州市吳江區）人，諸生，有《聊齋誌續志》（殘存兩卷）、《松陵瑣綴》六卷、《玉香閣文稿》一卷、《詩稿》一卷。未見著錄。新興書局《筆記小說大觀》本。是書敘述清太祖至清高宗諸帝及明末以來名臣、文士、畫士、雲水客事蹟，每則無標題，雜史小說也。據此書敘述有袁枚事蹟，可知成於乾嘉之際。又南京圖書館藏吳元相《松塵燕談》稿本三十二卷，與上述諸作皆因故未能寓目。

《聊齋續志》　　吳元相撰

《清史稿藝文志拾遺》小說家類志怪之屬著錄。南京圖書館藏稿本存二卷，卷一卷二。未見。

《醉裏耳餘錄》十二卷　　陳銘輯

陳銘事蹟不詳。《中國古籍總目》子部雜家類雜記之屬著錄。國家圖書館「中華古籍資源庫」。前有光緒壬午佚名序，述此書抄寫緣起；書後有無名氏跋，云陳銘字西堂，號西塘，又號新齋，諸生，先世蘇州府吳縣人，遷居嘉興。「精詩律，有王孟風。」內容雜鈔嘉興掌故，可視作嘉興地志小說可也。每則無標題，惜無注出，述大禹以來軼事異聞、地理藝文，蓋隨筆摘錄，亦不復詮次類別。書中下限在乾隆三十年乾隆「皇上」南巡事，則此書蓋成於乾隆年間。

《嶺海臍》四卷　　林輝撰、趙古農評

《清史稿藝文志拾遺》子部雜家類雜說之屬著錄。《廣州大典》影印道光四年梅夢草堂刻本（闕卷四）。前有道光四年劉彬華序、道光四年趙古農序、目錄。劉彬華序云說粵之書及林輝生平云：「吾粵，前賢著書紀載文獻者不下百家，顧其書多佚不傳，其傳於今者，宏編巨帙、本末賅備之作，固為藝林

瑰寶,即寥寥一二卷,而其言簡而有體,質而不俚,足以徵信後世,亦考核舊聞者所必資也。林青門輝《嶺海贜》四卷,余編粵志,既著錄於藝文,且採其所載人物暨列女事凡若干條,纂為列傳,蓋以其言多信而有徵也。青門事蹟無所考,第據是書卷端自署為南海人,書中記烈女林秀娘事在康熙辛亥,又自錄其《伏波廟記》,末附樊崑來宗師評語云云。崑來即樊宮贊澤達,以康熙四十五年視學粵東,則青門乃康熙中諸生;嘗序吾邑韓橋村《東皋詩集》,橋村於乾隆初元征鴻博不就,意青門是時亦以明經老矣。嗟乎!績學之士,白首坎壈以終,去今未百年而舉其姓名,無有能道其生平者,良可增慨,而著述自足以傳。吾友趙巢阿以是書僅有鈔本,慮其久就佚也,爰校正付梓以廣其傳,不可謂非青門之厚幸已。」此書所載有嶺南地理如《百粵原始記》《嶺海星野記》《五嶺記》《大庾嶺記》《廣州府城記》等、名蹟如《趙佗舊蹟記》《趙佗四臺記》《金蝦泉記》《伏波廟記》等、傳記如《海忠介公傳》《劉志明記》《貞女林芷娘傳》《鄭烈婦傳》《陳戴日外傳》等、論說如《崖州相公亭論》《颶風祠說》《李林甫論》《止屠牛說》、考證如《三山考》《銅柱考》以及物產如《瓊州物類賦》《登海樓賦》等。地理、名蹟,述其由來變遷;傳記則多輯錄他書而成。敘述以篇題標目,亦別出心裁。每篇後有趙古農(巢阿)評語,其語意亦同其序文,即稱讚此書「筆老詞簡……考核甚詳,堪為覽古者廣聞見之益」。

《西藏見聞錄》二卷　蕭騰麟撰

蕭騰麟字十洲,又字繡夫,江西峽江(今屬吉安市)人,康熙五十三年中武舉,五十七年會魁,選侍衛,雍正間授河南都司,護理懷慶參將,晉川北鎮保寧游擊,歷左中營。乾隆二年駐鎮察木多,督理西藏臺站,三年任期滿又留鎮兩年,後致仕歸(見趙心愚著《清代西藏方志研究》)。《清史稿藝文志拾遺》史部地理類雜志之屬著錄。國家圖書館「中華古籍資源庫」(抄本)。前有袁枚序、蔣士銓序、乾隆十七年李其昌序、李天植序、乾隆庚寅岳夢淵序、乾隆十一年蕭騰麟自序、凡例7條、目錄、輿圖,書後有乾隆二十四年蕭錫珀跋、乾隆三十九年盧文弨《書後》。是書為蕭騰麟於乾隆二年駐守察木多時,「治軍暇,為詳紀其土地物產風俗之殊異,有二十門以括之,名曰《西藏見聞錄》。」卷上十門,《事蹟》述西藏地理沿革、歷代事蹟;《疆域》述四至界限、接壤;《山川》述西藏山川河道;《貢賦》述人員編制及賦稅;《時節》述藏地風候節慶;

《物產》述西藏土產（動植皮毛之類）；《居室》述藏地房屋及其裝飾；《經營》述藏地貿易活動；《兵戎》述藏兵、駐藏兵馬；《刑法》述藏地刑罰。卷下十門，前有陳毅七律四首，《服制》述藏地上下服飾；《飲食》述藏地飲食如青稞麵、奶酪之屬；《宴會》述郡王宴會場面及禮儀；《嫁娶》述藏地婚俗；《醫卜》言藏醫藥；《喪葬》述藏地喪禮；《梵剎》述藏地佛教寺院及王公宮殿；《喇嘛》述藏地僧人活動；《方語》為漢藏對譯語；《程途》為驛站、城邑交通道里。此書敘述簡潔，一門乃至有一則者，敘述之中間以評論，故蔣士銓序云「此編紀載之中，不遺論斷，頌美而外，仍含勸諷，得史班書志之法。」

《銷夏閒記》三卷　　顧公燮撰

顧公燮，王欣夫《蛾術軒篋存善本書錄》之「燕閒筆記」條引《顧澹湖傳略》云：「顧公燮字丹午，號澹湖，又號擔瓠，吳郡老諸生也。」乾隆五十年尚在世，著有《燕閒筆記》《丹午筆記》《致窮奇書》等。《消夏閒記》於《藏園訂補邵亭知見傳本書目》小說家類著錄，又名《丹午筆記》。上海書店《叢書集成續編》有《消夏閒記摘抄》三卷，亦同。今《江蘇文獻叢書》之《丹午筆記》共有 277 則，記明末事為多。此書並非顧氏自撰，亦有他人如顧杲所著之《一席記聞》等。當作於乾隆末，所述多雜事，於明清兩代所聞見者盡錄之，楊復吉跋云「所記悉為平江故實」，亦多街談巷議之事，於明末及清代康乾間事多有記載，如《崇禎帝夢神語有字》《明季縉紳田園之盛》《吳梅村被嘲》《嘉定縉紳死難》《金之俊餓死》《闖賊始末》《蘇州郡盜》《陳子龍侯岐曾死事》《熊廷弼去武就文》《湯文正治吳》《陳恪勤形如鍾馗》《遇變紀略》《錢牧齋》《柳如是》《袁時中》《文社之厄》等，於民間怪異之事亦不少見，如《夢判兩囚》《龍龜二異》《撫軍設誓》《朱佑民謀財之報》《得仙書拆字》《黃山守屍鬼》《金粟道人》等，亦有前朝典章制度之記錄，如《崇禎四相》《明季歲考等第》等。

《燕閒筆記》三卷　　顧公燮撰

《蛾術軒篋存善本書錄》著錄。復旦大學圖書館館藏抄本（封面題「書友云是吳枚庵手書」）及學禮齋鈔本兩種，內容相同。全書約百餘則，多有標題，內容有蘇郡地理名勝、志怪、軼事、考證、典故等，與《銷夏閒記》多有出入，如卷三《夢字》即《崇禎帝夢神語有字》等。蘇郡勝蹟如《朝真觀》《寒山寺》《萬年橋》等，其中《第宅》羅列名人故居達十餘處；志怪如《巨龜銜足》《藥師佛》《冤結來生》《談胖託生》等，軼事如《周延儒》《韓公知遇》《名師善啖》

《熊廷弼奇才》《小座師》《左公逸事》等，皆述明清名臣軼聞；考證則以經史為主，如《史筆多誤》《出母解》《家語辨二則》《論桃應章》《論禮注》等，皆為一家之言。《南巡盛典》《升平人瑞》皆康乾故實，以此兩則置於卷首，大約紀恩遇之意。卷三為明末動亂軼聞，如《夢字》《闖賊偽檄》《牛金星》《自成僭號》《疤和尚》等，後三則無標題，皆述張獻忠殘暴事，此亦見於他家野史筆記中。《有子降乩》為志怪與考證結合之文，較扶鸞為詩者較為新穎，他文亦不俗，考證較為有據，寫景以清語，俗語可發一噱，如張獻忠赦書云「奉天承運，皇帝詔曰：王珂你回來，饒了夾江那龜知縣罷。」

《隨筆》四卷　呂肇齡撰

呂肇齡字歧封，或云號歧封，山東文登（今屬煙臺市）人，乾隆四十七年優貢生，官萊州府訓導，著有《冠古軒詩集》一卷等。《山東文獻書目》小說家類著錄。齊魯書社《五里山房珍本叢書》影印乾隆稿（抄）本。此書為為雜著筆記之體、地志小說之流，卷一述文登地理，多有古今勝蹟變遷之考證；卷二述登、萊物產，如山珍海貨藥材之類；卷三為志怪，如回龍山東李婦產龍、上口村呂點女為狐魅、鄭格莊鞠漢村長子歸途遇死友等，皆委巷之談；卷四為讀書筆記之類，所讀書以正史及宋清筆記為多，如《五代史》《南齊書》《漢書》《天香樓偶得》《西河詞話》《菊坡舊話》等。寥寥數筆，敘事粗直，不虧「隨筆」之目。書中避「玄」「弘」諱，書為「元」「宏」字，則為乾隆或乾隆以後書。

《竹溪見聞志》一卷　陳鑰撰

陳鑰字開九，江蘇常熟（今常熟市）人，事蹟不詳。《中國古籍總目》小說家類著錄。上海圖書館藏顧氏小石山房抄本。前有目錄，有《隱德》《雷震二則》《禱雨二則》《蟲災民疫》《風潮》《鱷魚》《金色怪鯉》《蛙怪》《蛇腹餘生》《有光百腳》《月蛋》《得珠化水》《棄貂免禍》《鬼書茯字》《易可辟邪》《神火》《天主教》《文人無行二則》《高友上卒》等十九則，志怪書也，此書多述乾隆間蘇郡故事，尤詳於虞邑，《蟲災民疫》云「乾隆二十一年，余居七里橋」，《風潮》云「乾隆四十六年六月十六立秋，是日曉起看天」，述常熟雍乾間災害事甚詳。其他述物怪、邪教、鬼神之類，意主勸懲，故有報應之說教。文辭樸質，時地皆實錄，亦是徵信之意。

《散花庵叢語》一卷　　葉璜撰

　　葉璜字蘭雲，江蘇吳江（今蘇州市吳江區）人，事蹟不詳。《中國叢書綜錄》小說家類著錄。《甲戌叢編》本、上海書店《叢書集成續編》本。此書為清言小品之類，亦有敘事，如揚州李畹遁入空門事，又如鬼詩事，所謂「不羨蓬萊第一仙，每因風景憶華年。茶香月午消殘醉，柳色春深壓晝眠。」文筆秀麗，亦筆記小品一類。

《晉唐小說暢觀》五十九種　　馬俊良輯

　　馬俊良字嶙山，浙江石門（今屬）人，乾隆二十六年辛巳進士，累官至內閣中書，輯有《龍威秘書》等。未見著錄。此書為《龍威秘書》之一種，所收主以唐五代作品，以傳奇居多，稗販成書，並非清人著述也。

《西清筆記》二卷　　沈初撰

　　沈初（1729～1799），字景初，號萃岩、雲椒，浙江平湖（今屬嘉興市）人，乾隆二十八年進士，累官至戶部尚書，著有《蘭韻堂詩文集》等。《八千卷樓書目》史部職官類、光緒《平湖縣志》卷二十三地理志類遊記之屬、《中國叢書綜錄》小說類著錄。今有新興書局《筆記小說大觀》本，前有阮元序、蔣予蒲序、乾隆六十年乙卯自序，後有朱方增跋。書分六門：《紀恩遇》《紀典故》《紀文獻》《紀職志》《紀名蹟》《紀庶品》。阮元序述沈初宦蹟，沈初自序述著書緣起，云「甲寅冬自九江還省城，度歲入春，雨雪匝旬，燕居多暇，賓客談次或有詢內廷故實者，輒疏數條以對。」後有朱方增跋。雜家筆記之書，所記為朝廷掌故、館閣詩文之類，「追述遭逢兼記事實，舉凡典章文獻書畫名蹟以及庶類小品，無不纖細備具」（蔣序），《恩遇》歷載自乾隆三十二年丁亥至乾隆五十二年間受乾隆帝恩遇事實，此亦唐宋以來筆記小說寫作之慣例；《典故》為內廷掌故；《文獻》為朝臣文藝；《職志》為朝廷南書房事務記述；《名蹟》為書畫名帖；《庶品》為內廷日常器用。語言清雋，較為紀實，為仕宦入宮所見聞者，類乎宋程俱《麟臺故事》、周必大《玉堂雜記》、元王士點《秘書志》、清高士奇《金鼇退食筆記》《天祿識餘》及法式善《槐廳載筆》等，皆中秘清華之事。

《揚州畫舫錄》十八卷　　李斗撰

　　李斗（1749～1818），字北有，號艾塘，江蘇儀徵（今屬揚州市）人，諸

生，著有《永報堂詩集》《防風館詩》《揚州名勝錄》及傳奇《奇酸記》《歲星記》等。《觀古堂藏書目》子部小說家類記載之屬、嘉慶《揚州府志》卷六十二雜家小說類、《清史稿藝文志及補編》地理類著錄。上海古籍出版社《續修四庫全書》影印上海圖書館藏乾隆六十年自然盦刻本，前有乾隆五十八年袁枚序、嘉慶二年阮元序、謝溶生序、乾隆六十年李斗自序。康熙間吳綺撰有《揚州鼓吹詞序》，所述名勝如文選樓、隋堤、竹西亭等不過二十餘處，較為簡略，此書分《草河錄》《新城北錄》《城北錄》《城南錄》《小秦淮錄》《虹橋錄》《橋東錄》《橋西錄》《岡東錄》《岡西錄》《蜀岡錄》《工段營造錄》《舫扁錄》等十三部，除《工段營造錄》《舫扁錄》外皆按地理分書之，李序云此書「以地為經，以人物記事為緯」，並以圖三十六幅為示，「仿《水經注》之例，分其地而載之……凡郡縣志及汪光祿應庚《平山堂志》程太史夢星《平山堂小志》趙轉運之璧《平山堂圖志》所未載者，咸紀於此」（阮序），除採自故老傳聞外，於舊志碑版多所用心，可謂集《世說新語》《水經注》《洛陽伽藍記》《洛陽名園記》《東京夢華錄》《都城紀勝》《錄鬼簿》《板橋雜記》《池北偶談》《疇人傳》諸體於一書，名勝古蹟、士女風情、民俗物象、志怪詩話、百工技藝、梨園優伶等皆述之，其中所述軼事類乎小傳，辭旨清麗，備載江都文物盛景，可謂康乾地志小說之結響者，「裁制在雅俗之間，洵為深合古書體例者」（阮序）。

《無稽讕語》五卷　王蘭泚撰

王蘭泚，號蘭皋主人、蘭皋居士，浙江杭州（今杭州市）人，乾隆四十五年進士，官壽寧知縣等職，有《綺樓重夢》等。未見著錄。據《中國古代小說總目（文言卷）》寧稼雨先生提要云有乾隆五十九年家刻本，共 103 則，且此書於光緒二十九年改為《續夜雨秋燈錄》六卷本（末卷抽自潘綸恩《道聽途說》）石印本發行。今有《稀見清代四部輯刊》影印咸豐四年刻本，前有甲寅蘭皋居士自序、乙卯翦園漫士序、姚仙芝等四人《題詞》。甲寅乙卯當即乾隆五十九、六十年。王蘭泚序云致仕後家居無事，憶往昔諸友叢談而記之。此書頗有聊齋之體，所述多為志怪，間有鄉里逸聞，內容有入冥、轉生、狐魅物怪、扶鸞妖術之類，卷一《蠻觸構兵》《魂遊》《彼穠村》《森羅殿考試》《林醜醜》《妖術》、卷二《女廟留賓》《孟子詩》《小洛陽選婿》《誤娶》《醫詩文》《虎師》、卷三《扶乩》、卷四《投胎》《六郎》《臺陽妖鳥》《蜉蝣》、卷五《梅花庵》《六姑娘》《封仙》等，皆篇幅曼長之作，然卷中蕘筆頗多，雖力以詩文填入如《乩詩》附《姚

甥〈登岳陽樓記〉〉、《懲妒》附王荊園《妒律十二條》及《遣愁說》等，仍難棄羯鼓而清新賞目。部分故事源自《聊齋》，觀其意，不過發揮柳泉情愛之體，殊乏文采，後之吳仲成《挑燈新錄》與此同一品格。

《海天餘話》一卷　箋鏨外史撰

據作者自序跋知，箋鏨外史即芙蓉泸老漁，又云芙蓉悟老漁，故他書目又署名芙蓉泸老漁者，事蹟不詳。民國《貴縣志》卷十八云此書為黃寶田著，云「《稻薌吟草》《海天餘話》，清黃寶田著。未刊。寶田字心農，見《仕進表》。《吟草》七卷，佚其四；《餘話》悉為香奩之作。」據《清人詩文集總目提要（中）》「稻香樵唱」條載，黃寶田為道光間諸生。據《柳堂師友詩錄初編》（國家圖書館藏同治十二年刻本），中有黃寶田《稻香樵唱》輯錄本，詩中有《五十初度》《回憶咸豐甲寅後頻年逃亂苦況》等七言律詩；前有黃寶田小傳，黃與編者李長榮熟識，云「黃寶田字良佐，號子超，又號心農，廣西貴縣人，諸生，官官廣東即補同知。」則黃氏為清代中晚期人。存疑。《中國叢書綜錄》小說家類著錄。今有華東師大館藏光緒間申報館鉛印《屑玉叢譚》初集本，前有芙蓉泸老漁《海天餘話弁言》、佚名《海天餘話序》、青氈內史史生《海天餘話敘》，後有箋鏨外史《海天餘話贊》、竹畝生《海天餘話跋》、箋鏨外史《海天餘話跋》、衍波亭長（即楊瑛昶，書中化名為「意園」）《海天餘話題後》。此書成書年代當在《續板橋雜記》之後、嘉慶十三年（楊瑛昶是年卒）前，細究之當在乾隆末（此書未注明成書年代，然「豔品第五」中「湯麗花」條亦見於《續板橋雜記》「麗品」。珠泉居士於乾隆四十六年辛丑所見「二湯」（湯麗花、湯畹如）姊妹已「窮愁日甚」，此時與箋鏨外史所見「門前冷落」同；且此條皆述及楊瑛昶《雙珠記傳奇》，又《餘話》「唐君素」條有慧庵《水雲凹待月記》書於乾隆五十五年己酉，故曰《海天餘話》成書於乾隆末年。大木康《秦淮風月——中國遊里空間》云此書成於乾隆四十年，不知何據。）此書先為幕遊中劄記，後分類成書，類乎花案，亦類乎詩品，仿《書斷》《宋朝名畫評》《花史》諸書，分 104 位青樓女子為七品，其中神品二人，逸品五人，畸品五人，秀品十四人，豔品十七人，藝品十八人，具品四十一人，「共得百二人，各敘小傳，題贈篇什，例得連類及之。」以傳記為綱，以詩文為附注，類於傳注之體。據書中所列女子，可知作者曾遊歷濟南、南京、湘中、蘇杭等處，故把每處傑出者按品列入，其以白下居多。書

中除題贈之作外，並有詞曲文賦及小說之體，如袖蔬《望江南·偕同人泛舟莫愁湖訪月上不值》、棕庭《賣花聲·泛舟桃葉渡聽壽卿吹簫》、慧庵《水雲凹待月記》、梧隱《眉月初三賦》、指堂《憶鳳詞》、望川《清溪閒筆》、花洲《吳中瑣錄》、柚蔬《白下紀聞》等，風格婉麗，不乏憐儂惜花之意，所述女子如許月上、王三娘、董雲屏、王壽卿、海棠樓主人等相貌之外，多重其詩詞才藝及雅愛文士之風，其中不乏俠舉，亦《板橋雜記》之流。國家圖書館藏清花韻軒藏板，其序跋位置與華師大本有所不同（《海天餘話》四卷，贊一卷，芙蓉沜老漁編。一函4冊，國家圖書館藏花韻軒藏板，前有天馬山釋愍持敘、青壇內史又生敘、芙蓉沜老漁序，目錄。正文。後有錢墅外史跋、衍波亭長題後、廬山草堂竹畝生跋後。）

《佐治藥言》一卷　　汪輝祖撰

　　汪輝祖（1731～1807），字煥曾，號龍莊，浙江蕭山（今屬杭州市）人，與章學誠相交三十二年而不衰（《病榻夢餘錄》），著有《學治臆說》《元史本證》《二十四史同姓名錄》等。《借書園書目》小說家、《觀海堂書目》子部雜家類雜說之屬著錄。周廣業《四部寓眼目錄》之「佐治藥言」條云：「龍莊，余同年友也。自為諸生及未謁選以前，無日不從事幕府，其言皆躬行心得者，良藥苦口利於病，信夫！」《叢書集成初編》本。前有乾隆五十一年魯仕驥序、乾隆五十年汪輝祖序，全書共40則，每則有標題。書生為幕賓西席，其由來甚遠，不過為讀書人謀生之一道。清代科舉之外，遊幕最盛，「幕學」已成專門學問，光緒十年顧肇熙《入幕須知序》云：「自幕職廢而鴻材碩彥無由自致功名，於是幕為專門名家之學，以歷聘於有司，顧位在賓師，其道本交相重也。」故本書亦《幕學舉要》《學治臆說》《辦案要略》《刑幕要略》之類。汪輝祖亦鄔先生之流，居幕府三十餘年，深知幕賓之道，故著此書以傳，大約為社稷國民計，非僅為衣食謀。其書可分三類：一為修身之道，以平正淡然為主，如《立心要正》《虛心》《立品》《儉用》《省事》《範家》《讀書》《讀律》；二為人際關係，同事、主幕之間，《盡心》《盡言》《不合則去》；三為治民，如《詞訟宜結》《息訟》《慎初報》《嚴治地棍》《婦女不可輕喚》《勿輕引成案》《訪案宜慎》等。全書以誠信正意為道、循法愛民為旨歸，語氣敦實，不務玄談。

《閱微草堂筆記》二十四卷　　紀昀撰

　　紀昀（1724～1805），字曉嵐、春帆，號觀弈道人、石雲，直隸獻縣人（今

屬河北滄州市），乾隆十九年進士，授編修，歷官侍講學士、左都御史、吏部尚書、兵部尚書、《四庫全書》總纂修官，江藩《國朝漢學師承記》列其為漢學家，《清史稿》《清史列傳》有傳。紀昀著述有《史通刪削》四卷、《烏魯木齊詩》一卷、《戴氏考工記圖序》一篇，評點《文心雕龍》、蘇軾詩，主持編撰《四庫全書總目》《四庫全書簡明目錄》等，詳見崔來廷著《明清甲科文學世家研究》「紀昀」條。《藏園訂補郘亭知見傳本書目》小說家類、《鄭堂讀書記》小說家類著錄。上海古籍出版社《續修四庫全書》影印嘉慶五年北平盛氏望益書屋刻本。前有觀弈道人紀昀詩二首。《閱微草堂筆記》分《灤陽消夏錄》《灤陽續錄》《槐西雜志》《如是我聞》《姑妄聽之》五個部分，寫於乾隆五十四年至嘉慶三年間，有其門人盛時彥合集刊行，共 1200 則左右，志怪為多，亦有考證經史、論議道學之作。此書雖以志怪為主，故事類型也不出袁枚《子不語》之外，然其筆法仍有所側重，一為關於西域題材之故事，雖為志怪，卻有風土筆記之致，可見清軍果敢之氣；二為敘述者並非如《子不語》以士大夫為中心，而是轉向於下層如奴僕佃戶百工之人；三為詩歌較多，鬼詩較為多見。四為議論考據較多，其乾隆五十八年《姑妄聽之序》云：「緬昔作者，如王仲任、應仲遠，引經據古，博辨宏通；陶淵明、劉敬叔、劉義慶，簡談數言，自然妙遠。誠不敢妄擬前修。然大旨期不乖於風教，若懷挾恩怨，顛倒是非，如魏泰、陳善之所為，則自信無是矣。」其意大約力求「引經據古，博辨宏通」。此書如袁枚《子不語》，亦是「自言體」小說，所言多有據，故《鄭堂讀書記補逸》卷二十八《灤陽消夏錄》提要云：「文達所著諸書，其間實事十九，寓言十一，雖晚年遣興之作，而意主勸懲，心存教世，不獨可廣耳目而已也。」道光二十六年曾國藩《紀氏嘉言序》亦云紀氏此書「考獻徵文搜神志怪，眾態畢具，其大旨歸於勸善懲惡，崇中國聖人流傳之至論，亦不廢佛氏之說。取愚民易入者委曲剖析以聳其聽，海以內幾家置一編矣。」《閱微草堂筆記》師法漢晉六朝經典，歸結於宋代筆記，風格力追簡淡，亦是「反聊齋」之作。紀昀批評《聊齋誌異》「一書兼二體」，小說為「自言體」而非「代言體」，皆見之於《姑妄聽之跋》中。所謂「自言體」，是與紀昀所云之「代言體」如戲曲而言，即小說中自有人在言說故事，即某某云云，如《灤陽續錄·六》云：「狐能詩者，見於傳記頗多，狐善畫則不概見。海陽李仗碩亭言……」，此即為紀昀所主張之「自言體」也。晚清許奉恩《里乘》序云：「山左蒲留仙先生《聊齋誌異》出，奄有眾長，萃列代之菁英，一爐冶之，其集小說之大成者乎！而河間紀文

達公《閱微草堂筆記》，屬辭比事，義蘊畢宣，與《聊齋》異曲同工，是皆龍門所謂『自成一家之言』者也。」可謂善於折衷者。蔣瑞藻《小說考證》引《姜露庵雜記》云：「紀文達公《閱微草堂筆記》，雖一時遊戲排遣之作，而議論透闢，文筆犀利，且於勸懲之旨，懇懇勤勤，非尋常稗乘所可比匹。近人採輯之為《紀氏嘉言》，曾文正公作序，稱其警世之功，洵不誣也。所可議者好虛構萬一或然之事，鬼魅無稽之言，執為確據，以仇視習常守理之講學家，譏謗笑侮，不遺餘力，似失之偏矣。」金安清《里乘》跋云：「《筆記》持論允矣，鬼狐太多，且皆短篇，說理有餘，行文不足」，「說理有餘，行文不足」亦中此書之肯綮。敘事兼議論、考證，敘述古雋、議論醇正、考證謹嚴，「沖夷淡雅，言淺意深，兼採乎因果之說而得其通，調停乎漢宋之學而酌其平」（光緒間林蘭興《古宦異述記自敘》），可謂之「閱微體」，後之徐珧《紀氏嘉言》、丁福保《紀文達公筆記類編》、籜園居士《閱微草堂筆記擇要》、強望泰《閱微草堂筆記五種擷抄》、臥雲居士《閱微草堂筆記約選》、清遺老《啟悟集》、民國《分類廣注閱微草堂筆記》等皆究心此書而有所輯略也。「閱微體」敘事簡練，非大儒不為此體，後之齊學裘《見聞隨筆》、俞樾《右臺仙館筆記》者，皆師其意也，故李慈銘《越縵堂讀書記》云「文勤此書，專擬干令升、顏黃門一流，而識議名雋過之，其字句下間附小注，原本六書雅馴，一字不苟，是經師家法也。」

《我法集》二卷　紀昀撰

《中國古籍總目》小說類文言之屬著錄。南京圖書館藏乾隆六十年河間紀氏閱微草堂刻本。前有乾隆乙卯紀昀序、總目，書後有乙卯紀昀跋。紀昀序此書緣起云：「老景頹唐，舊交零落，公餘退食，惟閉門與筆墨書卷為緣，雖諸孫課業不過問也。今歲鄉試期近，偶呼問之。出其八比，茫然不解為何語，不敢強不知以為知，姑置勿論。出其試帖，尚稍稍能解，然頗以抄撮塗飾為工，未合前人之法律，因今日作兩三篇，親為點論。其屢改不愜者，即自作一篇示之，而一一為之詳說。積數月，凡百餘篇，亦往往隨手棄置。第三孫樹馨尚頗信余說，收拾其存者，錄為二卷。余因略點定文句，而題曰《我法集》。夫天下大矣，高才博學者，不知幾千萬億。其文心變化、潏發不窮，更不知幾千萬億，豈區區一人之見所能測管？又豈區區一家之說所得而限量？亦曰：此為自課諸孫而作，我用我法云爾。」可知此書為紀昀課諸孫所

撰試貼詩集，以自作詩 34 首為綱，談作詩技法，條分縷析，詞意貫通，如詩須審題、正體變體、古今試貼詩同異、詩中用事用意、起承轉合、詩眼句眼、詩中點綴刻畫、鋪排略寫、擲筆倒落法、寓言毋作實事、寫意說理、不貴縟詞、司空圖妙悟之說今日演為空腔、唐試貼古法、不可湊韻等，皆為老師宿儒談詩之言，如卷上《賦得野竹上青青（得「青」字）》詩後評中云：「大抵欲學縱橫，先學謹嚴；欲學虛渾，先學切實；欲學刻畫，先學清楚。方有把鼻在手，無出入走作，且易於為力。此吾五六十年閱歷之言，汝其識之。」是書為說詩之語，非小說也。

《循陔纂聞》五卷　周廣業撰

　　周廣業（1790～1798），一名靈根，字勤圃，又作勤裙，號耕崖，又號菫園、蓬廬、廑圃，浙江海寧（今海寧市）人，乾隆四十八年舉人，著有《蓬廬詩文集》《孟子四考》《寧志餘聞》《過夏集錄》等。《販書偶記續編》雜家類著錄。上海古籍出版社《續修四庫全書》影印國家圖書館藏清抄本。前有嘉慶二十五年趙懷玉序、後有道光二年周勳常跋。趙序云雜家與小說家自家法失傳後已難分界線，並云此書「上引墳典旁援子集，下及稗官家說參錯異同，研竅詳審，殆所謂擇言必雅者歟？剖釋經義，釐定史謬，又採雜史傳記中之可以旁引曲證者一一書之，殆所謂博取而約守者歟？其持論平允、諷刺深長，不泥於古，不背於今，殆所謂語若衡平且無戾時俗者歟？披其篇章，眾說備列，攬其意趣，途轍分循反循，反覆尋玩，津涯靡測，殆所謂宗旨宏遠，難得其要領者歟？綜此數長，以追媲張華顏協諸君，駸駸乎欲突過前人矣。」此書雜考為主，有事物考如「傳國璽」「漁鼓簡板」「棋枰」「雞鳴布」「豆腐」「假晴」「轎」「席帽」「佛宇稱寺」「蘆酒」、天象考如「雷震」「九天」、文獻考如《鶡子》「建文事蹟」《天祿識餘》校對」「戲曲之始」、地理考如「會稽六陵考」，其他博物如浙江酒品、藥方如醋泥、風俗如成婚牽絲禮、工藝如宋人緙絲法，雜說如關羽論、古人重正朔不重紀年、石敬瑭兒皇帝論、和士開論，以及明末野史皆在敘述之中，大約為讀書偶得之類，故多輯錄經史文集之文如《漢書》《宋史》《清異錄》《物類相感志》《雞肋編》《席上腐談》《研北雜志》《演繁露》《老學庵筆記》《古今考》《玉堂閒話》《七修類稿》《日知錄》等，所引前三卷以宋明筆記為主，後兩卷以史籍為主。見解逾於前人者不多，記錄亦無統緒。每則（篇）無標題，行間有自注之文。

《過夏雜錄》六卷《續錄》一卷　周廣業撰

　　《販書偶記續編》雜家類著錄。上海古籍出版社《續修四庫全書》影印國家圖書館藏清種松書塾抄本。前有嘉慶十六年辛未周春序，云「茲《過夏雜錄》六卷，乃癸卯計偕下第後所錄，考訂精詳，不減洪容齋一流，間及時事，則漁洋山人《居易錄》例也。」《續錄》前有乾隆五十一年丙午自序。據兩人序文知此書為周廣業下第，「甲辰會闈將撤，友人沈嵩門以余癖書引司讎校，將藉此免就暑途」（自序）。全書七卷 520 餘則（篇），每則（篇）皆有標題，如《周易集解》《戰國策》《陶淵明集》《京師》《四庫書目》《水筆》《眼鏡》《觀音咒》《攔路虎》《紀夢》《下第預兆》等，卷一主以經部典籍考證，卷二主以史部典籍考證，卷三主以集部文集之辨析，間有文人傳記，卷四為京師地理、典制、文獻之屬，卷五為寺廟勝蹟、典制之類，卷六為器物、食用、動植、禮儀、服飾、方言、宮室、風俗之類，所引諸書除經史文集之外，筆記如《鉅齋雜記》《容齋隨筆》《酉陽雜俎》《史測》《東觀餘論》等，可見此書不過讀書劄記而已。全書主以考證、論辯，間有軼事、異聞，如《攔路虎》為京師前門匪竊之事，《紀夢》《下第預兆》為周廣業所遇怪異之事。文風樸質，雜家筆記之流。據周春、周廣業序文及書中《下第預兆》一則述乾隆五十二年丁未事，則《雜錄》成於乾隆五十一年，《續錄》成於乾隆五十二年之後。

《瓜棚避暑錄》一卷　孟超然撰

　　孟超然（1731～1797），字朝舉，號瓶庵，福建閩縣（今屬福州市）人，乾隆十五年進士，歷官翰林院庶吉士、吏部員外郎、廣西鄉試副考官、四川學政，著有《家誡錄》《宜園亭全集》等。《清史稿藝文志及補編》小說家類著錄。國家圖書館藏刻本，題「福州孟超然撰，受業陳壽祺、馮縉校刊」。後有嘉慶二十年陳壽祺跋，云此書為《孟氏八錄》（《焚香錄》《求復錄》《晚聞錄》《喪禮輯略》《誠是錄》《家誡錄》《廣愛錄》《避暑錄》）之一。此書一卷 220 餘則，每則無標題，陳氏跋云「（《避暑錄》）雜考經史文字，識遺聞軼事，其言粹而摯，如菽粟布帛之不可去身。」雜說之類，考證、議論、敘事、詩話所載皆有，孟氏為好辯之人，如為維護程朱理學之正統，抨擊毛西河之妄說、陸王心學之弊；論人性善惡，論志書之謬；論友人「不喜宋儒、鄙薄八股」之說不可取等，如「說經而失之鑿，漢唐諸儒頗有之，然至於近代必主己說而詆前賢，則愚而至於妄。」大約孟氏邃於新舊唐書、宋史，故議論辨訂多居唐宋。又摘錄乾隆

四十七年三月二十五日協辦大學士永貴奏章，不過為孝義之事；輯錄《瑤林璚肆》（畫冊）唐宋元明名家題跋，附庸風雅之意。內容叢雜，隨筆記錄之類，意主徵實，墨守理學正統之書也。

《毗陵見聞錄》八卷　湯健業撰

　　湯健業（1732～1798），字時偕，號蒔芥，江蘇武進（今常州市）人，歷官四川南充知縣、巴州知州、石柱廳直隸同知。本書《江蘇地方文獻書目》著錄。中科院文獻情報中心藏道光刻本。書共八卷，前有道光元年辛巳南徐嚴士鋐序、乾隆六十年湯健業自序。國家圖書館亦藏有刻本，惜僅存一冊，為七、八兩卷。湯健業自序云公餘之暇，「爰摭垂髫及今之所見聞並載籍之所流傳，共得若干條，釐為八卷，名曰《毗陵見聞錄》。」此書八卷 140 餘則（篇），為敘述常州風俗、掌故之作，多為毗陵一郡名人如葛嵩、鄭耀軼事，不乏朝廷恩遇之記錄，如《狀元宰相》《吾常科名之盛》《聖祖稽古好文》；間有志怪及品評世風之語，如《江陰廣福寺狐》《宜興許生遇仙》。於明末、清中期動亂景象也有所表述，如卷六常郡於乾隆乙巳丙午間之搶米風潮事。風格雋雅蘊藉，嚴士鋐序稱此書「皆一時文獻之徵，可備志乘所採擇也」「多識前言往行及山川風土、人情習俗，甚為賅洽，大率仿《西京雜記》《汝南先賢傳》諸書體例而成。序事簡核謹嚴，有法度。」亦地志小說之類。然所載多有輯錄他書如《庚巳編》《香祖筆記》者，惜多未為注明耳。

《青豆（梅）軒詩話》二卷　史承謙撰

　　史承謙（？～1756），字位存，號蘭浦、小眠齋，江蘇宜興（今屬無錫市）人，寓居揚州，諸生，著有《秋琴集》《小眠齋詞》《靜學齋偶志》《愛閒齋筆記》《小眠齋隨筆》《紅葉樓小錄》《菊叢新話》《梅亭偶錄》《菊叢新話》。《毗陵經籍志》子部小說家類著錄。未見。上海圖書館藏有史承謙撰《青梅軒詩話》乾隆六十年刻本，疑為此書別名；又嘉慶《揚州府志》卷五十三載為「青梅軒詩話」，當從。上海圖書館藏《青梅軒詩話》二卷，前有乾隆六十年乙卯萬之蘅序：「史蘭浦先生《詩話》二卷，凡二百餘條，皆深入古人堂奧，洞悉其醇疵，故其所評泊無一字枝梧，至獵取篇章及一聯半句，則又明雋輕圓，詞之藻也。古今詩話之多，幾負牛腰，似此不啻優鉢曇花而覽者可聞木樨香否？乾隆乙卯仲冬後學萬之蘅拜識。」不過詩話之類，每則無標題，類乎摘句輯錄以成書，其輯錄前人詩論、友朋及己作之詩，間有論詩格、康熙間詩派（韓蘇派、

南宋派)、古今惡詩等處,並及當代人著作如《漁洋詩話》《西青散記》等,滿目詩句,不過情達而已,其論明詩云:「明至中葉,風雅太盛,人飾羔雁,俗混贋鼎,如五嶽十嶽及洞庭漁人之流,紛紛自詡至承父伯穀輩,詩文日繁,大雅淪喪,大抵乞兒語多,山人氣少。」有吳騫、陳鱣批點,意在補充、辯駁《詩話》之不足,如厲鶚《宋詩紀事》一則,批云:「曰紀事者,元取其備一代之掌故,非專取其一字一句,樊榭此書竭一生之苦心,自是不能埋沒,大約空疏不學,人之談詩,不知其書之足重也。」又如裘曰修典試浙江《鎖院中詩》一則,批云:「想其人曾受裘恩惠,故硬砌入此段,元屬贅疣。」

《古禾雜識》四卷　　項應薇撰

項應薇(1730～1789),字朱樹(或珠樹),浙江嘉興(今嘉興市)人,諸生,有《萬綠山莊詞稿》《藤花館詞》等。《清史稿藝文志拾遺》史部地理類雜志之屬著錄。文物出版社《稀見筆記叢刊》本。前有道光庚子周杻序、目錄,後有王壽跋、癸丑吳受福跋、乙亥金兆蕃跋。此本為道光己亥王壽(補樓)增補、民國癸丑吳受福續補之集合,所述為浙江嘉興掌故,可謂地記之書,卷一為嘉興歲時記,仿《荊楚歲時記》,歷述立春至除夕節律活動,間雜軼聞,如「正月間,城隍廟趁集人,百物俱集,星卜雜流,誑語欺人;歌吹之聲,不絕於耳;茶坊酒家,至不能容膝。又有煎雪梨膏餳,捏造火漆象生果,兒童環立注視焉。」卷二服飾(衣服、首飾、髮型、帽靴、嘉錦)、器玩(折疊扇、蒲扇、煙插)、婚喪禮節、宗教信仰等,如俗惑鬼神,一抱微痾,則破廟籤經,叢祠杯筊,無弗遍也。又必問之卦肆,卜者隨意判之,其神如五聖、土瘟司之類,皆饗之於地。甚者集十人姓名,禱於城隍,祈各減壽算以益病者,謂之保福。其實徹其餕餘,止圖醉飽而已。」卷三飲饌土產如酥頭肉、五香雞、應時春餅、青團灰粽、中山酒南蕩菱馬家香蛳等。卷四園藝雜戲曲藝及戲具,如花市、水煙、梅里箋、梨園班、鬥蟋蟀、賭格、小兒諸戲、東塔禪院俗講等。敘述寰寰,文風清簡,周杻序云是書:「乾隆間項朱樹先生著《古禾雜識》,凡賓祭、婚喪、遊戲、衣飾、飲食、時尚、好惡之習,一一登載。」並云王壽增補之功:「朱樹多直陳其事類,補樓兼隱寓其勸規。」金兆蕃以時代變遷評項、王、吳之本文因革云:「項先生著書時方稱全盛,頻歲南巡,土俗召試,農樂蠲賦,書託義於識小,但言衣制之變,因見隨扈者而敦所謂邊式。他條屢言俗尚奢華,盛極衰萌,是則有微意焉。王先生補輯,較本書稍擴而廣之,愍鴉片之為民害,言之深切。刻書後二年,即以是召外侮,變而加厲,以到於今。其

時俗尤敝，故作者言多激，尤足以覘世變。吳先生身遭桑海，再補輯諸條，循先生例，罕涉時事，跋語言短而意長，若有餘恫。二百年中，陵谷變遷，此書但記一鄉習俗瑣細事，而三先生於此寄遐思，託深慨，惓惓不能已，猶是詩人匪風下泉之旨，其於後世《伽藍》《名園》《夢華》，蓋其倫也。」

《省吾小憩見聞時事雜志》不分卷　金世麟撰

金世麟（1719～1797），字體乾，江西豐城（今屬宜春市）人，乾隆間舉人，歷任龍巖知州、沁水知縣、趙州知州等。《中國古籍總目》小說類文言之屬著錄。臺北經學文化事業有限公司《稀見清代四部輯刊》影印抄本。無序跋。該書 95 則（篇）左右（卷首有「第二卷」字樣，殘闕之本也），志怪居多，如《八卦辟邪》《和尚遇鬼》《祝由科二則》《僵屍出土》《天打》《淫屍奇聞》《故鬼助博》《蛇異》《韓生》《異症遇醫》等，間有軼事如《微服訪查》為如皋知縣查訪「丙子年妖異剪辮髮剪雞毛」事、《買書得財》為老儒焚《金瓶梅》小說而得報事、《盜媒》為公案事，有改編他作及新聞之痕，敘述頗冗。

《消夏錄》五卷　汪汲撰

汪汲字葵田，號古愚老人、漱經老人、海陽竹林人等，江蘇清河（今屬淮安市）人，乾隆貢生，擅中藥方劑之學。《中國古籍總目》小說類文言之屬著錄。按南京圖書館藏汪汲《古愚老人消夏錄》十六種六十二卷，即《事物原會》《十三經紀字》《韻府紀字》《字典紀字》《疊字編》《詞名集解》《詞名集解續編》《宋樂類編》《宋調匯錄》《院本名目》《雜劇待考》《琴曲萃覽》《樂府標源》《樂府遺聲》《座右銘類編》《座右銘續編》《怪疾奇方》《彙集經驗良方》《解毒編》（《十三經紀字》鐫於乾隆五十九年甲寅，《怪疾奇方》鐫於嘉慶六年），並無其中筆記作品，不知《古籍總目》所指何書。

《新刻繡像增廣日記故事詳注》二卷　王相增注

王相字晉升，江西臨川（今撫州市）人，康熙間尚在世，注釋編有童蒙書多種，有《尺牘嚶鳴集》《三字經訓詁》等。《中國古籍總目》小說類文言之屬著錄。南京圖書館藏光緒十二年刻本（鹽邑藜照閣藏板）。前有目錄，無序跋，中有插圖 20 餘幅（明代服飾，蓋王相所據底本為明刻本）。《日記故事》又名《童稚日記故事》，為宋代以來蒙學讀本，寓教於故事當中如《二十四孝圖》。作者不詳。是書分 31 類，即至孝類、神童類、勤學類、愛親類、友悌類、敦

睦類、交友類、勢利類、會文類、則約類、修身類、操持類、謙讓類、不欺類、尚義類、度量類、應變類、儉樸類、改過類、家教類、清潔類、恬退類、放生類、施報類、忠節類、直諫類、方正類、明斷類、德正類、去思類、女範類，共 236 則。每則四字標題如《問安視膳》《傷足憂色》《受杖悲泣》等，下引史傳原文並作注釋。

《東陽閒筆》無卷數　魏應升撰

魏應升事蹟不詳。同治《續纂江寧府志》小說家瑣語類著錄。未見。

《閒中錄》無卷數　秦朝選撰

秦朝選事蹟不詳。同治《續纂江寧府志》小說家瑣語類著錄。未見。

《咫尺見聞錄》無卷數　焦若鈐撰

焦若鈐，事蹟不詳，歲貢生，著有《五經精義》《四書集解》等。同治《續纂江寧府志》小說家瑣語類著錄。未見。（上三書在孫肇奎《壺中蠡說》之前，孫肇奎為乾隆五十七年壬子舉人，則上三人皆為乾隆間人，故列於此。疑焦若鈐為嘉道時人。）

《待潮雜識》二卷　朱瀾撰

朱瀾（1724～1796），江蘇江寧（今南京市）人，字問源，由捐納從九品，著有《待潮書屋存稿》《歷官紀要》等。同治《續纂江寧府志》卷之九上小說雜事類著錄。未見。

《三衢可談錄》無卷數　翟灝撰

翟灝字大川、晴江，浙江仁和（今杭州市）人，乾隆十九年進士，官衢州府學教授，著有《四書考異》《通俗編》《無不宜齋集》等，《清史列傳》有傳。光緒《杭州府志・藝文志》子部小說家類著錄。未見。

《雜談》三卷　黄如鑒撰

黄如鑒字菱溪，山東即墨（今屬青島市）人，乾隆四十三年戊戌歲貢。本書同治《即墨縣志》卷十藝文著錄，三卷。占驍勇《清代志怪傳奇小說集研究》云有鈔本一卷。未見。

《玉屑籨》《涉獵隨筆》卷數不詳　翟灝撰

光緒《杭州府志・藝文志》子部小說家類著錄。未見。

《課餘瑣語》八卷　閔鑒撰

閔鑒（1729～？），字治資，一字照堂，江西南昌（今南昌市）人，乾隆十九年進士，官湖北通山、浙江遂安知縣，著有《綠蔭堂詩集》《文集》等，曾參修《南豐縣志》。光緒《江西通志》小說家類雜事之屬著錄。未見。

《雨窗夜話》三卷　許鯉躍撰

許鯉躍字春池，安徽潛山（今屬安慶市）人，本姓儲，寄籍桐城，乾隆六十年乙卯進士，官鎮江府教授，光緒《安徽通志》卷三百四十二小說家類著錄。傅增湘《藏園群書經眼錄》云見手寫稿本，「前二卷為讀古，後一卷為釋今，考訂頗有根據。」未見。

《瓊花館近談》無卷數　施朝幹撰

施朝幹字培叔，號鐵如，江蘇儀徵（今屬揚州市）人，乾隆二十七年壬午舉人、二十八年癸未進士，官宗人府府丞，著有《正聲集》《一勺集》等。《清史列傳》有傳。光緒《杭州府志・藝文志》子部小說家類著錄。未見。

《挑燈剩語》　鄒大熔著

鄒大熔字純培，號耕雲，松江（今上海市）人，精於岐黃。同治《上海縣志》卷二十七小說家類著錄，未見。

《衡茅贅言》　楊澄著

楊澄字蔚延，松江青浦（今上海市）人，事蹟未詳。光緒《松江府續志》卷三十七小說家類著錄，未見。

《炯庵雜記》　唐文著

唐文事蹟未詳。光緒《松江府續志》卷三十七小說家類著錄，未見。

《一瓢集》　章有豫著

章有豫事蹟未詳。光緒《松江府續志》卷三十七小說家類著錄，未見。《挑

燈剩語》《衡茅贅言》《焆庵雜記》《一瓢集》皆列入光緒《松江府續志》卷三十七小說家類，依其中年代序列，上四書在《續志》中秩序皆位於錢學綸《語新》之前，錢氏為乾嘉時人，故列入本目，視為嘉慶以前著作。

《談暇》四卷　　陳萊孝撰

陳萊孝（1728～1787），字微貞，號誰園，晚號竹貌翁，厲鶚、杭世駿友，浙江海寧（今海寧市）人，著有《誰園詩話》《春秋三傳經文異同考》等。光緒《杭州府志・藝文志》小說家類著錄，未見。

《述異編》八卷　　馬咸撰

馬咸字嵩洲，號澤山，浙江平湖（今屬嘉興市）人，乾隆間人，布衣能詩，善書畫兼精篆籀，著有《台岳遊草》《怡廬集》《六法品匯》《鏡古錄》等。光緒《嘉興府志》卷五十九有傳。光緒《平湖縣志》卷二十三小說家類著錄，未見。

《宦遊紀聞》無卷數　　鄭方坤撰

鄭方坤字則厚，號荔鄉，福建建安人，雍正元年進士，歷官邯鄲知縣、武定府知府、兗州府知府，輯有《全閩詩話》《補五代詩話》《古今詞選》《嶺海文編》《嶺海叢編》等，著有《杜詩宣和譜》《蓬廬詩話》《詞林玉屑》等。《福建藝文志》存目小說家類著錄。未見。

《攬秀軒隨筆》三卷　　盧潮生撰

盧潮生字信波，杭州（今杭州市）人，乾隆三十五年庚寅恩科浙江鄉試解元。民國《杭州府志・藝文志》小說家類著錄。未見。

《短檠隨筆》五卷　　楊楷撰

楊楷事蹟不詳，浙江仁和（今杭州市）人，民國《杭州府志・藝文志》小說家類著錄。未見。

《萍遊偶記》無卷數　　黃允肅撰

黃允肅字符靜，號思亭，福建南安（今屬泉州市）人，雍正元年癸卯進士，著有《思亭文集》等。民國《南安縣志》卷之二十四有傳。《福建藝文志》存目小說家類著錄，未見。

《易餘錄》一卷、《曠世談》二卷　　劉暉撰

　　劉暉字寶輪，號霞浦，晚自號蠖莽居士，山東單縣（今屬菏澤市）人，有
《大俠傳》三卷、《試律分韻評注》三卷等。乾隆間人。民國《單縣志》卷二
十有傳。《山東通志藝文志訂補》子部小說類著錄。二書皆未見。

《隨意錄》無卷數　　王鉞撰

　　王鉞字子堅，安徽當塗（今屬馬鞍山市）人，乾隆庠生，著有《寄愁草》
《潁川吟》等。光緒《安徽通志》卷三百四十二小說家類著錄。未見。

《春燈閒語》二卷　　王愁驤撰

　　王愁驤，安徽全椒（今屬滁州市）人，王肇奎兄，增生，著有《雲濤詩
鈔》二卷等。光緒《安徽通志》卷三百四十二小說家類著錄，一名《春燈閒
話》。未見。案王肇奎字文叔，一字鶴嶼，詩為乾隆帝所識，曾入四庫館，頗
有文名。

《雷斧剩書》無卷數　　王震撰

　　王震字雨辰，號葦庵，安徽南陵（今屬蕪湖市）人，貢生，著有《小輞川
詩》等。光緒《安徽通志》卷三百四十二小說家類著錄。未見。嘉慶《南陵縣
志》卷八有傳，則王震為嘉慶前人物。

《東野鄙談》無卷數　　楊瑛昶撰

　　楊瑛昶（1753～1808），一名映昶，字印蓬，號米人，別署淨香居主人，
安徽桐城（今桐城市）人，屢應鄉試不售，由考職吏目揀發直隸，後官至大
名、河間知府，著有《衍坡亭詩集》《中隱軒詩話》《紅豆詞鈔》《悔軒雜俎》
及《雙珠記》傳奇等。光緒《重修安徽通志》卷三百四十二小說家類著錄。
未見。

《篁間剩語》　　汪立爍撰

　　汪立爍字質堂，號南墀，安徽績溪（今屬宣城市）人，乾隆二十一年副
貢生，著有《吹劍集》等。光緒《安徽通志》卷三百四十二小說家類著錄。
未見。

《銘語》無卷數　梅以俊撰

梅以俊字子彥，號承露，安徽宣城（宣城市）人，廩生，為晚明詩人、綿竹縣令梅國祚曾孫，著有《梅氏詩略》《弱冠草》《承露全集》等。嘉慶《宣城縣志》卷十七有傳。光緒《安徽通志》卷三百四十二小說家類著錄。未見。

《多能鄙事》八十卷　吳德常撰

吳德常，安徽桐城（今桐城市）人，著有《娛閒藝苑》五十卷。道光《桐城續修縣志·藝文志》雜家類、光緒《安徽通志》卷三百四十二小說家類著錄。此有舊題劉基撰同名書，為工藝之類。此書未見。

《花間談助》無卷數　許雨田撰

許雨田字多亭，號深稼，安徽桐城（今桐城市）人，乾隆二十四年歲貢生，其文為方苞所稱，著有《慎餘堂古文》十二卷、《千居詩集》六卷、《詞集》四卷、《及將子》二卷等。光緒《安徽通志》卷三百四十二小說家類著錄。未見。

《聞笈叢鈔》《南橋小錄》　王文震撰

王文震字夢屺，江蘇江陰（今江陰市）人，雍正十三年乙卯拔貢，乾隆三年戊午副貢，任國子監助教、山西吉州知州，著有《窴關詩集》等。《毘陵經籍志》子部小說家類著錄。未見。

《學齋雜錄》十卷　鄭環願撰

鄭環願，字號不詳，江蘇武進（今常州市）人，著有《學齋經說》《十三經考證異同》《石經文注釋》《學齋集》等。《毘陵經籍志》子部小說家類著錄。未見。

《茨簷日箚》一卷　王曾祥撰

王曾祥字麟徵，號茨簷，浙江仁和（今杭州市）人，雍、乾人，著有《持靜齋詩文集》等。《竹崦庵傳抄書目》子部小說家類著錄。未見。

《錦里新談》一卷　趙學敏撰

趙學敏（？～1805），字依吉，號恕軒，浙江錢塘（今杭州）人，醫學家，著有《灌園雜志》《鳳仙譜》等。《竹崦庵傳抄書目》子部小說家類著錄。未見。

《載鬼一車》　楊興樹撰

楊興樹字荃甫（或云荃圃），湖南新化（今屬婁底市）人，布衣，著有《小顛草》等。大約生活於乾隆年間。光緒《湖南通志》之《藝文》子部小說家類異聞之屬著錄。未見。

《事類捷錄》　李扶蒼撰

李扶蒼字徙南，蕭縣（今屬安徽宿州市）人，諸生。同治《徐州府志》雜家小說類著錄。未見。

《繭錄》　王錫玘撰

王錫玘，碭山（今屬安徽宿州市）人，著有《周易繹》等。同治《徐州府志》雜家小說類著錄。未見。

《讀書闕疑》　臧魯高撰

臧魯高字不群，宿遷（今江蘇宿遷市）人，歲貢，康基田曾禮聘之。同治《徐州府志》雜家小說類著錄。未見。

《見聞稽疑錄》《桑梓見聞錄》　徐恪撰

徐恪字昔民，江蘇江陰（今江陰市）人，著有《周易引說》《九鑪山人集》《玉帶翁詩鈔》《白華集》等。清何震彝之《江蘇江陰藝文志》子部小說家著錄。未見。

《松窗隨筆》　繆思勃撰

繆思勃字子榛，江蘇江陰（今江陰市）人，著有《耕學草堂集》《約軒詩文集》等。清何震彝之《江蘇江陰藝文志》子部小說家著錄。未見。

《見聞論要》　夏祖熊撰

夏祖熊字夢占，江蘇江陰（今江陰市）人，諸生，著述多種，有《易學大成》《詩書疑義隨記》《春秋四傳集解》等。清何震彝之《江蘇江陰藝文志》子部小說家著錄。未見。

《長春鏡日記》　李芬撰

李芬，江蘇江陰（今江陰市）人，事蹟不詳。清何震彝之《江蘇江陰藝文志》子部小說家著錄。未見。

《春水居筆記》，卷數不詳　戴堯垣撰

戴堯垣原名經，浙江嘉興（今嘉興市）人，光緒《嘉興府志》及《嘉興縣志》云其為乾隆廩貢生，又云其嘉慶三年入恩科舉人，曾官訓導。未見著錄。《槐廳雜筆》卷十二、十五、十六，《履園叢話》卷十七輯錄五則，皆記載乾隆間怪異之事。未見。

《近事偶及》一冊　馬邦玉撰

馬邦玉字荊石，號寄園，山東魚臺（今屬濟寧市）人，乾隆辛酉舉人，歷官單縣教諭，升授登州教授，有《歷代紀年》等。光緒《魚臺縣志》有傳。宣統《山東通志》小說家類雜事之屬著錄。未見。

《籬下閒談》一卷　王衍霖撰

王衍霖字雨青，號鹿村，山東長山（今屬濱州市）人，乾隆辛卯舉人，有《多識典籤》四卷等。《山東通志藝文志訂補》子部小說類著錄。未見。

《耕餘偶語》一卷　張廷儀撰

張廷儀字筠湘，湖南湘潭（今湘潭市）人，乾隆四十六年進士，曾知獲鹿縣，著有《周易注解》《禹貢山水考》《小紅山房詩稿》等。光緒《湖南通志》小說家類雜事之屬著錄。未見。

《我陶隨筆》八卷　呂明撰

明字任夫，應城（今屬湖北孝感市）人，乾隆間拔貢，授永康知縣，遷鬱林知州，致仕，卒年八十三。宣統《湖北通志》小說家類雜事之屬著錄。

《道聽錄》《敬遠錄》　陳詩撰

陳詩字愚谷，號大梣山人，湖北蘄州（今屬黃岡市）人，乾隆四十三年進士，官工部主事，著有《大梣山人偶存集》等。宣統《湖北通志》小說家類雜事之屬著錄。未見。

《日下紀事》　萬法周撰

萬法周字象濂，號藥堂，湖北雲夢（今屬孝感市）人，乾隆三十九年副榜，官松滋教諭。宣統《湖北通志》小說家類雜事之屬著錄。未見。

《宗族見聞錄》一卷　孫守荃撰

孫守荃事蹟不詳，乾隆間人。孫詒讓《溫州經籍志》卷十八小說家類瑣語之屬著錄。未見。

《粵輶紀聞》　王鑾撰

王鑾，湖北黃岡（今黃岡市）人，事蹟不詳。《文學》有傳。宣統《湖北通志》小說家類雜事之屬著錄。

《瘦羊錄》一卷　劉士璋撰

劉士璋字南赤，湖北江陵（今荊州市）人，乾隆三十年乙酉拔貢，晚年主講墨池書院，著有《三湖漁人全集》等。宣統《湖北通志》小說家類雜事之屬著錄。未見。

《國朝聞見錄》　湯之暄撰

湯之暄字亮宇，號滌齋，河南睢州（今屬商丘市）人，乾隆間例貢。民國《河南通志》小說類雜事之屬著錄。

《麈尾餘談》四卷　蘇如溱撰

蘇如溱字惠波，號星岩，河南新鄭縣（今新鄭市）人，乾隆四十二年舉人。民國《河南通志》小說類雜事之屬著錄。

《見聞錄異》二卷　陳奇銛撰

陳奇銛字茂鐘，一字曉幢，福建長樂（今長樂市）人，乾隆三十三年舉人。民國《福建通志附錄》小說家類異聞之屬著錄。未見。

《聞見錄》　王亦純撰

王亦純字希文，山東日照（今日照市）人，諸生。宣統《山東通志》小說家類雜事之屬著錄。光緒《日照縣志》卷八云此書「勸善懲惡，聞者感動」。未見。

《竹窗錄》一卷　藍中琮撰

藍中琮事蹟不詳。宣統《山東通志》小說家類雜事之屬著錄。未見。

《珠泉夜話》　韓振綱撰

韓振綱，字號不詳，山東章丘（今屬濟南市）人，乾隆二十四年己卯舉人，官寧海訓導。宣統《山東通志》小說家類雜事之屬著錄。未見。

《同善見聞錄》八冊　劉墫撰

劉墫（1717～1801），字象山，號松庵，一號慎齋，山東諸城（今屬濰坊市）人，乾隆二十五年進士，歷官江寧布政使、鴻臚寺卿等。宣統《山東通志》小說家類雜事之屬著錄。未見。

《耳食錄》　曹炳文撰

曹炳文字孚中，號澹齋，山東淄川（今屬淄博市）人，乾隆三十九年舉人，曾於嘉慶七年知棗強縣，著有《史學類鈔》《退食稽古錄》《自怡堂詩草》《澹齋詩鈔》等。道光《濟南府志》卷五十四有傳。宣統《山東通志》小說家類雜事之屬著錄。未見。

《聞見錄》　侯公棟撰

侯公棟字秉衡，號丸山，山東臨朐（今屬濰坊市）人，乾隆間歲貢生，官濮州學正，著有《丸山集》。一名《管見錄》。宣統《山東通志》小說家類雜事之屬著錄。未見。

《籬下閒談》一卷　王衍霖撰

王衍霖字雨青，號鹿村，山東長山（今屬濱州市）人，乾隆三十六年舉人，著有《香草園集》等。宣統《山東通志》小說家類瑣語之屬著錄。未見。

《談略》八卷　杜延闓撰

杜延闓字篤若，號怡亭，山東即墨（今屬青島市）人，乾隆三十九年甲午副貢生，官館陶教諭，著有《史略》《姓略》等。宣統《山東通志》小說家類瑣語之屬著錄，云：「是書見縣志採訪冊，載其自序云：『天地之大，何所不有。余即所見聞集為是書有議為志怪者，當以遼豕目之。』」未見。

《夢仙憶記》一卷　顧榈撰

顧榈，浙江慈谿（今屬寧波市）人，乾隆五十三年戊申尚在世，年六十三，著有《伴梅草堂詩存》十二卷等。孫詒讓《溫州經籍志》卷十八小說家類瑣語之屬著錄。未見。

《燈秋隨記》八卷　顧榈撰

孫詒讓《溫州經籍志》卷十八小說家類瑣語之屬著錄。未見。

《耕餘談》　施禮嵩撰

施禮嵩字友三，浙江黃岩（今屬台州市）人，布衣。吳興劉氏嘉業堂抄本《台州經籍考》小說類著錄。此書原載乾隆《黃岩志》。

《願學齋雜俎》十卷　鄭還撰

鄭還事蹟不詳。《清代毗陵書目》小說家類著錄。

《太人金鑒錄》十四卷　薛漣撰

薛漣，監生，乾隆三十二年官宿遷黃河南岸主簿。《清代毗陵書目》小說家類著錄。未見。

《賴古齋偶筆》二卷　湯修業撰

湯修業字賓鷺，號狷庵，江蘇陽湖（今常州市）人，監生。有《賴古齋文集》等。《清代毗陵書目》小說家類著錄。未見。

《碎金零拾》二卷　熊調鼎撰

熊調鼎字繼周，一字文石，湖北麻城（今麻城市）人，乾隆時人，曾掌教萬松書院，著有《文石答問》《廿一史提綱》等。光緒《黃州府志》子部十一小說家類著錄。未見。

《平海便覽》二卷　馬寶撰

馬寶事蹟不詳。嘉慶《重修揚州府志》子部雜家小說類著錄。未見。

《聞見錄》　吳大桂撰

吳大桂，湖北黃安（今屬黃岡市）人，乾隆乙卯恩貢，有《啖蔗集》等。光緒《黃州府志》小說家類著錄。未見。

《齊魯紀遊》《金臺紀遊》　宮鴻偉撰

宮鴻偉事蹟不詳，嘉慶《重修揚州府志》子部雜家小說類著錄。未見。

《建南新話》　王令宣撰

王令宣事蹟不詳。嘉慶《重修揚州府志》子部雜家小說類著錄。未見。

《葭崖考古錄》　鍾懷撰

鍾懷事蹟不詳。嘉慶《重修揚州府志》子部雜家小說類著錄。未見。

《假年日錄》　團昇撰

團升事蹟不詳。嘉慶《重修揚州府志》子部雜家小說類著錄。未見。

《同姓名錄》　朱約撰

朱約事蹟不詳。嘉慶《重修揚州府志》子部雜家小說類著錄。未見。

《筆談初集》　閻臺生撰

閻臺生，江蘇江都（今屬揚州市）人，貢生，其他事蹟不詳。嘉慶《重修揚州府志》子部雜家小說類著錄。未見。

《春燈閒語》二卷　王懋驤撰

王懋驤，安徽全椒（今屬滁州市）人，乾隆諸生，有《雲濤詩鈔》二卷。光緒《重修安徽通志》小說類著錄。未見。

嘉 慶

《蟲獲軒筆記》不分卷　張為儒纂

　　張為儒字誠之，又字承之，浙江海寧（今海寧市）人，雍正年間拔貢，乾隆《海寧州志》卷之十一有傳。《藏園訂補邵亭知見傳本書目》小說家類著錄。今上海圖書館藏吳氏拜經樓鈔本《蟲獲軒筆記筆記纂》一卷，前有嘉慶元年丙辰序，後有嘉慶二年丁巳跋，皆吳騫所作，云「《蟲獲軒筆記》四冊，予從其從孫謨借觀，起乾隆戊午十二月二十六日立春，迄庚申五月三十日，排日而記之，經解為多，因令猶子昂駒錄其經解筆記，雖尚闕而不全，亦足見前輩為學之勤。」此書內容多為經史考證，因本書《蟲獲軒筆記》並非全本，故稱之為「纂」。

《藤陰雜記》十二卷　戴璐撰

　　戴璐（1739～1806），字敏夫，號菔塘、吟梅居士，浙江歸安（今湖州市）人，乾隆二十八年進士，歷官工部郎中、太僕寺卿等，有《吳興詩話》《秋樹山房詩稿》《錦江胝記》等。《觀古堂藏書目》小說類記載之屬著錄。上海古籍出版社《續修四庫全書》影印南京圖書館藏嘉慶五年石鼓齋刻本。前有嘉慶元年丙辰自序。此書十二卷，其意本為續王士禛《池北偶談》《香祖筆記》，故序稱「余弱冠入都，留心掌故，嘗閱王漁洋偶談筆記等書，思欲續輯，於是目見耳聞隨手漫筆」云云。全書無標題，卷一有數則前數字如「父子大拜」「父子一品」「父子兄弟九列」「乾隆丙辰榜眼」等，應為當時所擬標題，故充塞其中留有痕跡耳。此書所述起於康熙中葉，多錄名賢故聞、朝政掌故，可見朝中雍

熙之態及一時文壇之盛；又述京中名臣故宅、地理勝蹟，錄毛西河、王漁洋、宋牧仲、劉文定公、王橫雲、汪鈍翁、宋荔裳等詩話，風格雋直，確為仿漁洋說部之佳作，其北城、西城地理敘述，又類乎地志小說者，李慈銘《越縵堂讀書記》云此書「見聞殊隘，筆亦冗漫」，未為確論。

《少見錄》一卷　吳文溥撰

　　吳文溥（1741～1799），字博如，號澹川，浙江嘉興（今嘉興市）人，歲貢生，詩文為畢沅推重，有《南野堂筆記》十二卷、《南野堂詩集》十卷等。《中國叢書綜錄》小說家類著錄。《南野堂筆記》為清代著名詩話，今見臺北經學文化《稀見清代四部輯刊》影印嘉慶二十二年刻本，前有嘉慶元年吳文溥自序，云：「筆記者，澹川子自言其生平作詩甘苦得失之所在；而未已也，則又深思夫古人蘊含微妙之旨，求得其歸趣而指陳焉；而未已也，則又集當世才人學人之佳篇雋句而讚歎之、而撰錄之，而論次其為人，忝風雅之博徒、作名流之稗販，雖漱芳丐潤、遠愧群言，抑一室賞心、百家在誦，足以遣榮忘老矣。」所載詩多話少，閨秀名宦、耆舊秀士皆錄焉，共 430 則（篇）左右，無標題（民國元年中華國粹印社石印本已擬出標題）。《少見錄》為吳氏《南野堂續筆記》（五卷）五種之一，北京大學圖書館藏清刻本。此書為吳氏《南野堂續筆記》五種之一（其他四種分別為《慎餘編》《師貞備覽》《苗疆指掌》《漢唐石刻目錄》）。此書不過幽冥鬼怪異變之類，共 43 則，如《卜鬼債鬼》《倀爺爺》《鬼少年》《鐵圈捕虎》《草庵兩僧》《油煎豆腐》《二堂產芝》《石灰圈門》《豬瘟》《鹽海》《雷斃舟子》《蛟入海》《龍王廟產駒》《馬祖神燈》《太白龍神》《鯊魚曬翅》《大白鳥》《崆峒雹異》《小雁塔開合》等，敘述簡練，非詩話之作，不過妖異之談而已。

《聽雨軒筆記》四卷　徐承烈撰

　　徐承烈（1730～1803），字紹家、悔堂，號清涼道人，浙江德清（今屬湖州市）人，著有詩文集《德輝堂集》雜著《燕居叢語》（包括《山莊叢話》《委巷叢談》《耄餘閒筆》《病餘偶識》《聽雨軒清言》《聽雨軒雜記》）等。《中國叢書綜錄》小說家類著錄。今有廣陵書社《筆記小說大觀》本、上海圖書館藏鈔本。上海圖書館抄本後有嘉慶二十四年己卯程夢麟跋。《聽雨軒筆記》分《雜記》《續記》《餘記》《贅記》四部分，每部為一卷，前各有徐承烈、沈瑋、沈珆、笠帆、省齋等序跋，自序及跋文作於乾隆五十六年、五十七年間。據

自序知此書受《聊齋》啟發，窮居無聊時方事小說寫作，全書共 136 則，主以志怪，此及鄉里軼事，間亦有品題書畫、山水紀遊以及考證之作。志怪中山精水怪、鬼魂夜叉者甚多，寫狐較少，大約南方傳聞少狐仙多水怪。軼事中多名公軼聞，年代以明代為多，如徐渭、馮灝亭、周宗建等，突出者為公案與「掘藏」題材。卷三云「凡名勝之地，無不登臨而考證之」，故考證多與地理遺跡有關，其中關於祠廟中所供神祇之考證較有歷史依據，亦有戲曲評話如《琵琶記》《牡丹亭》等考證，故沈瑋《聽雨軒筆記總序》云徐氏「偶成筆記四編以述生平所聞見，蓋考古者十之二三，志怪者居其七八」，每則敘事之後多有議論，也每有「某某為余言」「此余所親見者」等語，以示所作不虛，故此亦自言體也，雖受《聊齋》啟發，但並無「某生途中遇麗女睨之而笑」之俗套，每則篇幅較為勻稱，無《聊齋》高下起落之致，若雲影響者在於「某公未達時讀書山寺遇怪」這一模式，亦無狎褻之筆。此書與《閱微草堂筆記》約略同時書寫，徐氏並未言及紀昀小說，序跋中所論為漁洋說部、《聊齋誌異》《夜譚隨錄》《新齊諧》諸書，可見徐氏著書並未盲從人狐戀情，而是處於《子不語》與《聊齋誌異》之間，文風暢達，所言有據，情節較為曲折，其意在「傳舊紀軼耳。」（據沈瑋《聽雨軒筆記總序》）平步青《霞外捃屑》云此書「文筆清潔，敘述亦少俚冗。」

《異談可信錄》二十二卷　鄧旸輯

鄧旸字光隅，號葵鄉，江西南城（今屬撫州市）人，乾隆四十三年戊戌進士，歷官戶部郎中、工部郎中、鎮江知府，著有《道德經輯注》等。《怡雲仙館藏書簡明目錄》小說家類異聞之屬、《販書偶記》小說家類著錄。國家圖書館藏嘉慶元年碧山樓刊本，二十二卷本。華東師範大學圖書館藏《異談可信錄》為二十三卷本，前有嘉慶元年鄧旸自序，下分 14 類，卷一至卷三「靈神」類，卷四「正氣」類，卷五「雷警」類，卷六「命案」類，卷七、卷八「冥蹟」類，卷九「輪迴」類，卷十「宿冤」類，卷十一至卷十三「奇鬼」類，卷十四「業緣」類，卷十五至卷十九「果報」類，卷二十「科場」類，卷二十一「僧道」類，卷二十二「狐仙」類，卷二十三、卷二十四「物類」類，共 566 則，每則均有標題。此亦志怪書也。鄧旸自序云：「余於各編中擇其事之所有、究非理之所無，凡可以勸善而懲惡者錄之，日久成帙，置案頭以自鏡也，坊友見而悅之，請付剞劂，乃為分類而詳校之，題曰《異談可信錄》。事取乎近，明季以

前弗登也，辭取乎質，節其縟而去其復也，是皆坊間已行之書，篇末注存元明，明非己作也。」鄧暄取材於《子不語》《聊齋誌異》等書，然而每則之下並未注明原書來源，不知何故。又，上海圖書館藏有鄧晅輯《異談隨筆錄》兩種，廑維堂刊本和漁古山房刊本。《異談可信錄》與《異談隨筆錄》為一書兩名。

《寄閒齋雜志》八卷附《三槎浦棹歌》一卷　朱淞撰

朱淞，嘉定（今上海市）人，事蹟不詳。《販書偶記續編》雜家類著錄。蕭相愷《未見著錄小說兩種敘錄》有考索。今有華東師大館藏嘉慶二年刻本。前有《題詞》殘葉，云「瑣事從來屬稗官」「誌異原須勸寓懲，譏談莫似劍鋒」。此書體例，每卷皆有目次，每則有標題，且各卷皆有朱淞友朋圈點評論，卷一為程攸熙，卷二為褚英，卷三為陸烇，卷四為程藻，卷五為李景董，卷六為汪元桐，卷七為曹唐，卷八為諸玉衡，附錄詩歌為顧佩銘，仿朱彝尊鴛鴦湖棹歌韻而為之。此書共 165 則，軼事、志怪、詩話皆書之，故汪元桐云：「近來說部無慮數十百種，吾家鈍翁以為莫愈於漁洋說部、綿津兩家，以典核有關係也。笠江先生之《寄閒齋雜志》，其採掇風雅暨憑空結撰者，是漁洋《池北》之《談藝》《談異》也；其徵引繁富，足資掌故者，是《筠廊》之《隨筆》《二筆》也。」志怪不過預兆、物怪、神妖之類，如《狀元預兆》《狐飲酒》《引鬼報怨》《神激應試》《鬼撒泥》等，軼事多為嘉定士人如顧瑞麟、陳竹香、李宜之、范逸、陸烇等，如《猗園海棠》《蟹仙人詩》《泥孩兒詩》《陳竹香》等，褚英云此書「其結體則整而暇，其措詞則質而不俚」。

《守一齋客窗筆記》　金捧閶撰

金捧閶（1760～1810），字玠堂，江蘇江陰（今江陰市）人，貢生。清何震彝之《江陰藝文志》子部小說家、《八千卷樓書目》小說家著錄。原名《客窗偶筆》，一名《客窗筆記》，八卷，後散佚，其孫金應澍輯得四卷，題名《守一齋客窗筆記》，與《客窗二筆》一卷合刻。華東師大館藏《粟香室叢書》本。前有嘉慶元年金捧閶自敘、嘉慶元年丙辰趙學轍序、嘉慶二年蔣雄昌序。《客窗偶筆》後有金捧閶題詩八首。《客窗二筆》前有嘉慶戊午金捧閶自序，後有金應澍識語。金應澍識語云「卷中多記忠孝節義事」，是指《二筆》中傳記而言。《偶筆》四卷中所記為怪異之事，少有軼事如黃仲則託夢事等，所述怪異有狐仙、縊鬼、溺鬼、僵屍之類如《狐女》《銀卻僵屍》等，亦有轉生如《羅漢後身》、降乩如《孫鄭降乩》等事。《狐女》為狐女與書生之事，不出聊齋套

路。文風質樸，金應澍識語云《二筆》前原有趙甌北序，序稱「（此書）非說部一流，直可作古文讀，故總名曰『守一齋古文』」云云。又臺北經學文化事業有限公司《稀見清代四部輯刊》影印同治七年刻本與此本稍異，封面云「《客窗偶筆》（後附《二筆》）」。嘉慶戊午《客窗偶筆》前有嘉慶二年蔣熊昌序、嘉慶丙辰趙學轍序、嘉慶元年金捧閶自序、趙翼等題詞、目錄，共 124 則（篇）。《客窗二筆》前有嘉慶戊午金捧閶自序、《金玠堂先生傳》，共 19 則（篇），如《冥府速報司記》《書戚氏女守志事》《狐火記》《徐貞女傳書後》等。薛洪勣、王汝梅主編《明清傳奇小說集》中云云，即為此本。筆記與傳記並存之書也。

《豁意軒錄聞》卷數不詳　　金宗楚撰

金宗楚字小笏，中書舍人，為許奉恩門人金清美曾祖，以《里乘》於同治年間推算，金宗楚為乾嘉時人，故列入本目。本書未見傳本，亦未見著錄，許氏《里乘》卷九有輯錄八篇（則）：《城隍赴任》《武昌徐商》《厲鬼作祟》《金聖歎》《玉兔》《繼來禪師》《閻和尚》《犬妖》。許氏云：「予聞小笏舍人生平酷嗜吟詩，筆意在白陸之間。歸田後，與沈歸愚、彭芝庭兩尚書結社酬唱。嘗作《閨怨》詩，有『入夢幽情未明白，對花孤影又昏黃』之句，兩公皆賞其裁對工巧，得未曾有。其全稿俱經兩公評訂，未付手民，遽煨兵燹，惜哉！」以此八篇（則）看來，金氏採擷故聞，志怪軼事皆所記錄，敘事生動，與《里乘》漢魏古豔之筆（金安清云）風格稍異，與《聊齋》短篇敘事雋直之筆較為接近。

《般上舊聞》六卷　　葛周玉撰

葛周玉字溪潢，號般水漁人，山東德平（今屬濟南市）人，順天副榜，歷官登州府教授、山西永和知縣，著有《般水草堂》等。《中國古籍總目》小說家類著錄。南京圖書館藏嘉慶二年刻本。前有嘉慶二年序，葛周玉畫像及王有孚題詞。此書雜採正史、舊志、族譜、類書及父師故老，如應劭《風土記》邢子願《臨邑志》《水經注》《山東通志》《川上草堂詩》《葛太史公集》《菊創簪筆》《抱朴子》《文獻匯略補記》等，敘事每則無標題，所述為德平沿革、地理古蹟、鄉賢耆舊、流寓宦蹟、先人碩德、風俗災變、詩文雜說、典制恩遇等，全書以軼事為主，然卷五多書志怪，如「王綸科考遇鬼」「雇僕遊魂」等。其於碩德之人多懷感佩，如如明僧紹、高誦、于起浤、許逵、年富等。葛序云其

任永和知縣期間，嘉慶二年丁巳年忽患肺疾，「仲弟鼎臣及兒子鴻逵侍側，每囁談鄉里故事娛余，余反增倦輒睡去」，緣里中事蹟皆人云亦云，傳聞異辭，無從征實，故「余為日舉數條俾疏之，苦無文義，僅紀其目，入三月，疾平，編次成裘，題曰《般上舊聞》。般上者，敝廬所在；舊聞者，生斯長斯得諸耳目者也。考核審而抉擇嚴，杜撰不敢，傅會亦不敢也。」此書頗亦「發潛闡幽，以風勵人倫」自許。鄧志誠《骨董瑣記》云此書「蓋仿張貞《渠丘耳夢錄》而作，多述其先人及鄉里舊事，筆墨卑冗，且不免涉及怪異瑣屑，殊不足觀，唯輯李鵬九、劉菊窗夫婦事甚備」，故亦地志小說之流也。

《奩史》一百卷　王初桐輯

王初桐（1729～1821），原名丕烈，字於陽，又字廎仲、無言，號竹所，又號嶐礜山人，嘉定（今屬上海市）人，乾隆監生，歷官齊河縣丞，新城、壽光、淄川知縣，著有《古香堂六種》《嶐礜山人詞集》等。《萬卷精華樓藏書記》卷一百子部小說家類、《清史稿‧藝文志》小說家類著錄。國家圖書館藏嘉慶二年古香亭刻本。今有上海古籍出版社《續修四庫全書》影印嘉慶二年伊江阿刻本。前有嘉慶二年伊江阿序、目錄、《奩史凡例》。全書一百卷、拾遺一卷，仿《太平御覽》《玉海》之類，分三十六門，有《夫婦門》《婚姻門》《統系門》《眷屬門》《妾婢門》《娼妓門》《肢體門》《容貌門》《性情門》《蠶織門》《針線門》《井臼門》《文墨門》《幹略門》《技藝門》《音樂門》《姓名門》《事為門》《誕育門》《術業門》《衣裳門》《冠帶門》《襪履門》《釵釧門》《梳妝門》《脂粉門》《宮室門》《床第門》《飲食門》《器用門》《綺羅門》《珠寶門》《蘭麝門》《花木門》《禽蟲門》《仙佛門》等，專述女性之事，「首夫婦，著造端也，終仙佛，志皈依也。大而典章制度、小而一名一物，徽言懿行必錄，香麗瑰奇不遺。」（伊江阿序）大旨取捨關乎雅馴，猥褻之談不錄也。《凡例》云「所引之書三千種，所檢之書不下萬種」，引書皆注明出處，如《通典》《開元占經》《借山隨筆》《婦人集》等，可謂精且勤矣，體同類書，頗以敘事為主，耿文光云此書「一以雅馴為主」，可備筆記小說類書之一種。

《貓乘》八卷　王初桐纂

王初桐（1792～1821），原名丕烈，字於陽，又字廎仲、無言，號竹所，監生，嘉定（今屬上海市）人，官齊州縣丞等，著有《白門集》《嶐礜山人集》

等。《中國叢書綜錄》子部譜錄類著錄。上海古籍出版社《續修四庫全書》影印上海圖書館藏嘉慶三年刻本。前有嘉慶三年巁塾山人《貓乘小引》、每卷目錄。《小引》云此書廣徵博收、摭拾貓事而成之，不過文人好事之意。本書除取材於經史子集外，兼輯說部有《北夢瑣言》《夷堅志》《酉陽雜俎》《稽神錄》《古今錄》等，分《字說》《名號》《呼喚》《孕育》《形體》《事》《畜養》《迎祭》《捕》《不捕》《相乳》《義》《報》《言》《化》《鬼》《魈》《精》《怪》《仙》《種類》《雜綴》《圖畫》《文》《句》等 25 類，匯為一類雖為繁雜，短句叢語，亦有可觀處。

《群芳外譜》二卷　壺隱癡人撰

壺隱癡人，廣東人，事蹟不詳，依卷前後序跋及印章可知，壺隱癡人與羨山道人為同一人，且曾僑居濟南、并州，或為幕客。桂岩居士云「吾友雲喦」，「雲喦」大約為號。《販書偶記》小說家類著錄。國家圖書館藏嘉慶二年問花軒刻本。前有桂岩居士《群芳外譜小敘》、嘉慶二年粵東羨山道人《群芳外譜顏標題辭》、壺隱癡人《群芳外譜小引》及《群芳外譜凡例》，有目次，書後有壺隱癡人題詞。兩卷所列共菊部優伶如韓金、王桂、萬魁、寶桂等五十人，「事涉遊戲，詞近卑庸」（題詞），並依次排列品第，「大要以品格為經，色藝為譜」，「所定甲乙，自謂無愧公評」（《凡例》），亦《板橋雜記》志豔之流，所述人物圍於東魯。此書體例，前為小傳，述女子籍貫、體態、品格及藝能，後列詩詞，或贈或詠，故《凡例》中云「譜內小傳詩詞，隨手隨時遣興為之。或以其人未遽周悉，不免詞意膚淺；或以其時已有題贈，遂致稱揚未盡，不醇不備，遺憾實多。」如《韓金》：「韓金，蒲臺人，或曰利津，年十六，明秀端雅，天然豔麗。長作淡妝，舉止風度似良家閨彥，無油滑氣習。解音律，不矜炫，不濫交接人，稱『韓門無惡客』云。」傳後有七絕《贈阿金》一首及《天仙子》詞一首，詞意溫婉，麗詞存焉，亦志豔文體之風格也。

《合河紀聞》十卷　康基田撰

康基田（1728～1813），字仲耕，號茂園，山西興縣（今屬呂梁市）人，乾隆二十二年進士，歷官江蘇新陽知縣、廣東潮州通判、河南河北道、江蘇按察使、署理安徽巡撫。光緒《山西通志》小說類雜事之屬著錄，《中國古籍版刻辭典》云有嘉慶三年家蔭堂刻本，《山西省圖書館史料彙編》云有乾隆刻本，

十四卷，未見。今有上海圖書館藏嘉慶三年家蔭堂十卷本，前有嘉慶二年管世銘《敘》、洪梧《序》、嘉慶二年顧禮琥《合河紀聞後跋》。合河即山西興縣，為太原要津，此書為興縣地理雜記之類，輯錄歷代史志、筆記、文集如《尚書》《史記》《漢書》《魏書》《中州集》《敬齋古今黈》《老學庵筆記》《圭齋集》《唐詩紀事》《太原府志》等有關興縣者而成，類乎方志之體，前七卷為方志中疆域、分野、藝文之類，後三卷為小說叢談之類，故管序云「茂園先生以名進士起家……世居太原府屬之興縣，實為昔之合河，志乘荒略，公披覽史鑒及歷代地理之書、諸家論事之作有涉於興縣者，遍加纂錄，既成，題為《合河紀聞》；又博採群言、益以身所聞見為《雜紀》三卷，合為一帙，於疆域、分野、山川、祠墓、人才、風俗、藝文、物產之類，莫不賅備，蓋不沿襲邑乘之常體，而邑乘之所宜有者求之而無不在，又於公家對山先生《武功志》之外闢一格焉。」每卷無部類，每則無標題，類乎隨筆，然皆方志中所有者，敘述頗為嚴謹，無繁縟之筆，故洪序云「是宗魯史之法而綜全勢於一方者」、顧序云「按時勢以立言，匯古今而互證，足以考鏡得失」，亦地志小說之類，考證較為詳確，並記錄目擊耳聞之軼事，亦為修志乘而備著者。

《護花鈴語》四卷　　賈季超撰

賈季超字亦群，號春午主人，江蘇無錫（今無錫市）人，事蹟不詳。或云金匱縣人賈季超，字雲莊，善畫蘭，二人未知孰是。未見著錄，蔣寅《清詩話考》有介紹，云為「志怪詩話」一類。中國社科院藏有嘉慶三年刊本，前有施晉序，未見。蔣寅《清詩話考》中云：「卷一記高環事、丁生事、卞玉京事，卷二記倪生聽蓮事、歌妓白小小事，卷三記沈灝事，卷四記張雲姑事等，均哀感頑豔、曲折纏綿，可入《聊齋》集中。其餘不遇才子、薄命佳人，雖斷章零簡，亦足見護花惜花之心。書中雖非專論閨秀，而所載閨閣詩人尤多，可補施淑儀《清代閨閣詩人徵略》之缺。唯所錄有詩無評，於詩話之體不免少憾。然卷一所載顧貞觀遺事、卷二所載雙卿詩作、卷三載石濤詩，亦有資文獻考證。即志怪之作，亦偶有關涉詩學者。」

《小滄浪筆談》四卷　　阮元撰

阮元（1764～1849），字伯元，又字梁伯，號雲臺、芸臺、雷塘庵主，晚號頤性老人，自稱擘經老人，江蘇揚州（今揚州市）人，乾隆五十四年進士，

歷官翰林院編修、山東學政、浙江巡撫、湖廣總督、兩廣總督等，卒諡文達，著有《揅經室集》等。《清史稿藝文志》雜家類雜說之屬、《觀古堂藏書目》小說家記載之屬著錄。今有廣陵書社影印《文選樓叢書》嘉慶七年浙江節院本，前有嘉慶三年阮元序，云「余居山左二年，登泰山、觀渤海，主祭闕里，又得佳士百餘人，錄金石千餘本，朋輩觴詠，亦頗盡湖山之勝。乾隆六十年冬移任浙江，回念此二年中所歷之境，或過而輒忘，就其尚能記憶者，香初茶半，與客共談，且隨筆疏記之，何君夢華、陳君曼生皆曾遊歷下者，又為余附錄詩文於後，題曰《小滄浪筆談》。」小滄浪者，為濟南大明湖西北隅阮氏別業也。此書雖為隨筆例，然記載多詩文，既不類酬唱集，亦非詩文別集。其體例為每卷卷首皆以阮元所撰散文居首，大約題旨之意，後列敘朋輩詩文傳記，除卷三為金石之類外，卷一、卷二、卷四為名勝物產之類，於山左文物之盛多所讚美，相往還者如孫韶、桂馥、朱文藻、顏懷志等，皆有詩歌唱和，所敘趵突泉、歷山、華不注山、曹州牡丹等，皆考證精詳、文筆優雅，卷一所記明湖望歷山情景，可謂清代明湖盛景：「鵲華在北，惜為城堞所掩歷山在南，蒼翠萬狀，遠望梵宇小如篋箱；或黑雲堆墨，驟雨翻盆，萬荷競響，跳珠濺玉，霅然而霽，殘霞雌霓，起於几席。」

《定香亭筆談》四卷　　阮元撰

　　《清史稿藝文志》雜家類雜說之屬、嘉慶《揚州府志》卷六十二子部雜家小說類、《藏園訂補郘亭知見傳本書目》卷十子部雜家類、《觀古堂藏書目》小說家類著錄。上海古籍出版社《續修四庫全書》影印嘉慶五年揚州阮氏嫏嬛仙館刻本。前有嘉慶五年阮元序，云：「余督學浙江時隨筆疏記近事，名曰《定香亭筆談》。殘篇破紙未經校定，戊午冬日任滿還京，錢唐陳生雲伯偕余入都，手寫一帙置行篋中；己未冬雲伯從余撫浙旋南，孝豐施孝廉應心復轉寫去，付之梓人，其中漏略尚多，爰出舊稿屬吳澹川陳曼生錢金粟陳雲伯諸君重訂正之。諸君以其中詩文不妨詳載，遂連篇附錄於各條之後，余不能違諸君之意，因訂而刊之，並識其緣起如此。」詩人詞藝之類，類乎詩話，《觀古堂藏書目》子部小說類並著其《小滄浪筆談》四卷，其實皆詩話也。詩話為詩文評，在清代亦屬說部之一體云。

《石渠隨筆》　　阮元撰

　　嘉慶《重修揚州府志》子部雜家小說類著錄。廣陵書社《筆記小說大觀》

本。前有目錄，書後有咸豐甲寅伍崇曜跋。卷一除書畫總冊十種外，列晉（五種）、梁（一種）、隋（三種）、唐（二十種）、五代（七種）書帖畫像作品；卷二卷三羅列宋代書畫手敕作品四十一種，卷四著錄金代作品兩種、元代作品四十種，卷五卷六著錄明代作品五十四種，卷七著錄清代作品四十種，卷八《補遺》唐至明作品二十四種及《論鈐寶》《論紙簽》文兩篇。伍崇曜跋云：「是書則為詹事時入試南齋，奉旨鑒定內府諸藏書畫，隨筆所記。」所記著錄寓目書畫帖敕外，於書畫古今變遷及題跋皆輯錄焉，伍崇曜視之為清之米元章云。

《涼棚夜話》四卷續編二卷　浙東海槎客撰

　　浙東海槎客即方元鵾。方元鵾（1752？～1823），字振颺，號海槎，又號鐵船，浙江金華（今金華市）人，嘉慶六年進士，官工部主事，著有《鐵船樂府》《鐵船詩鈔》等。《販書偶記續編》卷十二小說家類著錄。此書有嘉慶四年己未刊巾箱本。今見國家圖書館藏道光十九年七映堂刻本，前有嘉慶四年己未鐵槎道人方元鵾《涼棚夜話自序》，云：「一歲之月，夏月為閒，酷暑揮汗事無可作故也。一日之夜，夏夜尤閒，晚涼露坐，人不遽睡故也。予客雍奴官署幾五閱月，無可消閒……六月徂暑，涼棚過屋，與廳槐交蔭，晚飯捫腹，呼童設木榻、滌茗碗，幕中賓三三兩兩至，間述異聞以資嗢噱，余筆而存之，日得四五焉。無何秋飆振林，涼棚撤去，諸君告（車果）炙盡，遂編次為四卷，好事者攜以付梓而病其寥寥，復為續編二卷。」前四卷及續編第二卷每卷前皆有目次，全書近二百則，內容多為志怪之類，如卷一《龔道士》《龍鬥》《雷擊悍母》《大蟾蜍》《鼓樓狐》《牛償債》《西山怪》、卷二《前生冤債》《劫數難逃》《鬼哭》《鬼成親》《夢中縊鬼》《鬼索債》《蒙師異術》《山魈》《水鬼》《訟師惡報》，卷三《魍魎鬼》《縊鬼》《鼠蠱》《道士皆屍》《木工魘勝》《僵屍》、卷四《擔龍老人》《張文敏前身》《魁星現象》《記夢》《朱仙人》《五通乞書》《火槍擊僵屍》、續編之《石勒墓》《武夷山怪》《媚兒》《馬妖》《泥鬼作祟》等，間有軼事如《持公斷婚》《李孝廉遇俠》《優人對句》《詩社》《俚詩詈僕》《方觀察治水》《剃頭炫耀技》《宿娼戲判》《李宏文醫術》等。語言多為質樸，未見長篇，然續編中之《媚兒》大約為想像之詞，非錄自賓客，云婆有好蓄畫眉者得畫眉仙報答之事，類乎唐傳奇。書終有《乞修鬼史》一則，述此書志怪之意，云「當日搜神事渺茫，人間誰信大文章。可憐一代春秋筆，贏得森羅點鬼忙。」此借入冥抒懷，與沈欽道《夜航船》同一寓意。

《研枎齋筆記》一卷　　趙希璜撰

　　趙希璜字子璞，一字渭川，廣東惠州（今惠州市）人，乾隆四十四年舉人，官河南安陽縣知縣，著有《四百三十二峰草堂詩鈔》《研枎齋文集》《安陽縣金石錄》《五經文字通正》等。國家圖書館藏《研枎齋文集》6 冊，此為其中一種，大約成書於乾隆五十八年至嘉慶四年，一卷，共 20 則。此書分志怪、軼事、考證三類，如《研枕》《雞舌香》《蔓葉》《木棉》等 12 則為考證之類，《蛇亭》《吳松》《劉超》《詹兆駿》《城門狐》《乩仙》《劍俠》《羅台山》為志怪之類，所涉有狐仙劍俠之流。《蛇亭》述粵西土人獻蛇為禮事亦見沈欽道《夜航船》，然此則云群蛇為亭，較為駭異。《吳松》《劉超》《詹兆駿》《城門狐》為人狐故事，聊齋多有；《乩仙》為諸生扶乩引來僵屍事，《劍俠》為東山老人之事，《羅台山》述書生羅台山文武兼具、浪遊天下事，敘述較前數則為長，文風質直。

《槐廳載筆》二十卷　　法式善撰

　　法式善（1752～1813），烏爾濟氏，原名運昌，字開文，號時帆，學者又稱梧門先生，蒙古正黃旗人，乾隆四十五年進士，歷官翰林院侍讀、國子監祭酒等，參修《四庫全書》《全唐文》《國朝文穎續編》，著有《清秘述聞》《備遺雜錄》《陶廬雜錄》《梧門詩話》等。《八千卷樓書目》史部職官類、《鄭堂讀書記》卷六十五小說家類雜事之屬著錄。上海古籍出版社《續修四庫全書》影印上海辭書出版社藏嘉慶刻本。前有自序及嘉慶四年己未《例言》及徵引書目、補目錄。此書撰於乾嘉時期，仿朱彝尊《日下舊聞》體例，博採科名故實見於官書及各家說部之類，輯書達四百種，分為 12 門，曰《規制》（兩卷）、《恩榮》（一卷）、《盛事》（兩卷）、《知遇》（一卷）、《掌故》（三卷）、《紀實》（兩卷）、《述異》（一卷）、《炯戒》（一卷）、《品藻》（一卷）、《夢兆》（一卷）、《因果》（一卷）、《詠歌》（四卷）等。法式善序云：「余官翰林學士時，輯錄科場貢舉官職姓字編年繫地，題曰《清秘述聞》，茲備員太學五載矣，所與酬接款洽者皆海內博學強識之士，猥以余喜談科名故實，多以舊聞軼事相質。余性善忘，凡有所稱說必叩其始末溯流，筆諸簡牘，又恐無以傳信，檢閱群書，互相參證，歲月既久，抄撮漸多，仿朱氏《日下舊聞》體例，分十二門，釐二十卷，題曰《槐廳載筆》，備掌記而已。然而言必求其有，當事必期於可徵，雖耳目所及，尚多罣漏，而一百五十餘年來，國家深仁厚澤，教養兼施之至，意已可得其大

略焉。覽斯書者自當感激恩遇、勵身修行以無負作人之雅化，豈區區以文章為報稱也哉。國子監祭酒法式善。」周中孚云此書與「是書與《清秘述聞》相表裏，《述聞》為經而此編為緯也。」此書《述異》《炯戒》《品藻》《夢兆》《因果》較有小說意味，其他多典制記載。筆法古拙，較少生趣。又晚清邱煒葊《菽園贅談》卷三云此書與《清秘述聞》皆為「本朝小說」「紀事研理」之代表作，不過《清秘述聞》為編年體載記，此書可入小說，故《鄭堂讀書記》之「清秘述聞」條云：「雖（《槐廳載筆》）與此書相輔而行，而體格迥異，故別入之小說類。」

《習園叢談》　餘慶長撰

餘慶長字庚耦，湖北安陸（今屬孝感市）人，乾隆十五年舉人，官雲南通海知縣、大關仝知等，嘉慶五年卒，曾纂《銅政全書》八十卷等。宣統《湖北通志》小說家類雜事之屬著錄。未見。

《隻麈談》二卷、《續隻麈談》二卷　胡承譜撰

胡承譜（1732～1805），字韻仲，號元峰，別署元峰老人，安徽涇縣（今屬宣城市）人，乾隆十七壬申年舉人，官廬江訓導、上元教諭，著有《元峰詩鈔》《春秋五測》等。嘉慶《涇縣志》卷十八有傳。光緒《安徽通志》卷三百四十二小說家類著錄。華東師大館藏道光十二年趙氏古墨齋刊《涇川叢書》本。此兩書各上下兩卷，《隻麈談》49則，《續隻麈談》36則。嘉慶五年趙紹祖跋云此書「蓋以《酉陽雜俎》沈存中《夢溪筆談》陶九成《輟耕錄》之遺意，余為取其語之足以資考據、事之足以備採錄者分為上下卷，意欲稍以類相從，而非謂原書之可以刪節也」體例以上卷述考證、博物、論說、詩文、掌故等，類於雜家筆記；下卷全然軼事、志怪，每則各有標題，大約亦清人所謂說部、小說並存於一書也。此書不書成書年月，據書中所記無乾隆以後事蹟，《續隻麈談》卷後嘉慶六年趙紹祖跋云「予抄《隻麈譚》畢，而世長星五（名先聯，先生之次嗣君也）赴禮部試，過縣城以先生手函及《續譚》至，拳拳以刪訂為囑」，故謂之乾隆末年嘉慶初之書可也。考證如《學校官》《橫革直成》《子思壽考》《欞星門》《綿花》《洛書數》等，博物如《金子駿墨蹟》《蘇公碑》《印章》等，藝文如《祝枝山跋宋三大家墨妙》《張白雲》（中附《白雲書目》）《湯伯紀自徹（文）》《黃太松畫》等，掌故如《東林原委》《廷杖故事》《正五九月不到官》

等，皆類乎讀書筆記；軼事志怪如《高道素祈夢》《拆巍字》《衡水人命》《清泉鬼告狀》《述魯亮僑逸事》《婿賣妻母》《小木人》《魂赴鄉試》《饒靜庵鑄炮事》（節錄）《先叔祖都閫公軼事》《淄川誤殺奸》等，或得之耳聞，或抄撮他書，所述士人多疏狂之輩，並述科場故事。文風質樸，大約亦才難之書。

《豈有此理》四卷　絳雪草廬主人撰

絳雪草廬主人事蹟不詳，蘇州人。《中國古籍總目》小說類文言之屬著錄。國家圖書館藏嘉慶四年絳雪草廬刻本。今見臺北經學文化《稀見清代四部輯刊》影印嘉慶十九年醒目齋刻本。前有絳雪草廬主人自序、嘉慶四年絳雪草廬主人又自序。全書共 80 篇，內容較為龐雜，涉及文章、小說、曲藝諸體，有莊論如《荊軻論》《宋高宗秦檜論》《戒殺論》《好人論》等，謔語如《混堂記》《討蚤檄》《甘蔗丞相贊》《春夜遊竹素園記（仿李白《春夜宴桃李園序》）》《目連記（仿周茂叔《愛蓮說》）》《狗屁文章》等，竹枝詞有《姑蘇四季竹枝詞》，可視作小品遊戲之書。絳雪草廬主人借客之口，云是書有十弊：「語無端緒，文體淆雜」「命題怪誕，立說荒唐」「不莊不諧，非腐即纖」「褻狎經傳，詆毀古人」「飛短流長，乖忤時好」「附會牽引，蹈空架虛」「摭拾唾餘，支離穿鑿」「句疵語纇，理法粗疏」「方言俗字，填綴成編」「校讎滲漏，亥豕舛錯」。實則遊戲文皆如此也。雪草廬主人與王冕、徐渭、張岱為一流人物，吳中狂士也。

《更豈有此理》四卷　半軒主人撰

半軒主人即絳雪草廬主人。《中國古籍總目》小說類文言之屬著錄。國家圖書館藏嘉慶五年絳雪草廬刻本。今見臺北經學文化《稀見清代四部輯刊》影印嘉慶十九年醒目齋刻本。前有半軒主人自序、上章涒灘（嘉慶五年）又自序。全書 86 篇，體例、內容一如《豈有此理》，如《方言璅辨》《書〈史記〉殷本紀後》《評齊人妻妾》《論鬼》《不倒翁行狀》《洞中八仙歌》《石敢當贊》《登坑詩》《戲詩》《刪定陰間秀才詩稿》《和尚帽賦》《辭好好先生啟》《賀螳螂新昏辭》《三嬭嬭催妝啟》《青衣曲》等，滑稽詩增多，間附妖異語如《半軒銘》《蝌蚪書》，序中客云此續書除前「十弊」外，「更無謂也，更無恥也，更無賴也，更無意義也，更無情韻也，更無體制也。」奇談怪論，滑稽詩文，可謂格調愈下之作，然諷世之態，每見筆端。後晚清有《真真豈有此理》，不過書賈改換面目、招徠讀者之技也。

《諧史》四卷　程森泳輯

程森泳字春江，江蘇五茸（今上海市）人，長期業幕並擅醫術。《販書偶記續編》卷十二小說家類、《清史稿藝文志拾遺》小說家類著錄。今有上海圖書館藏嘉慶五年庚申酉酉山房刊巾箱本，前有嘉慶五年庚申閒情老人序，云「吾友春江程君為五茸閥族，幼習舉子業，專事帖括，旁通於軒岐之學，的京江蔡氏秘傳，長隨其尊人梓園公遊幕大江南北，嘗僑寓蒙莊，凡有求者往往一七回春，一時為公卿推重而數羈不偶，今且年邁古稀，著書十數種，有《證治匯通》《脈譚別錄》《藥性朝宗》《十二經引》《經報使敘考》《人鏡經廣義》《四欲軒醫草》等書，書成以家貧未災棗梨。一日袖其《諧史新編》一冊，乃其手集諸書數十餘家奇異之事問序於余。余嘗觀他書如《太平廣記》及《聊齋誌異》諸籍，恒多長篇累牘及漫引幽冥渺茫之事，讀之未竟令人倦怠欲睡，今觀此編類皆獨出心裁，精選簡明、文辭工雅，誠可廣客座之見聞、助雄風於說劍。」此書每卷皆有目錄，四卷二百七十餘則，每則有標題，標題多以四字標目，輯錄歷代怪異、雜事中短篇者，如《金丹化雀》《紗幕返魂》《冥使救厄》《道士妖法》《隱形幻術》《上天取月》《靈銃公神箭》《查牙山洞》《紅裳女子》《上天偷桃》《殺女役魂》《種梨幻術鬼領鄉薦》《老狐娶婦》《女子斬蟒》《額上圓光》《熱瓦禦寒》《貴不易交》《盲驢算帳》《山魈向火》《百口同爨》等，多取自魏晉以來筆記小說者如《搜神記》《世說新語》《聊齋誌異》等，惜無創獲，不過輯錄成書者，且不注出處。

《夜航船》八卷　破額山人撰

破額山人即沈欽道（1752～1804後），字右文，號桐莊，吳江（今屬蘇州市）人，諸生，著有《買山樓詩稿》等。北京大學館藏嘉慶五年刻本，民國廣益書局題「莊蘧庵」本即源於此。今有新興書局《筆記小說大觀本》。前有嘉慶五年庚申破額山人序、《題辭》，每卷有目次，每則有題目。民國采風報社《夜航船》本前有嘉慶九年甲子浮邨逸廖序、破額山人《題辭》。本書八卷共百餘則，借夜航船一空間閒話雜事趣聞以消磨時光，鄉里軼事、志怪異事皆錄之，要在乎簡練尚實。敘述蕭散，頗有戲謔之語，情懷亦深，不第秀才之作也，故書中多錄有詩文，《廚房聯句》《韋廟考詩》，借唐伯虎、祝枝山偽裝廚役聯句、夢韋蘇州邀請等事，似有逞才之嫌，不過寄託以敘事也。

《春泉聞見錄》四卷　　劉壽眉撰

　　劉壽眉字春泉，順天寶坻（今屬天津）人，事蹟不詳。《販書偶記》小說家類著錄，云為劉壽昌撰。上海古籍出版社《續修四庫全書》影印清華大學館藏迎暉軒刊巾箱本。前有李鼎元序、嘉慶五年庚申自序，言為老去無聊之作，「事取真切，言戒妄誕」「於聞見中寓警惕諷勸之旨」，共 110 則，多記家族里戚所經軼聞怪異之事，敘述平實，雖不乏豔異之談，然文辭尚樸，大約不造虛聲故爾。上海圖書館藏民國十四年《春泉聞見錄》《夜航船》節錄合刊石印本，觀兩書所述先祖名諱皆為實錄，不尚虛談，書賈以為二書寫法相似故合併為一書。

《三異錄》八卷　　感春子輯

　　感春子事蹟不詳。《中國古籍總目》小說家類、《古舊書目》小說家類著錄。國家圖書館藏嘉慶五年嘿含春刻本。卷一目次後有嘉慶庚申感春子序於嘿含春山館，云：「余自己未秋失母後，悲恨愧悔，不復事筆墨，尋又遭江水之鬼為虐，往復顛連，藥之弗去，自是中路嬰兒日在愁病中矣，猶幸良友孫君綠野不余棄，曰：『於我乎館？』館中故多記錄諸書，兀坐無聊，輒取一二種翻之。遇有可以懲可以勸可以喜可以愕可以助譚鋒可以資笑柄者輒錄於簡，其中繁者節枯者潤晦者顯忌者刊而間參以己意，積之得八卷焉。夫古來記錄之書，所見異辭所聞異辭所傳聞又異辭，非如議禮制原性道，必折衷而歸於一是也。因顏之曰《三異錄》。錄之云者，謂猶是鈔胥故技，非敢當虞卿之著耳；綠野為余付諸梓，工既竣，弁數語於簡端，以誌緣起。」全書共 240 餘則，所輯之事多見於明清筆記，惜不注出處耳，觀之有野史、稗官如《水東日記》《堅瓠集》《新齊諧》《小豆棚》《耳食錄》之類。敘事兼議論、志怪並軼事，大約興之所至輒錄焉，志怪如《魁星圖》《男子孕》《人箸》《人臘》《老少易形》《失足投胎》《風流神》《洞簫記》《犬精》《臨江狐》《雷無虛擊》等；軼事如《開板》《詩有唐氣》《庚唐不辨》《篤情男寵》《投官吏詩》《西江儉俗》《鷗鶿公蚯蚓子》《一見生憐》《奸獄》《埋途對》等；雜說如《論葬》《論屬文》《羅一峰家書》《理外奇談》《時文套子》等。此書亦鈔胥稗販之書也。

《兩晉清談》十二卷　　沈杲之撰

　　沈杲之字浴鯨，長洲（今蘇州市）人，舉人，其他事蹟不詳。《藏園訂補邵亭知見傳本書目》小說家類、《販書偶記》小說家類著錄。上海圖書館藏嘉

慶五年庚申盍簪堂藏板本。前有嘉慶五年華亭王如金善香《兩晉清談序》、嘉
慶六年邵自彭序，後有武進徐書受跋。每卷前皆有目錄，共有千餘則。此書雖
名為「清談」，多有史風，類於野史筆記之流。王如金為一博物君子，好筆記
稗官，以為晉人之談「出於自然天籟」，宋人筆記不若也，「此書悉本《晉史》，
庶幾摘英掇華、開卷有得」。《世說》之書皆有體例，此書不過標明每則題目，
並無分類，大約讀《晉史》之筆記彙集成書，以想見魏晉風度也。沈杲之為王
如金鄉前輩，則原書當輯於乾隆年間。

《明湖花影》不分卷　　王訢撰

　　王訢字嘯岩，山西榆次（今屬晉中市）人，諸生。據孫楷第《戲曲小說書
錄解題》卷六《寬大詔》條云其屢困場屋，晚年悟道，習性命之學。據《明湖
花影》前嘉慶五年庚申孫藹春《敘》，知其為晉人，隱於濟南明湖，好詞曲。
綜言之，王嘯岩為山西榆次人，諸生，擅詞曲，著有傳奇《寬大詔》等。《中
國古籍總目》小說家類著錄。國家圖書館藏嘉慶五年刻本，頁內題「品題‧詩
話‧補遺」三種，國圖所藏為《品題》也。前有孫藹春《敘》《題詞》《凡例》。
《題詞》為「右調‧多麗」，《凡例》為「右調‧望江南」。此書亦余懷《板橋
雜記》之流，余懷述金陵，王嘯岩則述山左麗人寓於明湖者，故名《明湖花影》，
孫序稱其人「曠達」，「聊假諸麗人以泄其激昂慷慨之氣」。全書分《雅品》《豔
品》《藝品》《殿群芳》《餘聲》七部，涉及十數人，於品題色藝之外，另詠詩
詞，以增雅重之意。文風穠麗，亦板橋之筆，頗有小品之致，所錄詩詞較板橋
為多，亦多哀傷之態，《餘聲》以「右調‧五彩結同心」出之，云「佳人入畫，
蠟炬成灰，涼風自泛瑤堂，翹首今何在」，不過落魄書生寄情山水佳麗之意。

‧《南窗叢記》八卷　　伊朝棟撰

　　伊朝棟（1729～1807），初名恒纘，字用侯，號雲林，福建寧化（今屬三
明市）人，乾隆三十四年進士，官光祿寺卿，著有《寧陽詩存》《賜硯齋詩鈔》
等。《福建藝文志》子部小說家類、《中國古籍善本書目》小說家類著錄。臺北
經學文化事業有限公司《稀見清代四部輯刊》影印嘉慶五年刻本，前有乾隆六
十年乙卯自序、嘉慶五年自序，意謂病中閒覽，於古人注疏略為駁正而已。此
書為經史考證之書，尤注目於漢儒之學，卷一至卷六為五經駁證之文，卷七、
卷八主於史部史事、集部詩文之考辨，要之以考據為主幹，故序云「顧經以載
道、注以翼經，苟注有未安，未有可隨聲附和者也……今說經必以鄭學為正宗，

論文必以許慎為圭臬，自謂可超軼洛閩、伶駕韓柳矣，恐其言亦無異飄風過耳，終難以傳世而行遠也。茲卷於漢儒之說亦有駁正，然第求其是而已，豈敢有輕議前賢之意哉。」此書始成於乾隆末，後應有補充，亦雜家筆記之流。

《鏡花水月》八卷　婁東羽衣客撰

婁東羽衣客事蹟不詳。《中國叢書綜錄》小說家類著錄。國家圖書館藏嘉慶六年刻本。前有嘉慶五年庚申《自敘》、庚申年壺天散人《題辭》以及歲寒小友等《題辭》。每卷皆有目錄，如卷一《鏡中花》《水中月》《身外身》《夢中夢》等。此書名為「鏡花水月」，意為往事空虛、敘述皆夢，見《自敘》。書中詩文為多，或以為詩話小說之作，然所述多怪異，稱詩話者，託體甚卑下矣。大約才士之氣，寄託小說中者，如《招病》《玲瓏四犯二闋》《禽鶴問答》《五代花月》《婢言微中》等，《五代花月》云：「曩讀漁洋《五代詩話》，博採史乘、旁搜百家，一時妙緒微詞珠聯玉噴，五十年花鳥風雲不為枯寂矣。長夏酷熱，無以排遣，爰才南唐前蜀前漢後蜀流風餘韻，各繫以宮詞六絕，聊以消長日之如年，抑亦佐清樽之談噱云爾……」敘事怪異之中少狐魅而多北里、方外之雅秀者如《優婆夷談詩》。女俠如《女俠》《再來人》《腕中仙》、乩仙如《乩仙》《煙霞使者》以及入冥、豔異、因果、夢異、幻術等，亦不出志怪範圍，雖多短篇如《冒認祖宗》述僧萬藏自言為唐玄奘七十一代孫、道人李姓稱為李耳八十二世孫等，可發一噱，亦譏世情之談也；篇幅漫長者如《芙蓉樓誌異》，亦傳奇之法也。此書以敘事為引子，以詩文為重心，較之粗陳炫怪之作已為上乘。敘事兼詩話，復有考據之態，如《辨誣》力辨楊貴妃「金錢洗兒」、秦良玉「有男妾數十人」之非，亦正直之言。書中《異橐》出《聊齋》之《真定女》、《繭中雙體》出《耳食錄》之《胡好好》，可見作者為諳熟於本朝小說者。又，上海圖書館藏有民國十八年乙巳上海文寶書局刷印《隨園鏡花水月》十二卷《續集》六卷，題「隨園主人舊稿」。此書《自敘》《題辭》一如婁東羽衣客本，不過《自敘》作者改為乾隆四十年乙未隨園老人而已。此書前集即婁東氏之《鏡花水月》，續集輯錄自曾衍東《小豆棚》、王士禎《漁洋夜譚》兩書，如《劉碧環》《泥娃娃》《紫歡》《陸修》《顛當》等，不過民國時書局邀名獲利之舉、託於袁子才耳。

《夢廠雜著》十卷　俞蛟撰

俞蛟（1752～1811 後），字青源，號夢廠，浙江山陰（今紹興市）人，監

生，乾隆五十八年曾任廣東興寧縣典史。《八千卷樓書目》小說家類著錄。華東師大館藏嘉慶十六年刻本。嘉慶五年姚興泉序，不過窮愁讀書之說；嘉慶十六年孫鑒序云二人相識都門，後俞蛟「南溯粵江，東遊山左」，亦是幕客所為；嘉慶六年俞蛟自序云：「余幼而失學，不克自振。弱冠即以饑驅，奔走四方。其間之豫、之楚、之西粵，至於燕、趙、齊、魯之鄉，則往來尤數焉。遊覽之餘，訪其民風土俗，災祥興廢，以及牛鬼蛇神，飛仙盜俠。或經目睹，或繫傳聞，輒登簡帙，以資歌詠，以助劇談。間有事屬尋常，而寓陳善閉邪之意，似於世道人心，或有裨益。」是書共分七類，每類前均有小序：《春明叢說》二卷，傳記之類，多怪異，如《人骨箸記》，亦有類傳奇者如《紅娥傳》《玉兒傳》等；《鄉曲枝辭》二卷，多記里巷佚事；《遊蹤選勝》一卷，山川名勝及遊記之類；《臨清寇略》一卷，記乾隆三十九年王倫起義事；《讀畫閒評》一卷，人物傳記之類；《齊東妄言》二卷，志怪之類；《潮嘉風月》一卷，分《麗景》《麗品》《軼事》三部，亦《板橋雜記》之流。此書雖目為聊齋之流，然幕客之作，並非婉轉華麗，平直之筆亦復不少。

《潮嘉風月記》一卷　俞蛟撰

　　《八千卷樓書目》小說家類著錄。華東師大館藏嘉慶十六年刻本。前有序云：「迨色荒情倦，繼以裘弊金殘，對此日之蕭條，傷懷殊甚；憶當年之佳麗，回首難堪。是用箴規，爰自搜輯。」仿余懷《板橋雜記》之作，前有潮嘉風俗紹介，亦可廣見聞，中述酉姐、玉娘、寶娘等人，色藝具有描述，文筆綺麗，不過狎斜之流。據俞蛟履歷，此書當作於乾隆五十八年之後。

《聽春新詠》三卷　留春閣小史輯錄、小南雲主人校訂、古陶牧如子參閱

　　三人事蹟均不詳。《清史稿藝文志拾遺》史部傳記類總傳之屬著錄。中國戲劇出版社《清代燕都梨園史料》本（此據嘉慶十五年刻本整理。谷曙光先生云國家圖書館藏有嘉慶間四卷足本，待查）。前有小南雲主人序、天涯芳草詞人弁言、留春閣小史緣起、鴻蕉館主人峴仙氏與吳興仲子題詞、《例言》5條、每卷目錄，後有吳興仲子跋。此書為傳記與詩詞結合之體一如《燕蘭小譜》《日下看花記》，「爰取菊部諸郎為題贈所及者，犁為四部，各綴數言。既輯舊吟，復徵新詠」（留春閣小史緣起），分「昆部」（佚）、「徽部」（缺）、「西部」、「別集」四目，「先以昆部，首雅音也；次以徽部，極大觀也；終以西部，變幻離奇，美無不備也。至蔣、陶諸人，音藝兼全，盛名久享，自不屑與噲等伍，特

以別集標之。」(《例言》) 不分品級,「不為群花強分去取,亦不為群花強判低昂。」(天涯芳草詞人弁言) 書中詩詞、小傳、技藝等事項,《例言》中釋意云:「是編專集詩詞,非為評花起見,故長吟短詠俱入搜羅,淡思濃情無分去取。」「集中小傳,只取登場情景,眾所共見者,鋪敘數語。至性情嗜好,雜技兼長,已為諸公題詠自為注出,故寥寥寸幅,絕少波瀾。間作一二點綴,神之所注,筆亦隨之,非自亂其例也。」「集中褒多貶少,故偶見所優即為繪出,善善從長也。至有藝臻神化不可枚舉者,第標數劇以見一斑,立言居要也。至於別集諸人,稍涉感慨,亦有觸而然爾。」「花譜」小說,合《北里志》《青樓集》《侍兒小名錄》《本事詩》《板橋雜記》為一體,「同領香天酒國之春,漸多捉搦迷藏之曲。」亦志豔小說一新變,「小史乃低呼虎僕,聯成本事之詩;偷訪官奴,寫就小名之錄。」今全書記載優伶 86 人 (其中「徽部」54 人〔夏雙喜以下佚〕,「西部」12 人,「別集」20 人。據谷曙光先生《新發現足本〈聽春新詠〉與重新認識清嘉慶北京劇壇》一文統計,昆部錄優伶 20 人,西部 16 人,徽部 69 人,別集人數散入各部),於優伶如雙保、三元、小慶齡等姓字、籍貫、年齡、戲班、容貌、技藝簡要介紹之,而後分列題詠,間有小南雲主人、春史氏評語,增補史料之意,如春史氏述「西部」翠林 (趙玉琴) 云:「春史氏曰:玉琴天性至孝,代母長齋。寓蔡家胡同之萃林堂,室不甚寬,而淡雅精潔,不染塵氣。應酬談吐,恂恂然有文士風。視登場演劇時,幾以為如出兩人焉。近因母欲歸家,棄業奉養,真菊部中之絕無僅有者,而論者每以術業之微為玉琴惜。然使玉琴身居窮巷,溷迹泥途,日與販豎田夫為伍,雖孝行過人,誰復過而問焉者?今乃名垂舞榭,譽滿京華,其業傳,其人傳,其孝亦賴以俱傳。甚矣!業之不能囿人也,如是夫。」

《北江詩話》八卷　洪亮吉撰

《毘陵經籍志》子部小說家類、《八千卷樓書目》集部詩文評類著錄。今有商務印書館《叢書集成初編》本,六卷,後有伍崇曜跋。此書六卷 32 則,每則無標題,中有「余自伊犁蒙恩赦回」句,則此書已在嘉慶中。書中歷述自《詩經》以來作者之詩,尤重唐人,如「李杜」「皮陸」等。品評本朝詩人如吳偉業、王士禛、沈德潛、錢載、紀昀、王太嶽、陳奉茲、張鳳翔、朱筠、蔣士銓、馮英廉、蔣和寧、吳泰來、王鳴盛、施朝幹、嚴長明、趙文哲、翁方綱、袁枚、王昶、錢大昕、王文治、任大椿、錢維城、鮑之鍾、張塤、曹仁虎、張

百齡、湯大奎、李鼎元、黃景仁、瞿華、姚中鼎、高文照、趙翼、秦瀛、錢維喬、方正澍、汪端光、趙懷玉、黎簡、潘庭筠、法式善、劉錫五、汪端光、楊倫、屠紳、杜鎬、管世銘、史善長、方薰、孫星衍、張吉安、江藩等，亦有自評：「或問：『君詩何如？』曰：『僕詩如激湍峻嶺，殊少迴旋。』」《詩話》中多有創見，不泥於世俗之論，以為「詩文之可傳者有五：一曰性，二曰情，三曰氣，四曰趣，五曰格。」故「乾隆中葉以後，士大夫之詩，世共推袁、王、蔣、趙矣。然其詩雖各有所長，亦各有流弊……平心論之，四家之傳及傳之久否，亦均未可定。若不屑於傳與不傳，而決其必可不朽者，其為錢（載）、施（朝幹）、錢（澧）、任（大椿）乎！」其他論體裁如「賦物詩，貴在小中見大」「贈人詩，能確切不移，則雖應世之篇，亦即可以傳世。」「詩奇而入理，乃謂之奇。」論講究格律至有「聲調之累」如「王新城尚書作《聲調譜》，然尚書生平所作七言歌行，實受聲調之累。唐、宋名家、大家，均不著此。」論「詩人不可無品」，論「倒句法」「雙聲疊韻」「造句、造字、造境、造意」等創作方法等，皆有新見，非泛泛之論。語氣切實明確，不務玄虛之談，為乾嘉詩話中傑出者。

《說蟲》六卷　吳堂撰

　　吳堂，事蹟不詳，乾嘉時人，據本書劉可培序知其為一老明經，曾任知縣等職。《中國古籍總目》小說家類著錄。南京圖書館嘉慶六年瞻在樓刻本。嘉慶六年劉可培序，云此書為吳堂嘉慶六年前撰，時吳氏來豫任職，故得以見之云云。所述為諧語、寓言、俠義、軼聞等事，每卷皆有目錄，共72則（篇）。劉序稱此書「運筆峭勁，語簡而味腴，深得柳柳州三戒遺意」，可謂明悉此書源流。此書仿柳宗元寓言之文、劉伯溫《郁離子》，「詼諧之中寓懲勸之旨」，亦寓言之類，並非執筆實錄之書。卷一至卷三多有物類相感之事，如「群犬相謂」「石敢當與桃符問答」「名士何篇與詩僧靜禪」等皆託子虛烏有以言志也；卷三至卷五則寓言與記錄兼具，甚或有所源自他書以發揮成篇者，如《泛海》敘閩人林生海中漂流至揖讓之國、《許木匠》述木匠以不得造王宮為恨、《丐者》述乞丐不受遺金、《莫根》述莫根黃粱夢等，寓言也；如《倭患》《囂》《鼠》《周姓》《訟師郁六》《霸王鞭》《林前》《莊尉》《鬧龍舟》《鄭農》等，皆述見聞也。語言樸實無華，敘事平直。

《長安看花記》四卷　小鐵笛道人著、第園居士、餐花小史同參訂

　　《清史稿藝文志拾遺》史部傳記類總傳之屬著錄，一卷。中國戲劇出版社
《清代燕都梨園史料》本。前有嘉慶癸亥小鐵笛道人自序、畫眉仙史等三人題
詞，後有癸亥小鐵笛道人識語、《補錄〈紅藥新唸蘭秋小詠〉未刊詩什》、《增
錄題句》、餐花小史《後序》、嘉慶壬戌小鐵笛道人《手抄〈判花小詠〉一冊，
贈朗玉，作駢體一章，書於冊尾》、嘉慶壬戌群玉山樵《〈再續燕蘭小譜〉序》、
餐花小史《蘭問（為王翠林秀峰作）》、鹿角峰樵《書贈陳桂林小山畫蝶便面》。
據餐花小史《後序》，知小鐵笛道人為蘇州人，第園居士為彭城人，餐花小史
為雲南青鈴人。小鐵笛道人自序云此書緣起云：「予也，白首紅塵，三年匏繫，
送盡如海風花，猶剩冶遊餘興。客夏，偶閱各種花譜，均未愜心。其弊非專憑
耳學，取擇冗汎，即偶而目成，因偏護短。輒撰《判花偶錄》一卷，微旨所尚，
頗具精嚴，然猶恐棄蘭服艾，捨玉懷瑉也。爰復就一二知己互證旁參，始信我
之所日往來胸中者，俱非臆斷。又詳加參改，錄成一稿，名之曰《日下看花記》。
梨園月旦，花國董狐，蓋其慎哉。」此書為京中優伶如慶瑞、桂林、天喜、雙
林、壽齡等 84 人品評之作，其法首列小傳（姓字、籍貫、年歲、戲班、色藝），
傳後錄詩評贈句，「《記》中小序八十八篇，詩二百三十三首，附錄詩十二首。
或記色，或記藝，或記看花之時、看花之地、同看花之人，而乘興筆之。」（餐
花小史《後序》）如述桂枝云：「姓彭，年二十歲，揚州人。春臺部。三寶之師
弟也。僅見其《思凡》一齣，姿容清麗，態度便娟，無限情波含蓄於恬靜中。
玉塵才揮，憑欄而望者，『好』聲鴉亂。惜擅場無多劇，尋即返棹。今復來都，
見其於《福星照》內，偕嵩可泠扮仙姑一對。姑射瓊姿縹緲，雲中飄墮，令人
神往移時。相隔愈年，定增他技。然具此蘭姿玉質，花非解語，月固多情，不
必徵歌，即以彭郎作花月觀可也。已散彩雲，隨風又至，芳筵注目，為傾三爵。
（夢斷雲梯上廣寒，仰天心歇一枝攀。頹唐酒國餘清興，金粟香飄到筆端。）
（凡心打破便成仙，小玉雙成到眼前。三爵油油酬法曲，歡場人笑柘枝顛。）」
敘述旖旎，描摹如繪，優伶香豔，狎客炫才，故餐花小史《後序》中頗自得意
云：「是記也，未知於《燕蘭小譜》《夢華外錄》《鳳城花史》《燕臺校花錄》何
如？顧記之之時，已不與諸書爭短長矣。」

《天山客話》二卷、《天山紀程》二卷、《外家紀聞》二卷　洪亮吉撰

　　洪亮吉（1746～1809），初名蓮，又名禮吉，字君直，一字稚存，號北江，

晚號更生居士，祖籍安徽歙縣，江蘇陽湖（今常州市）人，乾隆五十五年進士，今有《洪北江全集》，與孫星衍、黃景仁、趙懷玉等並稱「毘陵七子」。光緒《武進陽湖縣志》卷二十八小說類、《毘陵經籍志》小說家類、《觀海堂書目》子部雜家類雜說之屬著錄。今有光緒《洪北江遺集》授經堂本。《天山客話》所記為嘉慶五年二月十日至四月三日在戍所伊犁戍所所見聞事，於新疆地理風土物產及邊將流人多有記錄，文筆簡潔，頗有生動處，如「塞外百菜皆極甘美，甘涼等州縣所不如也」「塞外馬冬夏皆食青稞，故壯狡有力」「歸途抵寧州時，教匪正蹂躪城外，勢甚洶洶，州守以一弁五兵護行，僅乃得過。夜宿逆旅，忽夢中得句云：『隔岸射人坡盡赤，亂流飲馬水全紅。』餘句醒後已忘，他日或當足成之也。」亦地理雜記之流。《天山紀程》為新疆地理之作，「雖寥寥而敘致簡雅，亦多足資考證。」（李慈銘《越縵堂讀書記》「外家紀聞伊犁日記天山客話」條。）《外家紀聞》為洪亮吉記外祖家軼事，並述憶念之詩，為寄思之作，語頗清致。前此乾隆中七十一撰《西域聞見錄》，並有輿圖且詳於道里；後此咸豐間曹德馨之《西域瑣記》，皆有關新疆地理風俗者，惜文采稍下。

《錦里新編》十六卷　張邦伸纂

張邦伸（1737～1803），字石臣，號雲谷，四川漢州（今廣漢市）人，乾隆二十四年舉人，會試大挑一等，官固始知縣，有《雲谷詩鈔》《全蜀詩匯》《唐詩正音》等。《清史稿藝文志》史部傳記類總傳之屬著錄。新興書局《筆記小說大觀》本。前有嘉慶五年張邦伸自序、《凡例》9條、每卷目錄。是書分為14門，張邦伸序云：「首《名宦》，循吏也；次《文秩》《武功》《儒林》，志鄉賢也；次《忠義》《孝友》《節烈》，重敦倫也；次《流寓》《異人》《方伎》《高僧》，表異行也；次《賊祲》《邊防》，慎戍守也；終以《異聞》，見山海大荒，怪怪奇奇，無所不有，雖無關於政典，要亦雪夜燕談所不廢也。」此書以記載人物為事，《凡例》中云：「是書所載人物，斷自國初，其已見明史或科第係前明者，概不收錄。」至於書中所載小說異聞之屬，復云：「《異聞》就蜀中所見聞書也，事雖離奇，實非誕妄，近日紀曉嵐《槐西雜志》《灤陽消夏錄》、袁子才《子不語》《新齊諧》、王椷《秋燈叢話》、徐崑山《柳崖外編》等書，率多類此，然亦有空中樓閣藉以寫其胸中不平者，蓋才人抑鬱之氣、幻眇之思，無所不至，往往託神仙鬼怪以顯其奇衺也。茲編以紀事為主，其全屬子虛者概從刪削，惟共聞見而為世所不常有者，始書之以誌不忘。」是書所載以清興以

來川地人物為主，地理、怪異次之，卷一《名宦》，卷二卷三《文秩》，卷四《武功》，卷五《儒林》，卷六《忠義》，卷七《孝友》，卷八《節烈》《流寓》《異人》，卷九《方伎》《高僧》，卷十《賊祲》，卷十一至卷十三《邊防》。卷十四至卷十六為《異聞》，可謂川地小說。每則有標題，如《費元龍》《顧光旭》《林方伯事略》《向日貞》《韓良卿》《岳鍾琪》《楊岱》《周氏》《海明》《林虛泉》《老神仙》《打箭爐》《成都火災》《紅臉生》《黑神廟》《山裂》《乩仙》《蛇精》等，據實而錄，惜不注文獻出處。

《影譚》八卷　管世灝撰

管世灝字爾思，號月楣，浙江海昌（今海寧市）人，諸生，約生活於乾嘉時期，以入幕處館為生，作有《弔荊卿》樂府等。光緒《杭州府志》小說家類著錄。上海圖書館藏民國鉛印本，名為《繪圖影譚》，四卷；浙江圖書館藏清抄本，八卷。四卷本共 31 則（篇），前有同治二年蟄庵居士序、嘉慶七年壬戌管題雁序、嘉慶六年辛酉冬月管世灝序，周春、葛荃《題詞》。八卷本前有管題雁、管世灝序、管鴻詞《影談題辭》及書後周春、葛荃題辭、許鹿鳴跋，共 37 則（篇），多出《宮僧》《五雷法》《乩讉》《朱太占》《雲貞書》《苟大人褚社公苗而秀列傳》。此書為嘉慶五年管世灝處館桐城汪氏時「仿蒲留仙之例」（管題雁序）而為之，「是書為一時遊戲之作，筆情刻酷，殊蹈劉四罵人之病，然其抑塞磊落之慨，亦足窺其大略焉」（蟄庵居士序）。此書多為聊齋體，多述豪俠之舉、狐怪之戀，其中《虎變》《反黃粱》《弄玉》《寶由》與《聊齋》多為互文，《洛神》《龍門》《程筠》《南山校尉》《魏生》《芙蓉城》等亦是婚戀事，所謂「荒園寓狐」「蕭寺讀書」「歸途遇鬼」等皆為此書借用發揮之，大致書生不平、侘傺牢落借《財神》《八仙赴試》《詩醫》《狐師》《愛文狐》一吐之，此亦與《聊齋》同會一感慨也。明王世貞以「豔」「異」為傳奇之目，則「聊齋體」者，不過誌豔、誌異兩者為世所重，故此書語言頗為不俗，敘事亦可觀，在「聊齋體」中可謂較佳者。聊齋體外，亦有遊戲文，亦寓言之意，如《苟大人褚社公苗而秀列傳》《歲寒三友》等。據蟄庵居士序云，小說中詩詞多有出自其叔祖者，「其中詩賦小詞諸作，皆為曾叔祖代撰」，亦合作之文也。

《診癡符》二卷　佚名撰

《販書偶記》小說家類著錄。《南京圖書館藏嘉慶十四年吳趨耕石農者刻

本。前有嘉慶屠維大荒落（嘉慶十四年己巳）吳趨耕石農者序。序云此書丁卯夏得之小市，著者未名，「其文多寓勸懲意，特以諧語出之，不令閱者以老生常談生厭也。」全書 35 則，所述多當時人以為怪誕驚駭之事，如《男化女》《狗妾》《二形僧》《一產五子》《婦女生鬚》《老尼破戒》《臍中生子》《雞媳》《犬豕交》《推車漢》等，文風質樸。雖間有士人自奮者若《胡貢生女》，然猥褻之談甚多，風斯王蘭沚《無稽讕語》之下矣。文後有「史氏」之評語，每云「此實事也」，徵實之意。光緒《魚臺縣志》卷三《文行》「馬邦玉傳」中云：「星房號驪山，博學強記，精楷法，善文章，著有《驪山漫錄》《詅癡符詩集》《琅環叢書》。」小說或即此公所撰。又南京圖書館藏有周兆魁撰同名書，光緒戊申泉唐文匯書局鉛印本。全書共七卷，每卷一目，即《漫錄》《雜議》《佳話》《堪誤》《原起》《正俗》《瑣志》，「凡詁經、評史，論時務、考掌故，明古今治亂之由，盈虛消長之機，以及師友所述聞，義之所貶，纖細皆備，其體例與顧氏《日誌錄》相仿，洵士林得失之鏡也。」（光緒戊戌許鄧起樞序）多輯引他說以抒己意，雜說議論之書。

《山居閒談》五卷　蕭智漢輯、蕭秉信注

蕭智漢字雲澤，號五江，乾、道時湖南上湘（今屬湘潭市）人，不應科舉，工書法，著有《歷代名賢列女氏姓譜》《藝林類編》等。《販書偶記》小說家類著錄。國家圖書館藏嘉慶七年涉園刻本，前有蕭智漢序、石養愚序、壬戌甘慶增序、蕭智漢嘉慶壬戌自序、查淳序、《凡例》十一條，書後有蕭智漢跋，不過云園居之樂。此書為雜家筆記之類，多評議古人語句及詩文，類乎摘句批評，並記自著詩文，類乎晚明山人小品之語，頗有疏狂之氣。蕭秉信為蕭智漢子，字信明，所注釋涉及人物史實、地理辯證及典章制度、訓詁文字等，較為質實。

《虞初續志》十卷　鄭澍若輯

鄭澍若字醒愚，號玉纏，福建建安（今建甌市）人，事蹟不詳。《清史稿·藝文志》小說家類著錄。今有國家圖書館藏嘉慶七年養花草堂十卷刻本及《續修四庫全書》影印咸豐元年小嬛嬛館十二卷刻本（新興書局《筆記小說大觀》本亦十二卷）。前有嘉慶七年鄭澍若序，云「山來張先生輯《虞初新志》，幾於家有其書矣……余閒取國朝各名家文集暨說部等書，手披目覽，似於山來新志之外，尚多美不勝收，爰擇錄尤雅者，名曰《虞初續志》。」此書仿張潮《虞

初新志》之例，所收以康乾間名人如毛先舒、袁枚、蒲松齡所作傳記為主，多有傳奇性，每篇之後有評論，末卷輯錄筆記小說集《續板橋雜記》《秦淮聞見錄》，虞初之類。此書原為十卷本，小嬋嬛館本後增《續板橋雜記》《秦淮畫舫錄》兩卷，頗合《虞初新志》體例，案《秦淮畫舫錄》今有上海圖書館藏道光十八年一枝山房刻本，據書中所述已是嘉道年間事蹟，則可知十二卷本為後起補本。

《芝庵雜記》四卷　　陸雲錦撰

　　陸雲錦字文襄，號耕霞，江蘇婁東（今太倉市）人，雅善山水。《清續文獻通考》小說家類、《八千卷樓書目》小說家類著錄。國家圖書館藏嘉慶八年婁東陸氏刻本。前有嘉慶八年陸雲錦自序，敘撰述緣起云：「余里居待次，著有《讀書記》三卷，門類未經編輯，亦間有未卒業者，同學請於余，然不敢漫付棗梨，茲就敝麓中搜出雜記若干條，分為四卷梓行於世，亦聊以資藝林之談諧爾。」每卷皆有目次，每則有題目。原書即名《讀書記》，則此書為讀書中隨筆記錄之類，於地志文集、經史字書、說部筆記皆所採擷，其中尤以說部筆記如《鶴林玉露》《中吳紀聞》《菽園雜記》《陔餘叢考》以及「漁洋說部」作品摘錄為多，所輯以軼聞異事為主，如《老人變鯉魚》《兩頭蛇》《響豆》《啖石》《買宅得銀》《宣和御筆畫鷹》《蔡氏狀元》《老卒回易》《會試預兆》《三官像自移》《死婦生兒》《范文正公上書》《殺狼償命》《龍卵》《太監娶妻》《吳縣寇主簿詩》《落梅詩》等，間有考證、詩話、論說如《湘君湘夫人非堯女》《朱子注書多有原本》《誠齋詩》《明人演戲多扮近事》等。書中幾無創見，不過摘抄之作，不免稗販之譏。

《廣虞初新志》四十卷　　黃承增輯

　　黃承增字心庵，安徽歙縣（今屬黃山市）人，嘉慶監生，著有《寄鷗閒館詞鈔》《櫨山草堂詩稿》，輯有《今詩所見集》。未見著錄，上海圖書館古籍書目「小說家筆記類」著錄。今有上海圖書館藏嘉慶八年刻本，前有嘉慶癸亥黃承增序。序云《虞初志》《虞初新志》之後，「百餘年來，前人全集既多刊行，後起作家亦復林立，予為補收博採成《廣虞初新志》四十卷，事多近代，文多時賢，奇而核、雋而工，亦猶心齋所云或足資學士大夫開拓心胸、滌煩祛倦之一助云。」此書所收以清人散文為多，多從文集如《白茅堂集》《迦陵文集》《竹垞集》中採錄，偶有明人如袁中道散文；所輯主以記傳，如《記菊花芙蓉

吟》《紀乩仙》《柳衣園記》《朱長源傳》《沈貞女傳》等，兼有雜說譜錄如《歡問》《黃山松石譜》《硯林》，卷四十所輯為筆記如《雁山雜記》《苗俗紀聞》等。此書仿張潮《虞初》體例，惟每篇後無編輯評語，且所收多史震林、毛奇齡散文，視野不甚廣。《虞初新志》皆為敘事之體，此書則兼收雜論、譜錄，與張潮初旨略異，張潮主於奇，而此書主於教化，讀興或為索然。民國《安徽通志稿》小說家類云此書「事之奇核文之雋工，皆出自康雍乾三朝名士，視前書亦不多讓。」

《不寐錄》　許亦魯撰

許亦魯字效曾，號省輿，江蘇陽湖（今屬常州市）人，乾隆四十四年舉人，為翁方綱弟子，著有《領雲全集》等。《清稗類鈔》之著述類「不寐錄」條云此書有二十四卷，未見。今《中國古籍總目》小說家類著錄有《不寐錄》一種，四卷。國家圖書館藏道光三年本宅刻本，題「陽湖嘯墅撰、雪漁居士編」。前有嘉慶八年太湖司李漢陽同學弟程思樂序，云：「說部一書，每為市俗所言見，而作者因多採狎藝不經之事，附會其說以悅觀者之目，又或得自傳聞敷衍成詞以致失真，不則憑空結撰開口罵人以抒其憤懣不平之氣，皆不足以當識者之一哂也。惟吾友嘯墅先生之《不寐錄》則不然，其言皆忠厚之言，其事皆確實之事，以瀏覽之所經供夢寐之所採，可以勸善可以懲惡，客當詩讀可作史觀，其筆則班馬之筆，其氣則韓蘇之氣，敘次簡明，形容盡致，無不栩栩欲生，鬚眉活現，直可作古文一則讀之，豈尋常說部所可同日而語哉！爰編次評點將謀付梓以傳世而行遠，當無有河漢余言者。」道光壬午年十月雪漁居士述此書付梓緣起云：「嘉慶丁丑新春，予於琉璃廠書攤上見有抄本說部一卷，名《不寐錄》，係陽湖嘯墅所著，不知其姓名也。余買歸細閱，其事皆新奇可喜，惟用筆間有冗雜之處，因刪去不雅馴者數則，復取其筆墨蕪雜者潤色之抄為四卷，略以備樽前月下閒話之助，亦快事也。」全書共 48 則，程思樂評點，多闡發世情；敘事後多有岑溪評論。志怪與軼事兼有，康乾間常州事多見文中。敘事有科場、宦蹟、鬼神、異夢、僧道、物怪、俠義、入冥等，其中短製為多，然如《馬通》《青龍鳳》《五通媒》《某學院》《吳氏婢》等亦長篇之作，敘事曲折，頗有話本之致；他如《罎子王》《石尼》頗有散文化傾向，《石尼》述雍正間肥鄉姚氏尼上呈詞願終身事佛事，其次懇切可哀，故全錄之；《罎子王》記錄京城藝人王氏以弄壇為雜戲事，描寫極為逼真，可與林嗣環之《口技》相伯仲：

「擲壇出胯下，摩背躍過頂，承以額，硿然有聲，駭其腦裂而彼恬然也。壇立於額，不以手扶，屢點其首則壇盤旋於額上，或正立或倒立或側立或豎轉或橫轉，壇中銅鐵絲聲，與壇腦相擊撞聲，錚錚硿硿，應弦合節，猛以首，努力一點，則壇上擊屋樑，聽其下，墜於地，地為震動而壇不少損。」志怪軼事之外，間有雜說，如《三樂》：「向言秀才中舉有三樂焉，謂刻部稿、抬頂轎、討個小也（程思樂評點云：其實樂）。乃爾來中舉者，三赴會場不售，而中人之產去矣（程思樂評點云：可慨），秀才尚有數十金之館可坐，舉人自覺身份已高，非百金以上不肯就人，亦不可啟口也，遂至終年浪蕩、無所著落。於是打抽豐、說人情、吃漕規、訛鄉愚（程思樂評點云：然則不止三樂矣，言之慨然），無所不至，上不在天，下不在田，幾幾乎中不在人矣。其謹飭者，或投親友、討薦書、覓書院，或覓官館坐，能詩文字畫者，或賣筆墨，稍有所獲，北行一次則又蕩然（程思樂評點云：可慨），所謂三樂者，往往成畫餅焉。秀才以中舉為登仙，何期有如許煩惱（岑溪）。」

《談徵》五卷　段長基輯

　　段長基號西厓、外方山人，河南偃師（今屬洛陽市）人，乾隆四十二年拔貢，曾任新寧、石城縣令，有《歷代疆域表》《歷代統紀表》等。王韜《弢園藏書目》子部小說家類著錄。《清史稿藝文志拾遺》小說家類雜錄之屬著錄。南京圖書館藏嘉慶乙亥柯古堂藏板。重光協洽王玉樹序、嘉慶九年吳烜序、嘉慶二十年外方山人自序、目錄。王玉樹序云此為「類紀」之書（如《方言》《釋名》《事物紀原》《古今事物原始》），「共若干卷，釐《名》《言》《事》《物》四門，自天地人物以及一言一字，無不窮搜其所自始，取材富，考義精，博物矣，而無踳駁之弊，紀原矣，而無蕪雜之虞。」外方山人自序此書不過輯錄成文，其意在「釋常談通俗文，雖婦童樵牧亦樂聞而得其解，不猶愈夫怪異冥幻等書，使人見之涉於荒誕、流於淫泆也哉。」《名部》為天文、官名、人倫、方外、神祇等稱謂，如《天象》《金烏玉兔》《轅門》《太史》《母母》《太夫人》等。《言部》為常見口語，如《東西》《感激》《骨朵》等。《事部》為循節律活動之稱，如《春牛芒神》《日忌》《門神》《象棋》《吹三通打三通》《賽神》等。《物部》為日常用品稱謂之輯，如《念珠》《胡床》《唾壺》《拐杖》等。「事必尋源，語必究實。」「比類紀事辨物」（吳烜序）可謂雜考之類書，體同《茶香室叢鈔》，而考據不足稱。

《吳興舊聞補》四卷　　章銓纂

　　章銓字捫廷，號湖莊，浙江歸安（今湖州市）人，乾隆三十三年進士，歷官戶部主事、寧夏知府、襄陽知府、韶州知府、廣東糧儲道等，著有《湖莊詩鈔》等，光緒《歸安縣志》卷四十二有傳，與趙翼為友。《重修浙江通志稿·著述考》云《湖志·藝文志》著錄。國家圖書館藏嘉慶九年刻本，又名《吳興舊聞續編》，前有《弁言三則》，分別為乾隆乙未、乾隆癸卯、乾隆甲辰年書，云胡承謀纂修郡志，曾附刻《舊聞》二卷，後板毀於火，繼任者李肯庵太守重修盡削去之，然「稗官小說亦一郡考鏡之資也」，故公退之餘，續編郡中故實。此書為節錄方志雜著文集小說詩話等有關吳興掌故者，如《避暑錄話》《紫桃軒雜綴》《浙江通志》《天目山圖記》《述異記》《一統志》《通考》《前溪逸志》《香乘》《蘇州記》《夷堅志》《苕溪漁隱叢話》《太平廣記》《語林》《清異錄》《靈應錄》《郡齋讀書志》《居易錄》《宋史》《雞肋編》《寄閒寄所寄》《聞見漫筆》《烏青文獻》《齊東野語》《獪園》《浩然齋雅談》《墨談》《妮古錄》《庚子銷夏記》《研齋筆淡筆》《春風堂隨筆》《六研齋筆記》《益智錄》《逐鹿記》《詞苑叢談》《吳興備志》《列朝詩集》《堅瓠集》《池北偶談》《見聞記訓》《西（林字下四點）詩話》《慎餘居雜記》《平倭記》《沈氏家乘》《皇朝盛事》《見聞雜記》《信徵錄》《西皋外集》《隨園詩話》《畫徵錄》《丹桂初階》等，其中所輯尤以筆記小說為多，以教化為旨歸，可謂人物事蹟之類。

《樗散軒叢談》十卷　　陳鏞撰

　　陳鏞字蘭岡，吳江（今蘇州市）人，其他不詳。《中國古籍總目》小說家類著錄。北大館藏嘉慶九年蘇州青霞齋刻本4冊1函，未見；今有國家圖書館藏同治三年重刊本。青霞齋本前有嘉慶九年甲子五壽潛居士序及植庵徐喬林「右調·沁園春一闋」。全書十卷共約210則，其中卷十為考證之類，其他諸卷為博物、軼事及志怪之類，其中卷二《紅樓夢》一則常為紅學家所稱引。博物如《冬蟲夏草》《犀牛角》《火浣布》等，軼事如《涇陽縣老人》《薛家灣女郎》《巧計姻緣》《招夫養夫》《假道士》《醫術五則》之類，志怪如《女化男》《闊臀墳長鬼》《三耳豬》《吳工成墳》等，序云「體仿於虞初，意同於稗官，無妄語無褻詞」，頗為懇切。觀其書，議論、敘事、考證兼而有之，意主於怪奇，凡事湧於筆端，筆之記之，不尚虛幻綺麗，故文風較為平實。

《息影偶錄》八卷　　張埏撰

　　張埏字皇甫，浙江仁和（今屬杭州市）人。事蹟不詳。《販書偶記》卷十二小說家類雜事之屬著錄。臺北經學文化《稀見清代四部輯刊》影印嘉慶九年刊巾箱本。前有嘉慶九年張埏自序、目錄。張埏自序云小說之源流，並云是書可以「維風化」「遣岑寂」。全書分 32 類。卷一為《格言》《達觀》《忠孝》《貞淑》，卷二為《厚德》《閒適》《博洽》《識略》《知慧》，卷三為《敏幹》《豪曠》《藝術》《遭際》，卷四為《缺憾》《滑稽》《紕繆》《仙釋》，卷五為《神鬼》《奇異》《果報》，卷六為《夢兆》《定數》《麗辭》《警對》，卷八為《嘉話》《趣話》《雅謎》《詼諧》《原始》，卷八為《珍玩》《軼事》《雜錄》。從正史、文集、稗官、方志雜記中輯錄有益世道人心者，所輯書有《宋史》《厚德編》《輟耕錄》《宋稗類鈔》《筠廊偶筆》《湖海搜奇》《說聽》《話腴》《鶴林玉露》《世說》《捧腹編》《五雜組》《月下閒談》《廣銷夏》《堅瓠集》《譚概》《廣聞錄》《朱復繹閒談》《吳中雜識》《聞見厄言》《稽神錄》《群談採錄》《郎仁寶偶錄》《碭石剩談》《誌異錄》《湖壖雜記》《淨慈寺記》《花月新聞》《稗史彙編》等，卷一《格言》《達觀》之類類乎清言小品，間雜詩詞，休明道德之意，其他多為歷代軼事志怪，短語叢話，寓目可觀，然此書亦稗販之類，無多創獲。

《七夕夜遊記》一卷　　沈逢吉撰

　　沈逢吉號秋河（字不詳），浙江仁和（今杭州市）人，嘉慶九年舉人，道光間任蘭溪訓導。《清史稿藝文志拾遺》小說家類雜錄之屬著錄。蟲天子編《香豔叢書》（上海書店，2014 年）本。此記乙丑歲（嘉慶十年）七夕節杭州名士沈逢吉醉後，偶遇揚州妓柳自華，二人詩詞唱和事：「終夜詼諧，開人慧想。天明分袂，不盡叮嚀。越日過之，則庭戶依然，紅枕香杳。沿村訪問，絕少人知。噫嘻！疇昔之遇，幻耶？真耶？抑浮生之事，大都如此耶？」

《天全州聞見錄》二卷　　陳登龍撰

　　陳登龍（1745～1818），字壽朋，號秋坪，福建閩縣（今屬福州市）人，乾隆三十九年舉人，著有《出塞錄》《蜀水考》《詩集》等，民國《閩侯縣志》卷七十一有傳。民國《福建通志》小說家類著錄，云「道光通志云：天全州即大金川地，登龍，乾隆甲午舉人。」未見。

《教經堂談藪》六卷　徐書受撰

徐書受（1752～1805），字尚之、留封，江蘇武進（今屬常州市）人，乾隆四十五年庚子副貢生，充四庫館謄錄，歷官河南尉氏、蘭陽、南召知縣，能詩善畫，與洪亮吉、黃仲則、孫星衍、趙懷玉、呂星垣、楊倫為「毗陵七子」，著有《教經堂集》。光緒《武進陽湖縣志》卷二十三有傳。《中國古籍總目》小說家類著錄。華東師大館藏《常州先賢遺書》本。書後有宣統庚戌盛宣懷跋，云「是編談掌故、談考據、談異聞、談節烈、談飛走，聚而為帙，固小說家之正宗，亦足為酒邊燈下消閒之助。」全書三百餘則，每則有題目，鄉耆軼事、志怪博物、詩文錄話、經史考證以及雜說議論皆載入之，志怪博物如《土怪》《龜以尾交》《異蟲有光》《聞鬼語》《鬼索衣》《再生變音》《天津二異》《蛇卵》《西瓜煮肉》《石性》《異夢》《桂芝》《癡和尚》等，軼聞如《胡徵士》《王丈贈詩》《謝曉山巧思》《賀孝子》《劉烈婦》《閩人戒冶遊》《拳勇》《猴拳》《惠元孺》《聽訟之難》《九世同居》《庸醫》《聯句不就》《捉蝶墮廁》等，皆為書中引人矚目者，如《惠元孺》述明季魏忠賢禍朝臣事，敍述真切，多寓勸誡，不盡為廣見聞、資談笑之作；其他詩論如《詩體卑瑣》《言為心聲》、風俗如《天方典禮》《瓊州文風》、考證如《劉海戲蟾》《紙錢》、史論如《漢戚夫人》《禁五通》、文獻如《汪水雲》等，皆有老儒醇厚之風。此書大約仿自漁洋說部，敍事兼議論、詩文兼考證，大有儒士「每事問」之理性色彩，語亦循循然，言歸於正、事徵於實，不造虛談、不尚譎奇，亦清初學人雜記小說之餘緒也。

《雲峰偶筆》一卷　屈振鏞撰

屈振鏞（1746～1815），字聲九，號雲峰，江蘇常熟（今屬蘇州市）人，嘉慶五年副貢，編有《海虞詩苑續編》，著有《典制詳說》《硯北偶鈔》《雲峰詩文稿》等。《中國叢書綜錄》小說家類著錄。本書有《虞陽說苑》乙編本，所記為虞山怪異之事。

《東齋脞語》一卷　吳翌鳳撰

吳翌鳳，初名鳳鳴，字伊仲，江蘇吳縣（今蘇州市）人，諸生，與沈欽道為友，著有《與稽齋叢稿》，輯有《印須集》等。陳詒紱《江蘇通志藝文志》子部續編之小說家著錄。上海書店《叢書集成續編》本。一卷近四十則，每則無標題。內容有考證如區田之制，政事如宋制駙馬選尚、清初督撫接任舊例，

著述如明季這中藏書、沈起鳳傳奇、周雪客《南唐書箋注》、江仲林《文選音義》，軼事入元末張士誠被圍困、明大內貓犬有官名、陳芳鄰狸貓，徐寧寘歿後遺孤、楊復吉高才，藥方如治爛喉痧方、退攀晴翳膜方，博物如蘇州太湖石、上海法華鎮牡丹、高麗墨等。敘述簡潔，無道學氣，頗為可讀。

《吳翌鳳小說》　吳翌鳳撰

寧稼雨先生擬書名。未見。《東齋脞語》云：「余愛觀雜史及小說家言，嘗欲採其事蹟稍異者勒為一書，分十二門，曰說概，曰事瑓，曰文綴，曰異林，曰醫測，曰相鑒，曰卜史，曰字觸，曰夢占，曰幻術，曰諧雋，曰笑叢，尚未卒業也。」

《簷曝雜記》六卷、續一卷　趙翼撰

趙翼（1727～1814），字耘崧、雲松，號甌北、三半老人，江蘇陽湖人（今常州市武進區），乾隆二十六年進士，官至貴西兵備道，工詩，精於史學，著有《陔餘叢考》《廿二史劄記》《甌北詩話》《甌北詩鈔》《甌北文集》等，與袁枚、蔣士銓文名並稱。《藏園訂補邵亭知見傳本書目》卷十子部雜家類、《八千卷樓書目》小說家類、《清朝續文獻通考·經籍考》小說家類雜事之屬著錄。上海古籍出版社《續修四庫全書》影印嘉慶年間湛益堂刻本。書成於嘉慶年間。此為雜家筆記之流，所述朝廷掌故如《軍機處》《軍機大臣同進見》《慶典》《軍需各數》、科舉恩遇如《辛巳殿試》《兩中鼎魁》、少年習藝如《杭應龍先生》、風土《蒙古詐馬戲》《回人繩技》《蒙古尊奉達賴喇嘛》《鎮安風土》《黔粵人民》《滇黔民俗》、邊疆地理如《俄羅斯》、朝廷軼事如《高士奇》《傅文忠公愛才》《汪劉二公文學》、時事如《冒賑大案》《黑水營之圍》《緬甸之役》、異事如《人變虎》《乩仙》《河底古木灰》《妖民吸精髓》、明史如《洪經略行狀》《綏寇紀略》《牛金星》《庚申外史》《王承恩》、博物《西洋千里鏡及樂器》《雞血藤》《酒樹》乃至藥方、序跋等皆記載之，頗有史法，筆意簡潔。續一卷全錄謝表《欽賞三品職銜準重赴鹿鳴宴謝摺》，亦紀恩遇也。

《粵滇雜記》一卷　趙翼撰

《嶺南文獻綜錄》地理部雜志類、《中國叢書綜錄》之「類編·史類·輿地」著錄。《中國西南地理史料叢刊》影印清光緒十七年上海著易堂《小方壺輿地叢鈔》排印本。此書為趙翼於乾隆三十一至三十七年間遊宦兩廣滇黔後，

記錄見聞之筆記。一卷 33 則，每則無標題，末兩則所記甘肅、寧夏風俗（甘省節水之法、男女之事闕略）為其好友章銓所述，不為親歷也。此書所述事蹟亦見於《簷曝雜記》卷三、卷四，為地理、風俗、物產之類，敘述詳細，描摹如繪，對西南地理之險、民風之淳多有感慨，「崇山密菁，頗有瘴，訟獄希簡……此中民風，比江浙諸省直有三四千年之別，余甚樂之，願終身不遷，然安得有此福也。」地理雜記之類。

《竹窗變奇》四卷、《金山聞見錄》六冊　華祝撰

華祝，浙江寧海（今屬寧波市）人，著有《易經古本證解》《左氏少戒》《聽春樓詩文集》等。據光緒《寧海縣志》卷十載：「華祝字正春，號金山，城北橋亭人，郡廩生，聲噪庠序，與弟平齊名，人稱『大小華』。」「嘉慶甲子賜舉人，乙丑會試欽賜國子監學正。」項元勳《台州經籍志》子部十三說家類著錄。《重修浙江通志稿》之《著述考》「《竹窗變奇》四卷、《金山聞見錄》六冊」條云：「有《易經古本證解》，已載經部。《竹窗談奇》分奇人、奇事、奇物、奇夢四種，每種皆冠以孔子，後雜引經、史、子、集。見《寧海新志稿》。《金山聞見錄》不分卷，始明崇禎，迄清嘉慶，凡所見所聞，異物怪事，災祥妖鬼，皆編年紀之，間附論斷，以寓激揚。載《寧海新志稿》，未見。」光緒《寧海縣志》卷十四云此書「義例取法紀文達五種，而篇幅稍窘，以視蒲仙則過之遠矣。蓋合《博物志》《五行志》《幽冥錄》三書而一之者也。」二書皆未見。

《春臺贅筆》五卷　黃世發撰

黃世發字弱仲，一字耦賓，福建晉江（今屬泉州市）人，乾隆四十八年癸卯舉人，官平南知縣。據《嘉業堂鈔校本目錄·天一閣藏書經見錄》之《嘉業堂鈔校本目錄》子部小說家類著錄，云有稿本，兩冊，有謝章鋌跋；《蛾術軒篋存善本書錄》亦著錄，云：「取群書所載地方文獻為郡志所未收者，詮次成書，故曰《春臺贅筆》，蓋欲為郡志之輔翼。大致詳於人物藝文，而遺聞墜掌，搜集不少，兼有考證。」《中國古籍總目》未著錄。今南京圖書館藏有抄本，存三卷，三至五卷。後有施維藩重書之謝章鋌跋，此書卷五有陳雙蘆嘉慶十年乙丑差遣袁州事，則書成於嘉慶年間。書中所述除親朋軼事外，亦多從他書輯錄故實有關袁州者，大約以朝代分卷（惜未見卷一、卷二），所見卷二為宋代事蹟，多輯自《宋稗類鈔》《山谷全書》《江鄰幾雜志》《異聞總錄》《螢雪叢說》

《鶴林玉露》《冷齋夜話》《睽車志》《清波雜志》等，其中尤以黃庭堅事蹟為多；卷三多輯自明清筆記如《國史唯疑》《閩畔錄》《玉堂叢語》《萬曆野獲編》《耳談》《水南翰記》《笑史》《觚不觚錄》《噴飯集》《明季稗史》《茶餘客話》《漁洋詩話》《座右編》等，以明代敘事為主，其中以嚴嵩軼聞為多；卷五為國朝軼事，兼述袁州地理物產及其他詩文如盧肇《金錢花詩》等，其中對袁繼咸敘述較多，大約此與「《六柳堂集》案」有關。敘事兼議論，散體嵌詩文，類漁洋說部，語亦清致，較為可讀，惜輯錄他書過多，頗有稗販之譏，謝章鋌跋云此書「所記雖無關緊要，然亦前人所費心力者，不可忽也。」亦地志小說之流也。

《目耕偶記》十卷　羅瑞徵撰

羅瑞徵字殖庭，廣東順德大良（今順德市）人，僑居桂洲，事蹟不詳。咸豐《順德縣志》卷十七小說類著錄。未見。據此書所列「小說」可知，此書殆亦雜家筆記之類；又據目錄位置，知羅瑞徵在蘇珥之下、陳崇天、羅在思二人之上，而蘇珥為康乾時人，羅在思為嘉道時人（陳崇天事蹟、年代不詳），則定羅瑞徵為乾嘉時人，然此目「小說類」於清代首列邱士超（乾嘉時人），次列梁學源（康雍間人），故此未敢據為定論。權列於此，備小說之一種云。

《吳門畫舫錄》二卷　董鱗撰

董鱗，原名惟，字戀修，號竺雲、西溪山人，著有《漳水題襟集》《雲波仙館詩詞草》《紅樹山房詩話》等。孫詒讓《溫州經籍志》卷十八小說家類瑣語之屬著錄。華東師大館藏嘉慶刻本。今有《中國風土志叢刊本》影印本，前有嘉慶十年乙丑沈廷焀序、嘉慶十一年丙寅郭麐序、嘉慶丙寅吳錫麒序、嘉慶十年汪廷楷序、彭兆蓀序，碧城生《半臂賦》《眉賦》，《自題吳門畫舫錄》、《題詞》。此書雖與《揚州畫舫錄》同為「畫舫」之意，然所記不過青樓校書及投贈詩詞，「此梅鼎祚《青泥蓮花記》、余懷《板橋雜記》之續也」（吳錫麒序），婉麗有之，敘事不足，上卷為名妓小傳，如杜凝馥、崔秀英、史文香、馬如蘭、童大、郁素娟、李倚玉、陸沁香、錢夢蘭、潘冷香、徐友蘭、徐素琴、李響雲、張珮仙、曹曉蘭、陳佛奴等四十餘人，短篇叢語，大類傳奇；下卷為所輯青樓投贈詩詞，如《聽吳中第一琵琶》《題香雪校書吹簫圖》等，亦「板橋體」之一，故吳錫麒序云「此梅鼎《青泥蓮花記》、余懷《板橋雜記》之續也」，如《陸小玉》：「陸小玉，居山塘，峨眉淡掃，風韻天然，而翠袖霞裳、丁東環珮，濃

淡亦復相稱,居處地近河干,屋小如舟,嘗有友寄其家,聞客至,匿於帷,客甚稱家世,誇豪富,姬厭之,呼閉門羹。客不解轉詰焉,友人咮於帷,遂逸去。此與竹垞太史遇王某事正相類,兒女癡情後先一轍,是可軒渠,太史事見《西河詩話》。」

《浮生六記》六卷　　沈復撰

沈復(1763～1825後),號三白,又號梅逸,江蘇長洲(今蘇州市)人,據書中可知,作者長期為幕。陳詒紱《江蘇通志藝文志》子部小說家、《中國叢書綜錄》小說家類著錄。今有華東師大館藏光緒四年上海申報館《獨悟庵叢鈔》活字排印本,前有同治甲戌近僧(潘鍾瑞)序、光緒三年楊引傳序、管樹荃《分題沈三白處士浮生六記》絕句六首,後有丁丑王韜跋。全書共六卷,今闕末兩卷。每卷一部,為《閨房逸樂》《閒情記趣》《坎坷記愁》《浪遊快記》《中山記歷》《養生道記》,所述每則無標題。卷一《閨房逸樂》,記沈復與陳芸於乾隆四十年締結良緣事,所記陳芸形貌、喜好至詳;卷二《閒情記趣》記夫婦家居時清賞遊玩之事,卷三《坎坷記愁》為沈氏夫婦與父母胞弟失和、妻亡子喪事,敘事至嘉慶十一年十一月;《浪遊記快》述遊幕三十年來所見嶺南、山左、關中等處山水之勝、交遊之樂。華東師大館藏1935年世界書局《美化文學名著叢刊》本有後二卷,《中山記歷》記嘉慶四年隨中朝使臣趙文楷赴琉球封國王尚溫事,記述琉球物產、風土至詳;《養生記道》記陳芸逝世後,沈復遁世習安心之法,然《中國古代小說總目(文言卷)》「浮生六記」條云後兩卷為抄襲糅合之偽作。此書為冒襄《影梅庵憶語》後「憶語體」在乾嘉中之代表,敘事摹情及述世情冷暖,雖纖細瑣屑,筆法與散文不異,故潘鍾瑞云「向來小說家標新領異、移步換形,後之作者幾於無可著筆,得此又樹一幟,惜乎卷帙不全,讀者猶有遺憾,然其淒豔秀靈、怡神蕩魄,感人固已深矣。」

《花間笑語》五卷　　熊之垣撰

熊之垣字楚香,自號江湖載酒任、釀花使者,江西南昌(今南昌市)人,監生,曾任松江府下沙場大使。《中國古籍總目》子部小說類文言之屬著錄。臺北經學文化《稀見清代四部輯刊》影印嘉慶十一年刻本。前有嘉慶十一年釀花使者自序。全書共260則(篇)左右,敘事與議論兼備之書,異聞有瑞徵、祈夢、相術、過癩、堪輿、狐鬼、乩仙、僧道之類,而軼事如休寧查士標才藝、

揚州歌伶八十觀情史、京師優伶小史、廣西寨女鍾情沉客等，皆同實錄。其他博物如柴窯洗、乾州龍爪槐、懷慶府歡喜佛、處州青天洞、揚州園林，詩話如金章宗宮中絕句、黎遂球遊揚州影園詩、黃仲則詠暮鴉詞、虞山徐芬詩、陳鵬年絕句、魏之琇詠物詩、王漁洋紅橋雅集等，敘述清雋，文筆甚佳，蓋園林詩話所致也。

《額粉庵蘿芙小錄》一卷　高第撰

高第字雲士，號穎樓居士，浙江蕭山（今屬杭州市）人，諸生，著書達四十種。《中國古籍總目》小說類文言之屬著錄。臺北經學文化《稀見清代四部輯刊》影印嘉慶間刻本。前有嘉慶十七年壬申朱淥序、目錄，後有吳衡照跋。全書44則，以四字標題，如《讀擷芳詞》《捧蓮花座》《閨秀豈少》《才媛何多》《瀹茗衡文》《七絕獻花》《寶石聯吟》《湘筠題畫》《額粉校集》等，所述為高第與其妻苕玉相識相知、伉儷佳偶事。高第喪偶後，復娶武林孫蒸意（苕玉），「得賢媛為閨中友」（吳衡照跋）。孫苕玉為一代才女，與李易安、管道昇、陸卿子為一流，有《貽硯齋詩稿》《衍波詞》。是書與冒辟疆《影梅庵憶雨》、沈復《浮生六記》同為閨房小品之類，然以詩詞為媒介、以詩話錄生平，「斯真玉女之奇緣，足佐金童之佳話也。」（朱淥序）

《近遊雜綴》三卷　蔣雲寬纂

蔣雲寬原名雲官，字錦堂，號錦橋居士，湖南永明（今江永縣）人，嘉慶四年進士，歷官刑部主事、山西道監察御史等，著有《瑞萼堂集》《永明志稿》《勿藥信徵》《十有齋文集》《雨聲樹屋詩鈔》等。《中國古籍總目》小說家類著錄。國家圖書館藏嘉慶刻本，前有嘉慶十四年己巳聶銑敏序、嘉慶十六年辛未陳年桂序以及嘉慶十年乙丑蔣雲寬自序，後有聶銑敏《燈下讀退崦前輩〈近遊雜綴〉書後》以及厚山、孔渲跋。此書三卷，類乎方志，蔣雲寬著有《永明志稿》，此其餘緒也，故聶銑敏序云：「余展讀之下，古今名勝考核精詳犁然在目，其有一節之善、一事之長，津津稱述，符瑞災異、裏謠方言亦悉識之，凡志乘所已載者，汰而弗存，噫，備矣！」卷一為山水、古蹟，卷二為文藝、前賢詠歎茲土詩詞，卷三為風俗、宦蹟、文苑、方技、僧道、災異、土產、博物。蔣雲寬自序云：「永明楚徼小邑，故事之見於紀傳者甚少，余釣遊之暇，頗有志搜討，凡得之父老傳聞及躬所睹見者，隨筆錄記，久而成帙，瑣屑拉雜，不足當一邑之掌故也。」文風在乎求實，可為方志之補充也，風土筆記之類。

《見聞記略》四卷　　楊樹本撰

　　楊樹本（1730～1816），字大立，號蔭軒，浙江秀水（今屬嘉興市）人，乾隆癸酉副榜，歷官寧州州同、鶴峰州知州等，著有《蔭軒詩鈔》《蔭軒文鈔》《文房備覽》《紀元備考》《濮川瑣志》等。《中國古籍總目》小說家類著錄。浙江圖書館藏稿本。卷四記有嘉慶十四年己巳桐城令沈方大軼事，則此書成於嘉慶十四年以後。卷一《紀盛》，紀恩遇也，所述為順治元年至嘉慶五年間列朝恩賜先聖大臣庶民等史，其中尤以乾隆間事為詳，如乾隆四十二年蠲免天下錢糧、乾隆五十八年英吉利入貢貢品、乾隆六十年恩科會試及「千叟宴」等，其中多錄詔書及臣子奏疏，如順治帝入北京後詔書、乾隆帝禪位詔書等。卷二為《課餘雜記》，為雜說考據與詩文輯錄之類，如「杜甫《題壁畫馬歌》之麒麟」辨、「豆腐」考、「風聞」二字考、「鐵樹」考、「觀音粉可療饑」辨以及縣試閱卷、續夢中詩、錄鬼詩等。卷三為《記遊歷》，所述為宦遊經歷，如贈同僚王維之、吳駕潢詩，滿洲子弟尊師盡禮、翻譯之學、館閣書體、科場故事、正陽門關帝籤、寧州甘薯、分寧雙井茶、江西仙人掌、建昌險灘、辰沅曬經臺、雲南氣候、省城牛車、官場宴會、粵西鷯鵲等，大略博物、詩文、軼事兼而有之，地域以浙東、江西、湖廣為主。卷四為《記風氣》，所述為社會風氣變遷，如士人用扇、古今名字之稱、江西風氣由儉入奢、婦人裝飾、水煙、蘇人嗜河豚粵東好霞片（鴉片）、絲履價格、茶船、眼鏡、印章等數十年間之變化。多有輯自他書以論說者，如《閱微草堂筆記》《七修類稿》《古今圖書集成》《答賓戲》《綱鑒匯纂》《隨園隨筆》《示兒編》《吾妻鏡》《香祖筆記》《漁洋年譜》《茶餘客話》《堅瓠集》等。此書為雜家筆記之類，所述為目擊耳聞之事，近於實錄，內容主要為史事、軼聞、詩文、考證、博物、地理、風土等，用筆古雅，大類「漁洋說部」之書。

《人海叢談》一卷　　吳侍曾撰

　　吳侍曾字泰孫，號竹泉，山東海豐（今濱州市無棣縣）人，嘉慶十三年進士，官吏部主事，有《竹泉詩鈔》等。《山東文獻書目》小說家類著錄。臺北經學文化事業有限公司《稀見清代四部輯刊》影印嘉慶十六年刻本。卷首有嘉慶辛未吳侍曾自序。全書 83 則左右，每則無標題，所述有議論如天翁姓名、牛李黨爭，軼事如鄒曉屏不接外吏、紀文達學問淵博、北人吃高粱粥等，其中多吳侍曾親歷之事；其他考證如翁仲考、《說文》「大帶」考，博物如大理石屏，

書畫如聖教序字體、唐宋書畫裝幀、米南宮湘西帖，詩話如杜詩「因風想玉珂」、袁簡齋詩、燕趙佳人詩，典制如清代吏部月選官、拔貢授官，瑣語如唐竹君拔貢自嘲詩、張穆庵好詼諧，可謂議論、敘事、考證並存之雜家筆記書，敘述典雅，語亦徵實。吳侍曾自序云自幼隨任後居京師，每從士大夫談論，見聞既夥，仿唐李肇《國史補》之意而作此書，「然其書專記時事，此則兼論古人，間析故實，未免駁而不純之譏焉。東坡云『萬人如海一身藏』，顧余久於都門而弗能藏也，遂題曰《人海叢談》。」

《閩中錄異》二卷　黃錫蕃撰

　　黃錫蕃（1761～1851），字晉康，號椒升、時安老人，浙江海鹽（今屬嘉興市）人，曾官布政司，署上杭典史，著有《醉經樓存稿》《海上竹枝詞》《閩中書畫錄》《刻碑姓氏錄》《古陶錄》等。《鄭堂讀書記》卷六十六小說家類異聞之屬著錄。上海圖書館藏《黃椒升遺書》本。此書上下兩卷，卷上為《九仙》《董奉》《螺女》《莘七娘》《植柱神》《十八娘》《榴花洞》《鯀神》《鍾飛》《熊博》《桃林村》《黃崎港》《遇仙》《巨人跡》《鶴雛》《卍字胸》《九龍道士》《蛇精》《面床》《洛陽橋》《木中有文》《葉弼》《海鰍》《怪物》《陳夫人》《陳升之》《旅舍》《老佛像》《連理冡樹》《白雞小姐》《臥屍跡》《張主簿》；卷下為《銅天冠》《永福鬼詩》《高南壽》《劉氏女》《岳季方》《雨錢》《廖半仙》《村農》《柯潛》《溺女》《鄭南》《鄭翰卿》《鱸艇》《喬仙》《街裂》《吳師禹》《畫山僧》《妖鼠》《唐將軍》《鬼孝子》《乞食道士》《捕魚者》《娘子橋》《沽飲道人》《丐者》《金雞洞》《猴王》《董槐》《鬼詩》《周中丞》《荔支》《董芸香》《酒花》《巨手》《古橘岡》《金蠶》《暗灣》《積鏹》《異類》《縊鬼》《義旅》。此為志怪之書也，採輯民間者有之，傳聞之言。類乎方志叢談類筆記小說，記歷代閩中之怪異事。此書疑為抄本，無年代，《鄭堂讀書記》云此書前有嘉慶十二年丁卯自序，未見。

《挑燈新錄》六卷　吳仲成撰

　　吳仲成，號荊園居士，福建連城（今屬龍巖市）人，事蹟不詳。《中國古籍總目》小說類文言之屬著錄。上海圖書館館藏同治二年重刻本。前有嘉慶十五年庚午荊園自序、《自題四首》及每卷目錄。自序云「數年來，每於夜靜無聊，挑燈獨處，凡素常見聞奇異福善禍淫之事輒筆之於書，每篇之末復記如評論，意欲為暇時一覽，以存自警。」此書為志怪之類，故《自題》云「滅燭何

妨閒說鬼，遣愁藉此試談文。」類乎《聊齋》。全書六十則，每則有題目，不過鬼狐、物怪、乩仙、轉生之事。卷一《劉神》《蕭新》《食報來生》《夏雪郎》，卷二《陳生》《齒盆》《送褲》《術自侮》《骨化》《張四四》《海熊》《疑獄》《預兆》《異政》，卷三諧政《乩懲淫》《蠱毒》《鴨鬼》《義牛》《靈佷》《賴尾》《黃春》《途塘二少》《謝惜春》，卷四《失印》《涼亭女子》《鬼踞墳》《蕉美人》《龍壽寺水災》《羅姓少年》《秀娘》《胡司空》，卷五《大蛇》《述異》《廉士錄》《菰毒》《沈濟龍》《沈元鐸》《檄蟻》《失莖》《謀空》《淫報》《老廣文》《社神》《貞烈紀》《謝孝子》，卷六《何玉姑》《物化人》《馬姓》《鸚鵡》《刖鼠》《驅鬼》《鼠狼伏蛇》《插青》《虎盜》《偉丈夫》《求謊》《蕭翁》《狐女》《李冰樓》。其目錄如此。

《欖屑》二卷　何大佐撰

何大佐字章民，廣東香山（今中山市）欖鎮人，乾隆六年辛酉科舉人，官海陽縣教諭，著有《瓶沙堂詩集》。光緒《香山縣志》卷二十一史部地理風土雜記類著錄。《廣州大典・子部雜家類》影印廣東省立中山圖書館藏清抄本，題為「一卷」，疑為未分卷之故，實為兩卷。前有目錄，一卷共 173 則。「欖屑」者，即關乎欖鎮之瑣記也，所述為晚明至清乾隆間事，其中《王大中丞祠》中云「嘉慶十七年重修（祠廟）」，則此書當成書於嘉慶年間。內容類於《三岡識略》，書中引《粵觚》《廣東新語》為佐證，亦地志小說之流，以敍事為主，志怪如《羊城五仙觀雞後身》《夢鱉》《騙神被溺》《殺人奇報》《東海老人》《邱碧峰後身》《乩仙聯》《順天府城隍》《王大中丞靈異》《木鵝》《五足犬》《朱神仙受報》《不食牛之報》《太上老君審妖》《冥婚》《治骨梗符》《槍符壓盜》《異寶放光》《收二妖》《大夢蕉》《李白聯》《欖碇大蛇》《人頭將軍》《蟲異》《豬妖》，軼事《修大欖路》《牛地剾藏事》《菊試》《菊社》《春燈謎》《都司移署》《三戲場》《割臂療父》《號樹》《梅花泉》《漁洋詩話》《王振裔》《義豕》《白旗賊》《媒棍》《魏忠賢禾蟲油》《孝僧尋親》《當馬鑼》《吳逸堂》《飛將軍》（其中述先祖軼事如《甥舅慧穎》《旌義祖事》《南塘公新婚》《庚子三何》《二始祖墓》等，述祖德之意）。其他有風俗如《字酒》《盂蘭會水嬉》《大汾房謁祖》、議論如《棄嬰當禁》、天象如《日珥》、藥方如《救害丹》《蛇傷神方》、博物如《沈石田四大山水畫》《徐渭字畫》等，數量較少；又有《瑞蓮》《葉虎竹三異》《駝山八景詩》《西浦並蒂蓮詩》《劉媛詩》《吳媛詩》《迹刪和尚詩》《寫葉山

房詩》《鴉片》《周易補注》《五產並蒂蓮詩》《開元泉詩》《兩逢元旦立春》《五朝詩選之遺》《粵中懷古》等，以軼聞帶詩文，其意在誌藝文也，大約補邑乘之意。文風質樸，所記較為信實，其中多有述明末動亂之景象者。

《墨餘書異》八卷　　蔣知白撰

蔣知白字蓮友、君質，江西鉛山（今屬上饒市）人，蔣士銓第五子，嘉慶六年貢生，歷署山西解州州判、聞喜知縣等，有《紅雪樓詩抄》等。《清史稿藝文志拾遺》小說家類志怪之屬著錄。經學文化事業有限公司《稀見清代四部輯刊》影印嘉慶二十五年刻本。前有嘉慶二十五年勒殷山序、陳鴻壽等《墨餘書異題詞》、目錄。全書 117 則（篇）左右，異聞居多，如《財主見鬼》《無常登廁》《重生》《冒失鬼》《龍見》《五鬼戲頭》《泰山石敢當》《詩魅》《神卜》《地吼》《福孝》《燈神》《犬言》《燕鴻問答》《牛語》《託偶》《蘇州怪》《鶴談》《長白女仙》《龍母點卯》等；次之以軼事，如《匹義》《山長》《汪德遠》《廣文販豆》《甘鳳池》等，文後間有補因氏評。敘事簡潔，雖有如篇幅漫長者如《山長》者，亦以寫實為尚，即勒殷山序云「蔣君之書書異也，實書實事也」，非他書以旖旎情事為炫耀也，故程瑢題詞云：「談忠說孝表清貞，細寫情由誌姓名。從此千秋傳韻事，有人泉下拜先生。」

《增訂儆信錄》八卷卷首一卷附編四卷卷末一卷　　王培槐編

王培槐字元喬，號蔚三，浙江黃岩（今屬台州市）人，諸生。吳興劉氏嘉業堂抄本《台州經籍考》小說類著錄。浙江臨海市圖書館藏本，未見。光緒《黃岩縣志》卷之二十七雜家類提要云：「是書雖本陰騭家言，而編次不苟，所輯諸說，亦多不謬於經旨。前三卷《感應篇注證》，第四卷《陰騭文注證》，次《勸孝》，次《戒淫》，次《正心》，次《功過格》，各一卷，為正編。次《經訓彙纂》，次《勸誡雜錄》，次《格言集要》，次《因果實錄》，各一卷，為附編。末卷則濟世醫方也。惟首卷冥諭並圖及附編第四卷頗近語怪，然此等語，小說家時有之，亦可以警愚俗，不必以儒理爭也。嘉慶丁卯陶如淵序。」

《樗園銷夏錄》三卷　　郭麐撰

郭麐（1767～1831），字祥伯、蓬庵、復庵，號頻伽、頻迦居士等，江蘇吳江（今屬蘇州市）人，嘉慶貢生，有《靈芬館詩話》《浮梅樓詞》等。《八千卷樓書目》小說家類雜事之屬著錄。上海古籍出版社《續修四庫全書》本。該

書上中下三卷,軼事之外,詩話居多(集中於卷下),如卷下中云:「善寫眼前之語,如人意中之言,令人一見犁然有當於心,此詩境之一妙也,放翁詩『兒孫生我笑,趨揖已儒酸』,明王叔承《席上贈益卿幼子詩》『風塵來燕頷,爾輩已堪疑』。放翁調笑,叔承慷慨,而語皆可思。」其他如考證字義、記載名物亦有獨見。其中多引宋代筆記如《老學庵筆記》《雲煙過眼錄》《東軒筆錄》《雲麓漫鈔》等,每則無標題。間有描摹景物,可謂筆記小品之文。

《此君軒漫筆》八卷　　李心衡撰

李心衡字巽廷,號湘帆,江蘇上海(今上海市)人,附監生,歷官四川西昌縣丞、湖北棗陽知縣等,乾嘉時人,有《金川瑣記》等。《中國古籍總目》小說類文言之屬著錄。臺中文聽閣圖書有限公司《晚清四部叢刊》影印光緒二十二年鉛印本。前有馬若虛等《題辭》、每卷目錄。此書以敘事兼議論為主,敘事有軼事如《陳中丞耿介》《朱尚書調養》《女帥秦良玉紀事》《丁揚先孝行》《金川記補遺三則》《騙局三則》、異聞如《蔡太守判冥二則》《科名定數》《客舍僵屍》《武昌郡怪異》《關廟靈簽》《顧少詹解煞神》《鬼客異形》《私第狐現》、瑣語如《筆墨詼諧二則》《魏尚書家門喻》等,議論如《治河要略》《古人叔侄稱父子》《李群玉事辨誣》《借書還書眾說》《前哲論主敬》《論死生鬼神》《故明酷法》等,他者有文藝如《書畫臨摹四法》《平仄有兩用》《賦比興》《鞠司馬唱和》《趙實君詩詞》《匋匋圖》《王沈兩公論詩》、藥方如《避五箭》《回生丹秘方》《金瘡鐵扇散》、考證如《古人姓名考》等,其中不乏稗販他書以成文者,可謂雜家筆記之類。文後多有施介水、許石泉、廖紫倉等人評語,老儒議論,新見無多。書中已述及嘉慶十七年事(卷三《金瘡鐵扇散》),故列入此處。

《乾嘉詩壇點將錄》一卷　　舒位撰

舒位(1765~1816),字立人、犀禪,號鐵雲、鐵雲山人,江蘇吳縣(今蘇州市)人,原籍直隸大興,乾隆五十三年舉人,長期為幕客,與王曇、孫原湘並稱性靈詩派「後三家」,有《瓶水齋集》、戲曲《瓶笙館修簫譜》等。《八千卷樓書目》子部小說家類瑣語之屬著錄。上海古籍出版社《續修四庫全書》本。此據宣統三年刻本影印,名《重刻足本乾嘉詩壇點將錄》,前有宣統辛亥葉德輝《重刻足本乾嘉詩壇點將錄敘》。按葉德輝光緒間曾有《重刊詩壇點將錄》一種,前有舒位序、光緒丁未葉德輝自序、樨園先生題詞。此為小說瑣語

之遊戲文。「點將錄」遠紹後漢黨錮士林，衍波《元祐黨人碑》，仿《水滸》石碣天文而成《東林點將錄》，本為黨爭之衍品。鐵雲山人首創此傳記與主客圖詩品結合之體，後有汪辟疆《光宣詩壇點將錄》、錢仲聯《順康詩壇點將錄》《道咸詩壇點將錄》《近百年詞壇點將錄》《近百年詩壇點將錄》《南社吟壇點將錄》《浣花詩壇點將錄》以及今日《網絡詩壇點將錄》等。原為政治之禍端，後變遊戲之筆墨，當代則為邀名之具區矣。葉德輝序中言之亹亹，云：「《詩壇點將錄》，余幼從先世楹書中見之，當時不知為何物，但聞塾師云是乾嘉兩朝詩人事蹟耳。稍長讀《水滸》小說，見諸人綽號皆梁山盜名，意甚駭怪。又久之，得袁枚《隨園詩話》、王昶《湖海詩傳》、洪亮吉《北江詩話》、張維屏《國朝詩人徵略》，得諸人出處交際，始歎其比喻之工。迨公車偕計，過夏都中，每從廠甸搜求國朝詩文集部，於是一朝詩派源流，了然在余心目，欲求此錄重刻，則久已遺失，不可復見。光緒丁未，從長沙舊書攤購得同治己巳巾箱本，遂付梓人刊行。旋獲傳抄武進莊氏舊藏足本，較余本少訛字，諸人里貫仕跡亦較余本稍詳，然所缺者猶多。余據吳鼎雯《詞垣考鏡》、李富孫《鶴徵後錄》及郡邑詩選、各省志乘、諸人詩文本集、集中碑傳文字補之，而是書遂臻完善，餘有詳略及集名異同，則二本可以參觀，不贅補也。前刻附考宋江事，尚有未盡者，如宋江……據此則國初時，此等小說亦自風行，不僅明季奄黨，以此等誣東林諸公也。夫善善惡惡，人有同心，是是非非，各持一見。人而君子，不妨加以盜跖之惡名；人而小人，終無益於莽操之美號。故雖遊戲之作，能使讀者於百世之下，想像其生平，斯固月旦之公評，抑亦文苑之別傳矣。近世盜賊橫行，逋逃海外，當軸者循私交之請，往往藉詞黨禍以開幸免之門，不知東漢之黨錮、宋之元祐黨碑、慶元偽學以及明之東林點將，大抵為小人指目君子而名，初非諸人自立黨幟以罹禁網。今則二三新進，標舉名義，擾亂紀綱，錄之既非才，散之則煽亂，而欲引為漢宋黨人之筆，誠不知當事之持議者，何所見而云。然《逸周書》載穆王作《史記》以自警，曰：『昔有果氏，好以新易故，新故不和，內爭朋黨，陰事外權，有果以亡。』嗟乎！穆王去今遠矣，而諄諄於黨爭之為誡，居今日而追原禍，始有國者，其可輕言變易乎！余於此錄一再校刊，非徒如龔聖予之《圖贊》、杜古狂之《畫像》取悅一世之耳目，將以遠稽乾嘉文治之根本、諸君子聲氣之應求，俾言治者曉然於黨有君子小人之分，有虛名實禍之異。然則是錄雖小，不幾古今之龜鑑歟。」此文係郋園老人

有感之作，梓行遊戲文以「遠稽乾嘉文治之根本、諸君子聲氣之應求」，非盡遺憾於政治也。是書仿梁山好漢排座次之法，首列《詩壇都頭領三員》（托塔天王沈歸愚、及時雨袁簡齋、玉麒麟畢秋帆），次述《掌管詩壇頭領二員》（智多星錢籜石、入雲龍王蘭泉），次《參贊詩壇頭領一員》（神機軍師法梧門），次《掌管詩壇錢糧頭領一員》（小旋風阮芸臺），次《馬軍頭領三員》，次分述《馬軍正頭領十四員》《步軍先鋒正頭領二員》《步軍衝鋒挑戰正頭領一員》《步軍衝鋒挑戰副頭領一員》等，共分 33 等（類），興到之筆，「乃以《水滸》一百八人配合頭領。或肖其性情，或擬其行止，或舉似其詩文經濟」（葉德輝《重刊詩壇點將錄序》），文武比附，雅俗兼備，類乎乾嘉詩人大聚義。然其排序品評亦得當，如述《馬軍正頭領十四員》，黃景仁為「行者武松」、洪亮吉為「花和尚魯智深」，皆因其身世性格及詩才與此兩豪客相似也，故汪辟疆《光宣詩壇點將錄序》云此書「比擬之工，措語之巧，真令人軒渠絕倒也」。作此「點將錄」者，非深於藝林掌故、諳於詩學者不能到。

《嘯亭雜錄》十卷、《續錄》三卷　昭槤撰

昭槤（1776～1829），號汲修主人、檀樽主人。清太祖努爾哈赤第二子禮親王代善之後，其父永恩襲康親王爵，昭槤於嘉慶十年（1805）襲禮親王爵，二十年緣事革爵，有詩集《蕙蓀堂爐存草》。《清史稿藝文志》雜史類著錄。中華書局《清代史料筆記叢刊》本。前有光緒六年耀年序、目錄。耀年序述此書成書始末。此書無類別，每則有標題，所述時段限於後金太宗——清仁宗，大略以帝王事蹟居首如《太宗伐明》《世祖善禪機》《聖祖識純皇》《土爾扈特來降》《純廟博雅》《純皇賞鑒》《今上待和珅》，後分敘勳臣事蹟如《本朝狀元宰相》《圖文襄公用兵》《劉文正公之直》《舒文襄公預定阿逆之叛》《鄂西林用人》、本朝典制如《漢軍初制》《國初官制》《本朝內官之制》《王公降襲次第》《活佛掣籤》《八旗之制》《堂子》、士林掌故如《張文端代作詩》《高江村》《本朝文人多壽》《姚姬傳之正》《紀曉嵐》《查初白》《洪稚存》、軍事如《金川之戰》《西域用兵始末》《先良王大溪灘之捷》《木果木之敗》、風俗如《滿洲跳神儀》《滿洲嫁娶禮儀》《帽頭氈帽》《服飾沿革》、文藝學術如《淳化帖》《石倉十二代詩選》《秦腔》《文體》《三分書》《書法》《小說》《考據之難》《夜譚隨錄》、軼聞如《和相見縣令》《書劍俠事》《婁真人》《毒死幕客》《義僕》《青樓》、前朝史蹟如《宋人後裔》《明用度奢費》《宋金形勢》《元泰定帝》《元順帝》《明

非亡於黨人》《元初人物之盛》、域外如《本朝待外國有體》《朝鮮廢君》《安南四臣》，體例類於《萬曆野獲編》，於清代前中期朝野歷史記載頗詳，文筆簡而有法。此書為清代雜史名作，亦清代中晚期稗史勃興之先聲，故李慈銘《越縵堂讀書記》中云此書「所載國朝掌故極詳，間及名臣佚事，多譽少毀，不失忠厚之意。其中爵里字號，間有誤者，而大致確實為多，考國故者莫備於是書矣。」

《韓江聞見錄》十卷　　鄭昌時撰、李岱林等評

鄭昌時字平階，後更名重暉，廣東海陽（今潮安縣）人，嘉慶諸生，有《說隅》《豈閒居吟稿》《開方考》等。《清史稿藝文志》史部地理類雜志之屬著錄。今有吳二持點校本（暨南大學出版社 2018 年）。前有目錄、辛巳（道光元年）洪肇基序、嘉慶二十二年楊廷科《禺山夜話原序》，辛巳年《參校姓氏》。洪肇基序云：「嘗成《說隅》《開方考》二書……此書之作，則又即其聞見所及，採而錄之，以別為說部之書，是何不窮於所出也。經緯剪裁，一準史法，而又寓闡至理典則，事具首末，語成篇章，其殆小說家言、規以傳記體且陶鑄語錄考據者乎？亦可以觀世矣。」此書為地志小說，以潮汕為主，卷一勝蹟，多名人留題，如《丞相祠》《韓廟蘇碑》《讀書洞》《陽山老人》；卷二藥方神術，如《三靈方》《三神術》《神語定解》《測字定解》；卷三人瑞神童，如《百二十歲賢母》《百歲夫人》《八歲神童》《弱冠縣令》；卷四忠孝鬼神，如《子守訓》《女搏虎》《孝子樹》《勸友還符》《刀下逃魂》；卷五仙釋事蹟，如《陰那神僧》《金山道士》《指頭點金》《利濟諸善事》；卷六廣東及外洋山海名勝，如《銅鼓嶂》《鳳凰山》《兩浮山》《暹羅陸歸》《朝鮮夢歸》《海防》《海潮》；卷七文士雅事及勝蹟傳說，如《韶石》《石母》《銅柱》《五羊石頭》《午夜燈》《深夜讀書》；卷八物異土產，如《龍虎之異》《龍馬》《天硫黃》《寶鴨石》《雲母粉》《桐包花子》；卷九詩歌文獻輯錄，如《韓山書院》《驅鱷行》《鸚鵡碑歌》《潮州二十四詠》《百懷人七絕》；卷十潮州文獻，包括《易》學、韻學、詩學、文字學，如《韓江〈易〉學》《韻學通轉葉說》《詩病說》《六書說》等。每則有標題，部分條目有洪松湖、李岱林等評語。敘述詳盡，描寫生動，為嶺南筆記中傑出者。

《語新》二卷　　錢學綸撰

錢學綸（1737～1796 後），字醒邊，一作醒蘐，一字勖經，號銓蘐，江蘇華亭（今屬上海市）人，初讀書後習市業，考取松江府房考吏，有《談贅》《香

閨恨譜》等。《中國古籍總目》小說類文言之屬著錄。新興書局《筆記小說大觀》本。前有錢學綸小傳、蒙山史本泉《題詞》。是書所述主以乾隆間怪異之事,傳聞多有關松江府者,間有詩文記錄、曲藝散論、地理風俗、金石彝器,文風簡要,可稱嘉慶間地志小說之佳者。書後有光緒二年錢徵昕跋,云惜已無人識錢學綸為何人矣。

《亦復如是》八卷　宋永岳撰

宋永岳字靜齋,生卒年不詳,號青城子,湖南澧州(今常德市澧縣)人,以川楚河工助餉例,捐廣東香山、新安巡檢,遷海陽丞,精醫術,有《清史稿藝文志拾遺》小說家類雜錄之屬著錄。廣陵書社《筆記小說大觀》本,無序跋,四卷。此書一名《誌異續編》(廣陵書社《筆記小說大觀》,四卷,前有目錄,無序跋。)《亦復如是》今有于志斌標點本(底本據嘉慶十六年刊本),前有嘉慶辛未搴芙外史序、《凡例》、目錄、嘉慶十六年宋永岳自序,書後有于霖俶跋。搴芙外史序云:「《亦復如是》者,吾友青城子窮愁無俚之作也。青城子以名諸生,六試鄉闈不遇,不得已就九品職,赴粵東候補凡十年始擢升縣佐。未得缺即被吏議去官。家無立錐,門可羅雀,於絕無消遣中重理舊業,就其平日之所聞所見者,匯而記之,凡得若干卷。其大致仿《廣記》、《誌異》諸書體,而說經說史,獨抒己見,間中指點,具有深意,無過激語,無毀世語,無兒女喁喁狎暱語,自成一家言,實前人說部所未有。」實則此書文風樸實,短篇筆記,狐鬼方術居多,如《監生》《鬼無聲》《徐登桂》《丁光煥》《人首蛇》《陸炳吉》《魏悟真》《扶乩》《乩畫》,軼事如《二生》《優人》《某婦》《葉天士》,多非虛幻想像,不類於《聊齋誌異》。他者議論如《講魯論》《老人》《九經無茶字》《小兒初學字》、載記《火井》《大孤山小孤山》《廣東湯泉》《漢世印文》《海中蟹》,語皆平實,惜聞見不廣耳。譚獻評此書「平易近人,文章多直致」(見《復堂日記》)。

《明齋小識》十二卷　諸聯撰

諸聯(1765~1843後),字晦香,一字墨如,號明齋,江蘇青浦(今屬上海市)人,諸生,有《長寶齋詩集》《紅樓評夢》等。《師石山房書目》小說家類雜事之屬著錄。廣陵書社《筆記小說大觀》本。前有嘉慶十六年陳琮序、癸酉魏容序。陳琮序稱此書「凡鄉邦之山川人物與俗土風以及郵亭歌詠之章、閭巷詼諧之語有裨風俗關名教者,耳目所及,悉輯而錄之,非時下說部家所能彷

彿也。……晦香是作，遒峭整潔，不名一體，自有生以後序歲月之今古事物之先後，略仿鄉先生《雲間雜志》《三岡志略》之例。」此書卷一前數則敘述地理物產如《疆域》《孔宅》《吳淞江》《九峰志》《土產》外，其他皆為小說，並以青浦為主要故事場域，如《誤寫文書》《道士擷芹》《夢印》《金天王》《知縣出家》《兩匠貴顯》《試院狐》《花神》等，故此書為地志小說如《雲間雜志》《三岡志略》也，以志怪為主，軼事次之，間有考證如《書院散考》、詩文輯錄《水仙花賦》之類。

《宋瑣語》二卷　郝懿行纂

郝懿行（1757～1825）字恂九，號蘭皋，山東棲霞（今屬煙臺市）人，嘉慶四年進士，歷官戶部額外主事、戶部福建司主事，著名經學家，有《爾雅義疏》《山海經箋疏》《竹書紀年校正》等。今有《郝懿行集》。《中國古籍總目》史部紀傳類斷代之屬著錄。《筆記小說大觀》（廣陵書社）本。前有郝懿行序，云：「休文之《宋書》，華贍清妍，纖穠有體，往往讀其書，如親見其人。於班、范《書》，陳《志》之外，別開溪徑，抑亦近古史書之最良者也。嘉慶乙亥春夏之間，余以養疴廢業，覽其書而美之，時精力衰頹，苦乏記功，隨讀隨錄，分別部居，令不雜廁，謂之《瑣語》，蓋取不賢識小之意。沈有《晉書》一百一十卷，今亡無存，暇時當取唐人所撰《晉書》以足之。」是書仿「世說體」分目之法，有《德音》《藻鑒》《吏材》《綜練》《機權》《兵略》《殘苛》《風操》《嫚侮》《蘊藉》《標韻》《儉素》《標韻》《躁競》《豪奢》《高趣》《諧媚》《清賞》《佛事》《駢麗》《言詮》等為 28 類，每則無標題，亦注明文獻來源，類於人物小傳，文後間有史事考辨之語，李慈銘稱述此書「編述雅馴，時存訓詁，經儒所為，終非苟作者也。」（《越縵堂讀書記》之「宋瑣語」條）

《山海經箋疏》十八卷、《圖贊》一卷、《訂譌》一卷、《敘錄》一卷　晉郭璞傳、郝懿行箋疏

宣統《山東通志》小說家類異聞之屬著錄。今有上海古籍出版社《續修四庫全書》本。前有光緒七年十二月二十四日上諭、順天府尹遊百川奏摺、嘉慶十四年阮元《刻山海經箋疏序》、《山海經箋疏審定校勘爵里姓氏》，書後有嘉慶九年郝懿行《山海經箋疏敘》。清代於《山海經》校勘辯證者數家，其中郝氏邃於經學，校勘疏證極為精到，可稱名注，故阮元序云：「《左傳》稱『禹鑄鼎象物，使民知神奸。』禹鼎不可見，今《山海經》或其遺象歟。《漢書‧藝

文志》列《山海經》於形法家，《後漢書·王景傳》：『明帝賜景《山海經》《河渠書》以治河。』然則是經緯山川輿地、有功世道之古書，非語怪也。且與此經相出入者，則有《逸周書·王會》《楚辭·天問》《莊》《列》《爾雅》《神農本草》諸書。司馬子長於山經怪物不敢言之，史家立法之嚴，固宜耳，然則上古地天尚通，人神相雜，山澤未烈，非此書末由知己，郭景純《注》於訓詁地理未甚精徹，然晉人之言已為近古，吳氏《廣注》徵引雖博而失之蕪雜，畢氏校本，於山川考校甚精，而訂正文字尚多述略，今郝氏究心是經，加以箋疏，精而不鑿，博而不濫，粲然畢著，斐然成章，余覽而嘉之，為之刊版以傳。」郝氏據唐前文獻考訂此書古本篇目、本原圖像、是正訛誤，直視作先秦地理書而已，故云：「美哉禹功，明德遠矣，自非神聖，孰能修之？而後之讀者，類以夷堅所志，方諸齊諧，不亦悲乎！」（郝氏《敘》）

《遊文小史》 郝懿行撰

宣統《山東通志》小說家類瑣語之屬著錄。此書未見，今《郝懿行集》（齊魯書社，2010 年）中亦未收此書。按明代閔文振有《遊文小史》一種（見《百川書志》），已佚。

《夢闌瑣筆》一卷 楊復吉撰

楊復吉（1746～1820），字列侯，一作列歐，號慧樓，江蘇吳江（今屬蘇州市）人，乾隆三十七年進士，有《遼史拾遺補》《史餘備考》等，曾續編《昭代叢書》。《八千卷樓書目》小說家類雜事之屬著錄。《昭代叢書·癸集》本。前有楊復吉自序，書後有壬寅沈懋德跋。此書分三類，《叢談》為考經評史、詩話俗語，詩話尤注意於唐詩；《紀事》為清代志怪軼事謔語、古籍文獻、邊疆軍事；《識物》為博物之體，所載有新異之物、藥方。多輯錄他書而成文，每則無標題，語在徵實。雜說之書也。

《遺睡雜言》八卷 黃凱鈞撰

黃凱鈞（1752～1820），字南薰，號退庵居士，浙江嘉善（今屬嘉興市）人，有《友漁齋醫話》等。《清史稿藝文志拾遺》子部小說家類筆記之屬著錄。北京出版社《四庫未收書輯刊》本。前有嘉慶十九年乙亥自序（附七律一首），每卷皆有目錄，每則有標題，如《戲推棺蓋》《多言取殃》《心香感神》《起蛟發水》《雪上足跡》《彈唱第一》《陰賊可畏》《鬼使回家》《林烈婦事》《活字印

板》《老不置妾》《蚊吸痘毒》《狂牛奔市》《能言僵屍》《詩可愈疾》《隨園事略》《烈女求旌》等。黃氏序云:「古來小說家以《西京雜記》為鼻祖,自唐至國朝假稗官而為文章者可勝舉哉,如《桃花源記》都入選本古文,其事出於晉陶潛《續搜神記》,宋洪邁著《夷堅志》,卷帙富而採擇繁,然往往藉知交襄助。」並言希冀海內君子可郵寄異聞之有資勸誡者至嘉善東門外小寺橋,以便刊印。此書為《夷堅志》之類,「凡雜事瑣聞以及神怪妖異,足以風世為勸誡者,無不縷述。」(《鄭堂讀書記補逸》卷二十八)

《秦淮畫舫錄》兩卷、《畫舫餘譚》一卷 捧花生撰

　　《清史稿藝文志拾遺》子部小說家類雜錄之屬著錄。《秦淮畫舫錄》有上海古籍出版社《清代筆記小說大觀》本,校點說明云此書疑為車持謙(1778～1842)撰,車氏事蹟不詳。前有嘉慶丁丑楊文蓀序、嘉慶倉龍三次強梧汪度序、陳雲楷序、嘉慶游兆困敦捧花生自序、嘉慶二十二年馬功儀跋、嘉慶丁丑藥諳居士跋、汪世泰等題詞。捧花生自序云:「遊秦淮者,必資畫舫,在六朝時已然,今更益其華靡。頗黎之燈,水晶之盞,往來如織,照耀逾於白晝。兩岸珠簾印水,畫棟飛雲,衣香水香,鼓棹而過者,罔不目迷心醉。余曼翁《板橋雜記》,備載前朝之盛,分雅遊、麗品、軼事為三則,而於麗品尤為屬意,良以一代之興,有銘鍾勒鼎者,黼黻廟堂,以成郅隆之化;即有秦歌楚舞者,點綴川野,以昭升平之休。如湘蘭小·宛,今燕白門輩,洵足輝映卷冊,稱播士夫。易曰良人得其玉,小人得其粟,不其信歟!自是仿而纂輯者,有《續板橋雜記》、《水天餘話》、《石城詠花錄》、《秦淮花略》、《青溪笑》、《青溪贅筆》各書,甄南部之豐昌,紀北里之妝橡,不下一二十種。余幸生長是邦,目睹佳麗,偶亦買漆版,喚藤繃,洄溯中流,評花泊柳,本蘇子瞻之寓意,為庚肩吾之近遊。日月既深,見聞滋廣,綜諸妓之皎皎者,附以投贈詩詞,分紀麗、徵題為上下二卷。因成於畫舫之遊,即題曰《秦淮畫舫錄》。蓋竊仿曼翁之體,而以麗品為主。雅遊、軼事因以錯綜其間,不必於從同,實亦未嘗不同已。或謂此錄之作,未必遂空冀群,不知前乎此者非不佳,陳陳相因,無事餘之重錄也。後乎此者亦不少,綿綿不絕,容俟余之續錄也。或又疑平章金粉,無裨風化,適為淫惑之書,慮損勸懲之旨。余曰:《煙花錄》、《教坊記》,隋唐以來,副載經史,區區撰述,何足以云。且葩經不芟桑濮,閻浮亦陳采女,風花水月,竟又奚傷哉?」是書卷上《紀麗》,記金袖珠、宮雨香、朱玉、紀招齡等129餘人,類乎青樓小傳,品題才貌、敘述交遊,並附佳詠;卷下《徵題》,為文人於妓館

感情題壁、留戀繾綣之詩詞。《畫舫餘譚》一卷為《畫舫錄》成書後又得數十則，補充而成，內容一如前書。皆板橋體小說也。

《三十六春小譜》四卷　捧花生撰

《中國古籍總目》小說類文言之屬著錄。南京圖書館藏清刻本。前有捧花生等《題辭》，後有丙戌小尊彝跋。是書四卷，分孟、仲、季、閏四冊，為金陵歌妓陸愛齡、李小如、馮藕香、張雙鳳、曹五福、胡四喜、周桂齡、吳鳳珠等 36 人小傳，詳其住址、身世、姿色等，每傳後附秋舲、雲虬、捧花生、練塘、子堅等題贈詩詞，敘述清雅，小尊彝云「茲譜即《（北里）志》之遺意也。捧花生顧必纂輯之、甲乙之，同人且從而歌詠之」，閱者毋以「綺語」視之也；雨薌題辭云是書：「三十六芙蓉，仙山又一重。榜花春意鬧，彩筆露華濃。宮樣翻新譜，樓楣覓舊蹤。長橋餘豔在，雪過爪痕封。」觀此類誌豔酬贈之作，詩詞累牘連篇，頗有堂吉訶德慕牧羊女之心態，甚無謂也。

《吳門畫舫續錄》三卷　個中生撰

個中生事迹不詳。《中國古籍總目》子部小說類文言之屬著錄。新興書局《筆記小說大觀》本。前有嘉慶十七年壬申宋翔鳳序、嘉慶癸酉麗農山樵趙函序，卷端癸酉個中生序。此書為誌豔類小說，分《內編》《外編》《紀事》三部分，個中生序中解釋道：「西溪山人《吳門畫舫錄》成於癸亥、甲子間，一時茂苑名花，皆為傳其豐致，寫其性情，直擅黃、徐妙手。顧以余所見，同時若張秀芳、黃月舟、談珊珊諸人，類皆色冠平康，與崔、杜為姊妹也，且秀芳於冶芳浜構語花樓，幾壓綠雲之上，而黃與談，當時有文武狀元之目，錄中皆湮沒不傳，豈賞鑒未及歟？抑滄海遺珠，古人猶有不免歟？即錄中諸人，迄今不及十載，存者已僅止二三。而群芳之爭向春風，其秀出一時者，又踵相接也。余歎紅顏之莫駐，悲彥會之靡常，爰續是編，藉資談助。以金閶佳麗省識再四者列人內傳，寄跡吳門暨傳聞豔羨者為外編。數年後倘更有癡於我者，或再續焉，庶幾花月因緣，不與流春同逝爾。」前兩卷所述青樓傳記為多，如張素芳、陳疏琴、張新蘭等，可謂粉黛小傳耳。《紀事》仿《板橋雜記·軼事》例，紀述冶遊事蹟，如豔跡掌故、交遊詩詞、曲藝世風等。

《芝庵雜記》四卷　陸雲錦纂

陸雲錦字文襄，號耕霞，江蘇太倉（今太倉市）人，擅畫，題材有人物、

花卉、山水。《清續文獻通考》子部小說家類雜事之屬著錄。國家圖書館「中華古籍資源庫」（嘉慶八年婁東陸氏刻本）。前有嘉慶八年陸雲錦自序，每卷皆有目次，每則有題目，如《范文正公上書》《版築》《宣和御筆畫鷹》《孟子逸語》《鬭疆園》《拙句》《瓜鬭》《蔡氏狀元》《老卒回易》《戀遷有無化居》《止戈為武賦》《漢壽亭侯印》《刺面正字》《啖石》《勤有三益》《響豆》《梁昭明太子琉璃盌紫玉杯》《威怖兒啼》《銅像面瘦》《婦人產猿象天雨黑黍》《明人演戲多扮近事》《杏壇》《節婦柘》《煙草》《帷帳》《林鶴坡》《黃巢厚同姓》《虎邱賣花》《落梅詩》等。此書為讀書中隨筆劄記之作，序云：「余里居待次，著有《讀書記》三卷，門類未經編輯，亦間有未卒業者，同學請於余，然不敢漫付棗梨，茲就敝簏中搜出《雜記》若干條，分為四卷，梓行於世，亦聊以資藝林之談諧云爾。」於地志文集、經史字書、小說筆記多所採擷，間有隨筆考證、摘抄評論。所採筆記尤以《鶴林玉露》《中吳紀聞》《菽園雜記》《陔餘叢考》以及「漁洋說部」作品為多，內容以軼聞異事為主，然文句與原文多有出入，亦有抄襲不注出處者，可謂稗販之書也。

《嶺南隨筆》三卷　馬光啟撰

馬光啟字舜喬，安徽桐城（今屬安慶市）人，長期為幕客。《（光緒）安徽通志》卷三百三十九著錄，云「《嶺南隨筆》，馬庶懷著，馬樹華輯。」此書當為馬光啟撰。廣東人民出版社《嶺南文庫》本。前有道光龍集橫艾攝提格宋清壽序、道光二十年馬樹華序。宋清壽序中稱譽此書，云「引據精確」，並云：「予獨愛是編賅洽古今，足以拓山川人物之見聞，非僅以露鈔雪纂為能事。」馬樹華云：「從伯父舜喬先生，叔祖贈承德府君中子，少孤貧，客遊數十載，最久於粵東。顛沛坎壈，以布衣終。平生好學，尤工書法，能得顏、柳意，為時所重。對人訥訥如未嘗讀書者。晚年自歸粵西，偶檢行篋，樹華見有《嶺南隨筆》巨冊，雜錄見聞，塗乙滿紙，多有可觀。亟請攜歸，粗讀一過，遂錄出山川、古蹟、金石、人物、藝文、風俗、特產等類各若干則，貯於篋中。屢欲編次而未果。今春無事，輒取舊錄再加校閱，錄次廣州為上卷，韶、連、肇、惠、潮為中卷，高、廉、雷、瓊為下卷。憶先生歿於嘉慶丙子之夏，距今二十有五年，更憶挑燈手鈔時，殆將三十年矣。歲月不居，而懶性不自克，遂遷延至此，良可愧也。隨筆原本今已佚，所錄諸條雖隨意引用古書，間採近時人說以己意折衷之，而語必徵實，頗有資於考證。……校錄既畢，略識梗概。後之君子，甄錄說部，或有取於是編焉。」全書118則，每則有標題，如《陸趙故

跡》《峽山寺石刻》《崖山》《海潮》《光孝寺》《廣州三忠》《陳氏丸方》《唐荔支供》《鬼車》《西洋夷人進見撫部》《羽緞羽紗羽布》《鴉片煙》《番鬼》《洋行》《紅毛館》《馬汝白詩》《化州橘紅》《雷州石刻》《蘇文忠公硯銘》《大學衍義補》《南漢銅鐘》《北山寺石刻》《粵海紀要》等，此書非徒記載嶺南勝蹟、土產、軼聞、金石、文籍也，與明黃衷《海語》三卷（內容分「風俗」「物產」「畏途」「物怪」四類）相比，其每於敘述中考證事實、鉤稽文獻，蓋乾嘉學風所致。

《古州雜記》一卷　林溥撰

　　林溥，河南汲縣（今衛輝市）人，乾隆間舉人，曾任官古州廳同知。《清史稿藝文志拾遺》史部地理類雜志之屬著錄。貴州人民出版社《黔南叢書》本。卷前有嘉慶己未自序，云古州（今貴州省榕江縣）歷史沿革、歸入版圖始末、幅員人口等。是書三十餘則，所述有古州節氣、土產、苗民風俗、農貿活動、政事等。每則無標題，文風清雅，有類趙甌北《簷曝雜記》所述西南風土之筆，如其述榕江縣所產夜來香云：「茉莉夜來香，自粵來，今則民間遍植。每當盛暑，摘置枕函，夢回酒醒，香迷斗帳，不減江南秦淮風味也。」

《昔柳摭談》八卷　梓華生編

　　梓華生為平湖馮氏，事蹟不詳，浙江平湖（今屬嘉興市）人，馮起鳳兄，處館為生。《清續文獻通考・經籍考》子部小說家雜事之屬著錄。臺北經學文化事業有限公司《稀見清代四部輯刊》影印嘉慶二十年梓華樓刻本。前有嘉慶己巳吳嘉德序、每卷目錄。是書共 80 則（篇），文後有梓華生、乙雲山人、沈遠亭等評。吳嘉德序云梓華生處館聊具此筆，時《聊齋》盛行海內，「然則此書一出，其為北窗消夏、客館破愁之需，足以傳世行遠，無疑也。」蓋過譽之語。筆者又見民國廿五年大美書局排印本，題「平湖梓華樓馮氏原編，巢縣汪人冀逸如重輯」，兩卷 70 則（篇）。前有民國廿五年汪人冀序、目錄，後有民國廿五年求壽萱子跋。汪人冀字逸如，安徽巢縣（今巢湖市）人，其他事蹟不詳。求壽萱子跋亦云此書出版，本意為「鬻書畫售詩文」賑濟災民用，「吾友華君式如舊有當湖梓華生《昔柳摭談》一書，讀之如入山陰道上，令人應接不暇，真近今罕見之作，而有目共賞者也。惜乎自經兵燹坊板無存，且書秩之缺佚漫漶者更復不少，乃特請業師汪老夫子重輯，得張映泉徐旭東許冠伯徐頌詒潘蓮甫秦德臣倪受之楊治卿諸君慨然鳩資，重印問世。梓華有靈，九原之下，其亦當有感於諸君矣，況悉數充賑尤出諸君好善之誠也。」綜而言之，此書內

容有異聞、軼事兩類，異聞如《扶乩》《縊鬼禁賭賊》《鬼辯》《狐擾》《僧道捉狐》《墨卷作祟》《蛇說》《狀元驅鬼》《鄉館奇聞》《鼠智自斃》《鏡裏美人》《母夜叉》《狐妻苟合》《侍御受侮》《滑怪》《屠戶女》等，軼事如《溫泉》《崇明老人》《妙洗陽》《奔女完節》《士女冤獄》《談迁》《棄弟成名》《觀察肯吃苦》《蒙毀奇烈》《贛榆獄》《碧窗女史》《家貧好施》《垂髫貞烈》《巧騙》《伶人傑識》《詩才當引避》《謔禍》等。每則（篇）後有梓華氏、乙雲山人、沈遠亭、吳希山、錢香岩等評語（梓華生評居多），補充故實之外，道德評判而已。文筆繁冗，效唐傳奇而綺麗不足如《秋風自悼》《子星梅夢》，可稱「聊齋體」小說，所述以勸誠為意，故汪人冀序云是書「其中雖多寓言，而揚清激濁，所以維持風教者，蓋即言情之詞，而其旨一出理之正，非直山經志怪搜神紀異足以一新耳目之觀也。」

《蕉軒摭錄》十二卷　俞國麟撰

俞國麟號夢蕉、一笑道人，浙江山陰（今紹興市）人，嘉慶二十二年任宿州州同。《中國古籍總目》子部小說類文言之屬著錄。臺北經學文化事業有限公司《稀見清代四部輯刊》影印光緒間申報館鉛印本。前有乙亥顧丙輝《蕉軒摭錄序辭》、嘉慶二十年乙亥俞夢蕉自序、徐曜等《題辭》、總目。此書一名《蕉軒摭錄筆記》。全書 234 則（篇）左右，敘事為主，議論次之，卷一至卷十可謂志怪之書，敘事有山巒起伏之態，如《塞外鬼》《仁鵲》《避詩翁》《長喙翁》《半面鏡》《剪雨》《苦惱子》《猴妖》《五千金》《鬼語》等，其中若《紉秋》《石榴裙冷》《白芙蓉》者敘事漫長，文風綺麗。文後多有蕉軒評。卷十至卷十二有史論子評如《論安石》《活百姓》《客詰》《說氣數》以及養生之語如《疑者少喜》《慮花》等。故雖云此書為「聊齋體」之一，實顯雜說筆記之體。

《憶書》六卷　焦循撰

焦循（1763～1820），字理堂、里堂，晚號里堂老人，江蘇甘泉（今揚州市）人，嘉慶六年舉人，曾入阮元幕府，揚州學派重要代表，今有《焦循全集》。《八千卷樓書目》小說家類雜事之屬著錄。廣陵書社《焦循全集》本。此本無序，後有李盛鐸跋。是書 70 則左右，每則無標題。內容以軼事、異聞為主，耳目聞見所及，有軼事如「聖祖誦《大學》」「韓生善制馬」「舒城張姓者」「彭芝庭大司馬」「儀封張大中丞」「餘丁卯三月大病後」「升秀班伶人」「楚人張無波」「史大郎」「里人相傳有狼」「浙江某縣有母子者」「北湖江起堂之兄子」等；

異聞如「安定書院一老朱」「邵伯鎮城隍」「乾隆庚戌儀徵大風」「煉筆錄之術」「閩中產犢有文」「張某為廣東巡檢」「歙人吳鴻緒」「徐閬齋以殺教匪六人得功」「戊申鄉試」「箕仙皇甫真人」「周金聲患頭痛」，其中所載揚州府節候氣象異變，亦「五行志」中所述也。其他有書畫如「近世論書」「成親王《書化度寺碑跋》」「程易田臨董思翁《王氏御書樓記》卷子」「吳縣周瓚」，古籍文獻如「《隱居通義》三十一卷」「江習隅所藏《黃庭經後跋》」「宋僧寫《法華經》」「震澤張棟」「吳西齡杭之老儒也」，瑣語如「崇明縣田父」「常州水車」「張竹軒名葆光」等，足見學人之筆。敘述中間有詩話，如卷三「顧超宗」條、卷四「全椒金進士兆燕」條與「江寧蔡芷衫」、卷五「丙辰在浙見沈石田《夜翁莊圖》」條等，「顧超宗」條云：「顧超宗嘗詠白丁香花詩云：『清到梅花知尚未，香於棟子恰相丁。』越二十餘年矣。庚午三月，偶見此花，不禁泫然。」此書為著述者之筆，文筆清雅簡潔，可稱雜家筆記之類。

《春宵囈語》二卷　慎甫撰

慎甫即裘行恕。裘行恕字慎甫，自號南州鈍秀才，江西新建（今南昌市）人，舉人，曾任夏口、攸縣、漢陽等地知縣，有《草草詩存》八卷。《中國古籍總目》小說類文言之屬著錄。南京圖書館藏嘉慶刻本。前有嘉慶二十三年慎甫自序。此書載語涉詼諧、逸趣橫生之詩文詞曲，目見耳聞外，如《糟詩》《改杜詩》《二百錢詩》《沔陽楹帖》《興山案》《江夏堂額》《吃鴉片煙圖詩》《惡作劇》《庸醫》《買妾詩》《知縣過謙》《知縣善謔》《監交銘（譜陋室銘）》《幕友說（譜愛蓮說）》《長隨序（譜宴桃李園序）》《州縣雅號詩（八首）》《北醉太平》《相看賦》《月湖竹枝詞》《聊代和尚募化》等，亦有輯錄他書雅謔詩文者，可謂小說瑣語之流。

《青溪風雨錄》二卷附《牡蠣園》　雪樵居士撰

雪樵居士姓江，事蹟不詳，江西人，久寓南京，有雜劇《牡蠣園》等。《中國古籍總目》小說類文言之屬著錄。南京圖書館藏嘉慶二十四年一枝山房年刻本。前有《自題》、持庵序、雪樵自序、《寶持庵書》、此書述雪樵居士與秦立軒、劉芝亭、李雨亭、黃固齋、寓齋、冷長卿、殷止哉、王三保、周宗濂等友朋同遊白下之作也，備載秦淮院中士女雅集、諸姬生平及往還詩文詞，諸姬有高玉霞、素月、陳巧齡、周芷香、吳馥林、張素琴、李玉娘、高秀英、陳佛奴、沉江萍、馮雙官、朱雙壽官、綠竹、馮月香、趙蓉香、陸豔秋、胡綺齡、解抱

珠、謝芙蓉、范綺春、高秀英、謝四官、張喜林、陸銀娘、張夢蘭、蓮漪等，才子佳人、繾綣詠歌，感興所至如《訪馬湘蘭故宅感賦詩》《紀事十絕》《秦淮竹枝詞十首》《楊花四律即贈桂娘》《美人十詠》《秦淮雜曲》等，事傳詩心，落拓寄情，煙波畫船，風格典雅，如卷上「李玉娘」條云：「李玉娘腰肢綽約，工於韅笑，其女雙林年甫十二即工度曲，皓齒明眸，以疾夭殤，予弔以詩云：『蘭心蕙質總堪憐，墮落塵寰十二年。自恨託根非淨土，秋風先隕玉階前。』『阿娘零落已神傷，可有人間七七香。到是泉臺愁恨少，秦淮此際更淒涼（時有驅逐之令）。』『樽前曾聽一聲歌，每到芳容喚奈何。此去縱非仙與佛，尚然完璧付荊和。』『水關東畔再經過，弔死憐生欲淚沱。從此舞裙歌扇裏，有時感觸恨偏多。』」《牡蠣園》為傳奇戲，亦才子之作。

《秦淮聞見錄》十二卷　雪樵居士輯

　　《清史稿藝文志拾遺》子部小說家類雜錄之屬著錄。南京圖書館藏道光十八年一枝山房刻本。前有道光十七年懺綺軒詞客序、雪樵居士等題詞。是書錄士女往還詩詞，軼事寓詩如王友亮《詠秦淮七古》、郭麐《中秋日細娘招集秦淮水榭七律》、段昕《青溪七律》、金棟《贈金心娥校書七律》、馬士圖《秦淮雅集七律》、厲鶚《賣花聲》、何春巢《秦淮竹枝》等，朋輩詩詞往還外，並輯錄前人詩作，可稱一部「青溪詩話錄」，文清格舉，如卷下「長沙嚴仲簡」條云：「長沙嚴仲簡年才弱冠，寓秣陵，間宿院中，情殊急遽，常側聽夜漏，黎明馳去，其友黃星堂調以詩云：『駕枕偏憐一夜愁，濃香淺夢數更籌。笑君恰比春霜薄，紅日高時影不留。』」

《瀛洲筆談》十二卷　阮亨撰

　　阮亨（1783～1859），字梅叔，號仲嘉，江蘇儀徵（今屬揚州市）人，阮元從弟，有《珠湖草堂詩鈔》等。嘉慶《揚州府志》卷六十二子部雜家小說類著錄，云《廣陵詩事補》、《瀛洲筆談》十二卷。《廣陵詩事補》未見。《瀛洲筆談》今有臺北經學文化《稀見清代四部輯刊》影印嘉慶二十五年刻本，前有《瀛洲筆談卷首》，恭錄御製詩並加以注解，述恩遇也。全書敘述阮元在兩浙剿寇撫民、衡文校藝，記載當代矩公名士學術文采，過錄考證周漢以來之金石銘文，可謂政事、文章、詩話、學術四者融合之作。文中中輯錄奏議詔書詩較多，蓋意在存文獻、資掌故。雜家筆記之書也。

《譚史志奇》四卷　　姚芝輯

　　姚芝字彥臣，事蹟不詳，蘇州人。《中國古籍總目》史部史鈔類通代之屬、子部小說類文言之屬著錄。上海圖書館藏光緒十二年丙戌五知堂刻本。前有嘉慶二十五年姚芝自序、目錄。全書 247 則，自西漢《劉章軍法行酒》《戚夫人慘為人彘》訖唐之《崔允大誅宦官》《清流慘入濁流》，輯錄史實而成，姚芝自序中云搜奇事不必盡據說部書：「喜新好奇，固人情所必至，然史冊所載，奇事不特確有可據，且寓勸懲之意，倘斯人於稠人廣眾中，亦能娓娓而譚，使聞之者有所警勸，豈不賢於徒誇牛鬼之奇哉。」可謂雜史小說之編。又《中國古籍總目》著錄此書有八卷、六卷本，皆未見。

《默翁晬語》二卷　　程炌撰

　　程炌，湖北江陵（今屬荊州市）人，光緒《江陵縣志》卷之三十中云：「程炌字曉山，別號默子，嘉慶丁卯舉人，本明道先生裔也，生平以理學自勵……所著有《款花居詩文》若干卷，《默翁晬語》，《詩話》二卷，藏於家。年五十餘以赴春闈，卒於京邸。」宣統《湖北通志》小說家類雜事之屬著錄。未見。

《退思軒隨筆》四卷　　陳肇波著

　　陳肇波字彥餘，號紫瀾，福建連江（今屬福州市）人，嘉慶辛酉拔貢，官八旗教習。民國《連江縣志》卷二十三有傳。民國《福建通志附錄》小說家類雜事之屬著錄。未見。

《隨安說約》四卷　　陳式勳撰

　　陳式勳號泗村，嘉慶戊寅貢生，擅書畫，湖北應城（今屬孝感市）人，有《泗村詩鈔》等。宣統《湖北通志》小說家類雜事之屬著錄。未見。

《聞見閒言》二卷　　江紹蓮撰

　　江紹蓮字依濂，號梅賓，安徽歙縣（今屬黃山市）人，乾隆縣學生，嘉慶十六年恩賜進士，國子監學正，有《披芸漫筆》《梅賓詩鈔》等（據民國《安徽通志稿》）。《清史稿藝文志拾遺》小說家類雜錄之屬著錄。未見。民國《夏口縣志》卷廿一載有數則，如：「外舅吳曾庾公，歙南豐人，言其族兄辰晉公者，奇士也，富而任俠，武藝絕倫，尤精劍術。嘗客漢口，一日有老人攜少女造門，請校藝，公接之，視其女年十四五，髧鬌垂肩，神情若雪，異焉。問姓

名不以告，曰：『第比劍耳。』因約郎官湖上，克期去。及期公往，女已先在，捧劍立，繡裳文衣，非劍裝也。公請易服，女曰：『不必語次。』白光一閃已及公頂，急出劍敵之，一劍又起，但聞颯颯有聲，白光團繞，女隱躍光中不可見，而鋒芒駿疾，公愈退，劍愈逼，時觀者千人，咸木立神竦，無敢喧。公大懼，躍出八九步外，曰：『神技也，止止，毋過迫。』女乃止，視公微笑曰：『君能敵我，亦大不易，無怪師云為及門高足也。』公異其言，詳詰來蹤，則授女術者，即公師也，嘗道公能，故來一校耳，然終不通姓氏，公留之不可，贐以金，不受竟去。後公他伎悉以傳人，惟不言劍。」

《雨窗夜話》　許躍鯉撰

　　光緒《丹徒縣志》卷二十一云：「許躍鯉字春池，桐城進士，江蘇府教授，課士有方，嘉慶乙丑捐辦平糶，丁卯倡創鎮江試院，著有《五經一得》並《四書一得》《春池文集詩集》《雨窗夜話》。」光緒《重修安徽通志》小說類著錄。未見。

《拙庵雜著》一卷　曾宣琨撰

　　曾宣琨，湖南新化（今屬婁底市），邑庠生，乾嘉時人，事蹟不詳。光緒《湖南通志》小說家類異聞之屬著錄。未見。

《醫貧集》一冊　孫子麟撰

　　孫子麟不事蹟詳，浙江檇李（今屬嘉興市）任。《天一閣書目》（嘉慶文選樓刻本）小說家類著錄。未見。

《枌社剩觚》　周世緒撰

　　周世緒字克延、壽蓀，號小厓、百葉、壽蓀，浙江鄞縣（今屬寧波市）人，嘉慶諸生，有《壽蓀山館詩稿》等。孫詒讓《溫州經籍志》卷十八小說家類瑣語之屬著錄。未見。

《瑣瑣齋瑣語》　鄧顯鶴撰

　　鄧顯鶴（1777～1851），字子立，一字湘皋，湖南新化（今屬婁底市）人，嘉慶九年舉人，官寧鄉訓導，歷講朗江、濂溪書院，有《南村草堂詩鈔》《資江耆舊集》等。光緒《湖南通志》小說家類異聞之屬著錄。未見。

《玻山遺事》一卷　黃煇輯

黃煇事蹟不詳。《清史稿藝文志拾遺》小說家類雜錄之屬著錄。未見。

《夢餘筆談》一卷　黎安理撰

黎安理（1751～1819），字履泰，號靜圃，晚年自號非非子，貴州遵義（今遵義市）人，乾隆四十四年舉人，歷任永從縣訓導、山東長山縣知縣。《清史稿藝文志拾遺》小說家類雜錄之屬著錄。未見。

《籟涵齋隨筆》　李慶來撰

李慶來罩（1768～1817），字章有，號鹿籽，江蘇陽湖（今屬常州市）人，貢生，有《觀復齋臨帖石刻》《肯堂文稿》《北匕山詩草》等。《清代毗陵書目》小說家類著錄。未見。

《春夢十三痕》一卷　許桂林撰

許桂林字同叔，號月南、月嵐，江蘇海州（今連雲港市）人，嘉慶丙子舉人，道光元年卒，有《春秋穀梁傳時月日書法釋例》等。《清史稿藝文志補編》子部小說家類著錄。未見。

《遴齋雜言》　毛會掄撰

毛會掄字可元，江蘇武進（今常州市）人，乾隆五十三年副貢，嘉慶間曾任四川雙流知縣。《清代毗陵書目》小說家類著錄。未見。

《車蓋亭胇志》　寇鈁撰

寇鈁字青棠，湖北安陸（今屬孝感市）人，嘉慶辛酉拔貢，曾為竹山教諭，有《青棠山館詩鈔》等。宣統《湖北通志》小說家類雜事之屬著錄。未見。

《雜物叢言》　余國光撰

孫詒讓《溫州經籍志》小說家類瑣語之屬著錄。余國光事蹟不詳，此書未見。孫氏所引據嘉慶《瑞安縣志》，此志纂修於嘉慶十三年，則余國光為嘉慶之前生人。

《清暑錄》一卷　趙紹祖撰

趙紹祖（1752～1833），字繩伯，號琴士，安徽涇縣（今屬宣城市）人，

道光元年以貢生選滁州訓導，曾參纂《安徽通志》，歷講池州秀山、太平翠螺書院，胡承譜友，有《讀書偶記》《安徽金石略》等。民國《安徽通志稿》小說家類綴輯瑣語之屬著錄，云：「嘉慶庚辰之夏，天旱酷暑，紹祖居於鄉，闔屋讀書，取說部詩話等書數十種拉雜觀之，偶有所得，隨筆記之，凡得五十二則，匯為一帙，故以《消暑錄》名焉。」未見。

《讀書管見》八卷　李鍾泗撰

李鍾泗事蹟不詳。嘉慶《重修揚州府志》子部雜家小說類著錄。未見。

《春覺軒隨筆》十卷　莊宇逵撰

莊宇逵，江蘇陽湖縣（今屬常州市）人，光緒《武進陽湖縣志》卷二十三有傳云：「莊宇逵字印山，好學砥行，與同縣張惠言相切磋，嘉慶元年詔舉孝廉方正，有司以宇逵名上，輿論翕然。」《清代毗陵書目》小說家類著錄。未見。

《病餘記述》，《舲窗隨筆》　趙懷玉撰

趙懷玉（1747～1823），字億孫，號味辛，又號牧庵，江蘇武進（今屬常州市）人，乾隆三十年高宗南巡，獻賦行在。四十五年，帝復南巡，召試賜舉人。授內閣中書，歷官青州同知、登州知府等，歷主通州、石港、關中、愛山書院講席，其詩與同里洪亮吉、孫星衍齊名，為「毗陵七子」之一，有《亦有生齋集》等。《清代毗陵書目》小說家類著錄。未見。

《述學》四卷，《勤學記》二卷，《知新記》六卷，《炳燭記》　汪中撰

汪中（1745～1794），字容甫，江蘇江都（今屬揚州市）人，乾隆四十二年拔貢生，揚州學派代表學者，著述多種，有《廣陵通典》《容甫遺詩》《尚書考異》《述學》等。嘉慶《重修揚州府志》子部雜家小說類著錄。未見。

《異聞新鈔》八卷　李鶴林輯

李鶴林事蹟不詳。《怡雲仙館藏書簡明目錄》小說家類異聞之屬著錄，云「四庫未錄」。未見。

《追涼錄》《晴窗臆言》《讀畫剩言》　陸端撰

陸端，江蘇儀徵（今屬揚州市）人，順天鄉試舉人，曾任泰州學正、太平

教諭，有《嘉樹軒集》。乾嘉時期人。嘉慶《重修揚州府志》子部雜家小說類著錄。三書皆未見。

《錄異》　劉岱雲撰

劉岱雲字澍普，號仙溪，別號重極子，河南澠池（今屬三門峽市）人，乾嘉間人，著有《鉛刀錄》《蘭堂衡言》《字原記略》等。民國《河南通志》小說類雜事之屬著錄，並錄此書自序。未見。

《見聞偶記》一卷　蘇元善撰

蘇元善字長之，號柏堂，湯陰縣（今屬河南安陽市）人，乾隆二十九年舉人，官終內鄉縣教諭。民國《河南通志》小說類雜事之屬著錄，云此書前有自序云：「近日如聊齋、隨園、曉嵐、柳崖都有論撰以行於世，予不敏，竊思學步」，則此書成於乾隆末嘉慶初。未見。

道　光

《漢口叢談》六卷　范鍇輯

　　范鍇，初名晉，字聲山，號白舫、苕溪漁隱，浙江烏程（今屬湖州市）人，例貢生，《清史稿藝文志》史部地理類雜志之屬著錄。武漢大學館藏民國廿八年益善書局排印本（國家圖書館藏有道光二年刻本，湖北人民出版社《湖北地方古籍文獻叢書》據此整理）。前有陸長春序、癸未熊士鵬序、凡例，書後有范鍇小傳及其著述目錄、辛酉周貞亮跋、癸酉王夔武跋。卷一述武漢三鎮水系（河流湖泊），引先秦至清代正史山經地志中有關漢口水利湖山之文而考辨之。卷二述鎮坊市街，列圖表以記街道房舍廟宇，敘述中多引他書中有關掌故及其變遷，覆載晚清武漢風俗及竹枝詞。卷三述人物，載漢口名士（包括流寓）如項大德、吳小韓、吳邦治、黃鶴鳴等及其詩文，並以按語增補史料、考證史實，可稱風雅小傳。卷四輯錄軼事志怪，如北宋車蓋亭詩案、正德年間流寇劉六攻漢陽城、張獻忠破武昌、書天主教事等，輯錄有魏晉封《竹中記》、《因果錄》等。卷五輯錄前人漢口詩，作者如李白、劉長卿、姜夔、陸游、徐楨卿、查慎行、趙柳江、王蘭泉、黃承吉、胡戟門、黃承煜等，可謂「武漢詩話」。卷六述漢口青樓曲巷如義和軒巷、青蓮樓及藝伎小傳如陳小翠、小金鳳、吳嬿等及士妓往還詩詞（《淞隱漫錄》卷三《龔秀鸞》中云：「漢口為南北要衝，素稱名勝，談者謂其欲空北部之胭脂，壓南朝之金粉。」）；誌豔瑣語，所輯有吳格齋《閒情麗品》、黃心庵《漢口漫志》、《江漢群芳譜》等。此書以輯錄他書為主，每卷末附己所經歷，可謂述作兩存之書。每則無標題，內容中輯錄詩文較多，後湖賞心樂事，亦風雅之事。此書遠溯明陳士元《江漢叢談》地理雜記

之意，民國丙辰（1916 年）後，王葆心有感《漢口漫志》亡佚及《上海小史》之粗疏，仿《漢口叢談》體例，續纂《續漢口叢談》六卷、《再續漢口叢談》四卷，增補舊說及述道咸以來武漢歷史人文地理變遷，敘述中考證較少，而議論敘事多有新意。

《燕臺集豔》一卷　　題播花居士迦羅奴撰

　　播花居士迦羅奴事蹟不詳。《清史稿藝文志拾遺》小說家類雜錄之屬著錄。中國戲劇出版社《清代燕都梨園史料》本。前有道光三年癸未播花居士自序、播花居士《題詞（集唐）》。播花居士自序云此書作意云：「自唐司空表聖撰《二十四品》嗣是仿其例，作續詩品者有人；廣其例，作書品、畫品者亦有人。辭各美麗，余讀而愛之。茲值雨窗無事，爰於四喜、春臺、三慶、嵩祝四部中，就耳目之所及，戲拈二十四人，以伎藝優劣為高下，小變體裁，用成花品。至於臆見之私，遺珠之憾，則在所不免焉。」此書一名《燕臺集豔二十四花品》，即如自序中云仿舊題司空圖《二十四詩品》之體而品鑒優伶，後如《增補菊部群英》《疊波》《擷華小錄》《情天外史》《燕臺集豔》等作，皆此類也。是書奇巧處在乎全書以集句法成詩文，自序、題詞之外，正文二十四品「評集《西廂》，詞集宋」。二十四品者，靈品、仙品、素品、高品、逸品、生品、能品、清品、殊品、靜品、精品、幽品、新品、樂品、佳品、異品、選品、華品、畫品、寒品、奇品、妙品、名品、情品。每品以一人充之，如「異品（見江淹《山中楚詞》）」：「三慶部汪玉蘭，號濃香，安慶人，寓敦厚堂。〔評〕身心一片，無處安排，風流況，似垂柳晚風前。『杏腮紅透梅鈿皺（周密），翠腰羞對垂柳瘦（陳允平）。忍教三疊唱《陽關》（洪邁），盡輕衫寒透（楊無咎）。酒深歌拍緩（王觀），猶記眼前波微溜（唐藝孫）。催化無計問東風（何卓），能得幾回又（何夢桂）。』（調寄《陽臺夢》）」真所謂「無一字無來處」。

《消閒述異》二卷　　常謙尊撰

　　常謙尊，字光之，號牧亭，湖南長沙（今長沙市）人，進士，事蹟不詳。《清史稿藝文志拾遺》子部小說家類志怪之屬著錄。光緒《湖南通志》小說家類異聞之屬著錄為三卷，長沙常道治撰。新興書局《筆記小說大觀》本。前有道光四年常謙尊自序、目錄。常謙尊自序云閒居無事，「瀏覽諸書，偶而乘興，專採宋元明以後稗官雜說，摘其怪怪奇奇、可駭可愕者以娛心目，以供笑談。名雖述異，實則消閒。惜也藏書不多，識見有限，博雅君子，幸毋以空疏謭陋

晒也。」是書採擷筆記方志詩話傳記雜史如《零陵縣志》《湖廣通志》《太平清話》《神仙傳》《湘山野錄》《冷齋夜話》《青箱雜記》《茅亭客話》等 360 餘條，每則無標題，多述怪異之事，抄纂之書也。

《清嘉錄》十二卷　顧祿撰

　　顧祿（1794～約 1842），字總之，一字鐵卿，號茶蘼山人、晚香主人等，江蘇吳縣（今江蘇蘇州）人，著有《桐橋倚棹錄》等。《中國古籍總目》小說類文言之屬著錄。廣陵書社《筆記小說大觀》本。前有道光六年宛山老人序、劍峰老人序、顧祿《例言》、陸偉堂等《題辭》、每卷目錄。宛山老人序云：「時序之書，昉於《夏小正》及《呂氏·月令》，至李唐時，永興虞氏《北堂書鈔》、渤海歐陽氏《藝文類聚》為類書嚆矢，雖頗及時令，而猶未大備。近世董氏《類傳》出，而終歲典故始集其成，然未有專指一方風土者也。吾吳古稱荊蠻，自泰伯、虞仲以來，變其舊俗，為聲名文物之邦。陸士衡所云『土風清且嘉』者，迄於今，文采風流為天下冠。然江湖雄闊，川澤沃饒，雜處五方，商賈輻輳，世運遷流，風會不無少靡。吾家鐵卿薈萃群書，自元日至於歲除，凡吳中掌故之可陳、風謠之可採者，莫不按節候而羅列之，名之曰《清嘉錄》。」《例言》中云：「一、余年二十有五，丁母氏憂，閉門卻軌，日與父老談吳趨風土。日之所見，耳之所聞，輒寄諸子墨，以資歌詠，以助劇談，閱數年，積若干帙，都為十二卷。一、吾鄉歲時節物之所陳，市肆好尚之所趨，街談巷議，農諺山謠，莫不有所祖，特人習焉不察，往往以訛沿訛，斥為齊東野人之說。余搜羅群書數百種，援以為證，案而不斷，間有涉疑似之處，則參以管見。特識見未充，援據未確，索瘢指垢，顧俟博雅。一、采風問俗，紀錄宜詳。是書凡郡邑志所已載與夫所不及載、所不能載者，雖瑣必登。至於鄉風之昔廢今傳，今廢昔傳，皆在刪增之例。若止行於一隅，未能遍曉者，概從闕如。一、是書止載郡城三邑歲時土風，與王元美《蘇志備遺》統紀一府之例不同。而六邑之志，仍與郡志、三邑志互資考證。文尾則採錄九邑人之詩詞，皆隱寓陳善閉邪之意，以冀世道人心有所裨益。若無關於土俗時趨，屬諸懷古之什，俱不採錄。其間偶有一二題缺之者，亦偶有一二題數首者，既囿於見聞，又隘於篇幅，擬另輯《清嘉錄詩詞補遺》若干卷，以補此書未備。脫蒙惠讀，匯以續刊。一、吳越本屬一家，而風土大略相同，故書中雜引浙俗為最繁，次及輦下，若他省別府，偶一援之，以證異同而已。一、歲時無殊，而風土各異。如昔人《夢華》、《遺

事》諸書所載，各不相同，大抵皆在鄉言鄉也。」該書所記蘇州風俗，即「自元日至於歲除，凡吳中掌故之可陳、風謠之可採者，莫不按節候而羅列之」類於《荊楚歲時記》，風格清雅，為清代中期著名風土地志之作。

《三異筆談》四卷　許仲元撰

許仲元（1755～1827後），字小歐，江蘇雲間（今上海市）人，歷官蘭溪、永嘉知縣，杭州知府。《中國古籍總目》小說類文言之屬著錄。廣陵書社《筆記小說大觀》本。前有道光七年七十三翁許仲元自序、目錄，每則有標題。許仲元序云：「熙朝掌故，則詢之柳泉；往代軼聞，則證之子壽。」實以志怪、軼事為主，志怪如《張尚書前生》《死後為神》《兩世人》《冥獄果報》等，軼聞如《朱總憲際遇》《董大宗伯》《醉死》《沈轉運》《拳勇》等，文風質樸，多得之遊幕見聞者。

《途說》四卷　繆艮撰

繆艮（1766～？），字兼山，號蓮仙子，浙江錢塘（今杭州）人，諸生，嘉道間名幕，有《文章遊戲》等。《清續文獻通考》子部小說家類雜事之屬著錄。臺北經學文化《稀見清代四部輯刊》影印道光八年如此草堂刻本。前有道光丁亥李黼平徐、李紹城序、戊子蕭江序、道光七年繆艮自序、劉遵陸等《題詞》、每卷目錄，書後有陳光熙跋。李黼平《途說序》：「《漢書》『小說家者流，蓋出於稗官』，應劭謂『其說以《周書》為本』，則別史之屬也。而薛綜注《西京賦》，又以小說為醫巫厭祝之術，凡九百四十三篇。漢之小說如是而已。其後紀述紛繁，不名一體，然其傳者，大旨在垂鑒戒、資考證，亦不得竟置其書而不錄也。繆君蓮仙著《文章遊戲》四集，膾炙人口，繼又擇其言尤雅馴者，德四卷，自軍國典章、英賢言行以至詩文韻事、方書雜伎，靡不備載，有漢人之遺，命之曰《途說》，謙也。……」李紹城《途說序》：「古之為說部者，夥矣，陶九成《說郛》，網絡唐宋，下及金元明人，又為《續說郛》，然其不在此數者尚眾……說部之作，或紀載，或議論，或考據，或採摭，條分件繫，體例不一，故承學之士苟有見聞，皆得力為編纂，非如經史詩文集，易受人譏彈也。」雜家筆記即存敘事、議論、考證、載記四項敘述方式，亦《漢志》以來小說之正宗（《漢志》小說，敘事而兼議論，魏晉有「載記」，唐有「考據」，至宋筆記而此四者咸備。此書 332 則左右，內容有異聞如《羊產麒麟》《雷擊牛》《怪物》《狐戲》《畫中女》《縊鬼繩》《夢徵》《淫報》《石飛》《畫異》《吳興異聞》

《狐仙酒》《夢中降乩》《龍感孝思》、軼事如《一鴨斃三命》《卿憐》《仁人信友》《官有三等》《分金》《相國待師》《血書》《老童作破題》《師生情》等，敘事簡潔；其他議論如《廩增附說》《作文受賄》《書疑》、醫方養生如《薏苡治疝》《秦皮解毒》《大蒜解暑》《鹽水治蚯蚓毒》《攝生》、考證如《歷代紀年考》《懸磬》、風俗如《溫州俗》《徽俗》等，敘述亦娓娓。引人注目者，在乎輯錄詩文較多，如《歷代繼統歌》《嘲懼內詩》《電詩》《紅裳女子詩》《勸育女文》《店鋪聯》《板橋題畫詩》《海上八景詩》《排骨賦》《代少年書》《四書破承》《『不撤薑食』二句題文》《字典檢字畫歌》《寒林詩》《窮儒詞》《館僕詩》《風懷詩》《夷婦拜廟詩》《倡和集句詩》《集〈西廂〉句詩》《吃鴉片煙詩》《遊戲詞》等，幕客文人遣日常態也。

《鄺齋雜記》八卷　陳曇撰

陳曇（1784～1851），字仲卿，廣東番禺（今屬廣州市）人，諸生，久困場屋。道光間以歲貢納作校官，曾任澄海訓導（此據石昌渝主編《中國古代小說總目·文言卷》）。《清續文獻通考》子部小說家類雜事之屬著錄。廣東人民出版社《嶺南文庫》本。前有潘正亨序、道光八年陳曇自序、道光九年張杓序，書後有陳汝亨跋。張杓序云此書「考古者十之三，記事者十之七，皆述所甋聞，抒所見，無剿說，無甋言，信可傳矣。」此書所載有軼事、異聞、考證、議論，如方技、狐仙、弟代兄死、禮法、奇姓、粵俗佞神、婦女裹足考、公案、祥異、人瑞、前生、咒語、祝英臺錢玉蓮考、粵地土產、葉天士診痘、佛郎機國王摩倫（即拿破崙）征俄、鄭西亭傾蓋相知、驛站大面鬼、射青鬼、西藏風俗、藥方、生人入冥、時人歿而為神、銀飛、海盜等，小說中浸雜說筆記之體，耳聞之外，亦多輯錄他文如《南征詩》、越南貢表、儋州歌、邸報、《憫忠詩》、《閱微草堂筆記》、《閩小紀》等，言之較為有據，非以志怪為炫耳，陳汝亨跋云此書「多識舊聞，或訂禮堂之誤；旁搜軼事，殊非委巷之談。意略寄於勸懲，事不外乎風化，固史公之實錄，豈莊叟之寓言。彼王、朱、鈕、阮各家之書，可以後先輝映也。」

《耐冷譚》十六卷，《耐冷續譚》二卷　宋咸熙撰

宋咸熙字德恢，號小茗，浙江仁和（今杭州市）人，嘉慶十二年舉人，官桐鄉教諭，今有《宋咸熙集》。《中國古籍總目》小說類文言之屬著錄。南京圖書館藏道光間武林亦西齋刻本。前有道光九年吳應和序，卷一前有宋咸熙小

序。吳應和序云詩話之體沿革。宋咸熙小序稱此書「或發懷舊之情，或動憐才之念，或表忠節以垂誠戒，或搜逸事以廣見聞。備述篇章，用資省覽，而僕生平言詩之旨異略見於是編。」此書本為浙派詩話也，以記錄嘉道間詩人詩作為主，如方外、閨秀、布衣、名士等，可備詩徵，如卷一「宋殊勳詩筆妍秀」「平湖陸野橋詩思深體峻」、卷四「吳江葉樹枚詩筆尖新生辣」。其次則論前代詩歌、作詩技法如卷一「古無四聲，故臨文用韻，皆得以四聲通轉」「學詩必先從古體入」「作詩須開手擒題」「古人用筆高渾」「作詩須多讀書」「漁洋五律從齊梁出」、卷四「五七律首句獨鶴出群法」「詠物詩貴乎寄託」、卷十「作詩不可無家學」、卷十四「詩須有關風教，不可徒作」等，大旨論詩貴真、貴古、貴有學問。詩話之外，間有金石書畫之品鑒（卷四「明黃忠烈夫人手寫楷書孝經」）、軼事（卷一「嘉慶庚申處州大水」、卷四「嘉慶二年崔鈞平苗亂」、卷十五「邵孺人貞烈」「江烈女」），亦以詩眼出之。敘述典雅，如卷六中云：「秋夜宿旅館不寐，披衣起，秉燭閱壁間詩，見修川季子梅隱諸作，頗得晚唐遺韻。《驛館》云：『霜清傳遠柝，露重濕征衣。』《村舍》云：『客過燈驚犬，宵分人飯牛。』《僧僚》云：『宿火銷禪定，清光證佛心。』梅隱不知是何姓名，摘錄其四三聯，以先結翰墨緣，容再訪夜。」《耐冷續譚》前有道光甲午吳江葉樹序。內容同於前書，詩話如「前明魯文恪公鐸」「桐鄉黃純齋熙」「德清馮秋君」「浙西六家詞」「女士沈明霞」「震澤王徵君之佐」「江南女子王秀文」「蕭山汪龍莊輝祖」及軼事如「蔡氏之祖代償錢糧」，詩話體雜小說，亦「漁洋說部」、《護花鈴語》《牧庵雜紀》《粟香隨筆》之類。

《薰蕕並載》四卷《雜譚》一卷　王晜撰

　　王晜，號鑒湖漁者，浙江紹興（今紹興市）人。《中國古籍總目》子部小說類文言之屬著錄。南京圖書館藏道光二十二年畊雲草堂刻本。前有吳淮序、道光九年王晜自序、每卷目錄。全書約 130 則（篇），每則（篇）有標題，如《四川令》《回煞》《戒子回頭》《孝女》《窖金前定》《乩仙》《不義之財》《鬼打官司》《淫凶之報》《蛇化人形》《才子精靈不散》《痘神》《劉孝子》《不孝之報》《縊鬼覓替》《大悲咒》《風俗之壞》《觀音讖語》《住宅風水》《貢院狐》《僵屍》《關聖靈異》等，不過軼事異聞之類，所述皆「善惡報應並狐鬼之靈異者」（王晜自序），其書「意簡言該，理明辭達」（吳淮序），長短相間，文風清雋，意在勸懲；其中卷三《瓊英》《奇遇》、卷四《白於玉》，敘事婉轉，可稱傳奇

之文。偶有遊戲文《餉蜘蛛討蠅虻文》，自娛自得之志也。《雜譚》一卷，前有賀以南等《題詞》，為議論之文、勸世之語。文後有《錄吳礪村先生直譚州縣況味》，居官良言之類。

《粵屑》八卷　劉世馨撰

劉世馨字薌谷，廣東陽春（今屬陽江市）人，貢生，曾任番禺縣教諭，有《聽雲樓詩鈔》等。《八千卷樓書目》史部地理類雜記之屬、《清史稿藝文志補編》子部小說家類著錄。國家圖書館藏道光十年刻本。今有廣東人民出版社《嶺南文庫》本。前有劉世馨自序，每卷前有目錄。劉世馨序云：「竊聞雕蟲小技，壯夫不為，老生常談，大雅弗尚。然或紀方隅之瑣屑，補志乘之疏遺，有未嘗不可。彷彿虞初，追希鴻烈耳。僕本散材無用，逸事時聆，聽之飽積於懷，憶之常抒以筆。奇行隱跡，留為文獻之徵；怪事異聞，欲俟輶軒之採。所錄皆耳聞目見，豈曰姑妄言之；所載巷說街談，於此竊有取爾。窮探山川雲物，繪百粵之奇觀；闡發忠孝節廉，揚一方之善類。恐其湮沒，不使銷沉，微存懲勸之條，略具表彰之意。無分倫次，不揣荒疏，漫記之而置巾箱，姑聽之以覆醬瓿云爾。」所述有關嶺南地理建置、名蹟、軼事、異聞等，其中異聞較為醒目。每則有標題，如《馬成湖》《曹溪缽》《城隍靈簽》《吳都督補傳》《鄧駙馬》《寇奠東坡》《梁觀察夢應》《古琴》《黃道婆》《雷祖》《神醫》《冤案》《扶乩論詩文》《星岩狐姥》《太監觀風》《墨蛇》《石濂和尚》《陳彩鳳》《三怪》《女變男》《妓男》《媚豬》《進士漚夢》《神妓》《騙局》《菩提樹》《鬼子城》《王烈女》《懸筆乩仙》《神鞋》《招詩婿》《五世同居》《廣州名園古蹟》《風雨易妻》《幻術》等，耳聞之外，輯錄他書有關粵土者，視作地志小說可也。

《聊齋續編》八卷　柳春浦撰

柳春浦事蹟不詳，揚州人。《清史稿藝文志拾遺》小說家類志怪之屬著錄。臺北經學文化《稀見清代四部輯刊》影印道光十年秋聲館刻本。前有道光十年洪濤《聊齋續編序》、目錄、《凡例》7條。洪濤序云：「江山毓秀，代育傳人；感激著書，世稱韻事。寫到春華秋月，舌吐青蓮；幻出蒼狗浮雲，文成白鳳。春浦，秦淮名士，洛社清流，以詩酒雙奇，得乾坤壹縱。六朝風物，盡付歌吟；三楚詞章，獨標新穎。然情深稽古，性愛搜奇，語不涉於荒唐，言必本乎忠孝。無關風化，雖焚膏繼晷何庸？稍利身心，便碎錦零珠可採。前有《聊齋》之著，深山窮谷，合靈狐異鬼同招；茲讀續刻一編，詞客騷人，兼繡口錦心並用。嗟

乎！雙瞳如豆，我笑拘虛；一葉迷山，人譏坐井。從此瓊枝玉樹，滿眼繽紛，佇看海市蜃樓，萬重奇麗。稗官野史，豈盡巵言；石室蘭臺，皆為綺語。興觀群怨，感觸非無自而生；草木禽魚，見聞實由茲而廣。雞聲軋軋，祖生魂夢難安；雪案熒熒，長吉心肝欲嘔。為文章吐氣，賴有斯人，借筆墨銷閒，原該我輩。」全書 356 則（篇）左右，每則有標題（以每則首數字為題目）。所述有異聞如《汪某》《羅浮山》《乩語》《金壇某村》《有某甲者》《遇仙》《松蘿茶》《胡久夢》《術士某》《鬼無聲》《夢神》《吳聲某》《廣東英德縣》《有選擇專家》《洪省齋》《聶滋春》《有乩仙善作畫》《王心郎》等，不過狐鬼入冥降乩方技異夢之類；軼事如《李萬勝》《某名公》《師弟同應試》《楊名世》《響馬盜》《江南儲某》《某少年》《某先達》《一縣令》《南海王大儒》《湖州歲荒》《汪樾堂》《一生員》《葉天士》等，述清代將臣雅士俠客醫師事蹟及鄉里軼聞，敘事介於虛構與實錄之間，故《凡例》中云：「集中實事固多，海市蜃樓亦復不少。子虛烏有，明眼人自能辨之。」其他有博物如《墨魚》談烏賊、《湯泉》述揚州溫泉、《海鏡》載粵海產，雜說如《張子正蒙云》談論氣、《九經無茶字》考古字源流、《〈春秋〉宣公八年》考宣公八年「葬我小君敬嬴」之「嬴」字、《杜子美》誦杜詩而卻疾、《歇後語》談歇後語之始等，亦欲網絡群言之意。所可注意者，卷一《王希喬》記王希喬與仙姬狐女考經論史，卷二《周秉禮》云狐女「能識作字之源流並識古今沿革」，卷四《余嘗至鄭州》載二士坐論經史、《嘗同二三弟》載梁上狐鬼考辨《左傳》、《吳稽言》鬼談雙聲疊韻，卷七《金玉相》狐鬼講經，卷八《陸炳吉》道人論《周易》卦數，皆志怪與考據融合之文，可謂考據學在筆記小說中之留痕。此書雖有《聊齋》痕跡而以「聊齋」命名，其實敘述平和，無發憤著書之意，理性色彩較為鮮明，如《凡例》中云：「說部往往借他人酒杯澆自己胸中磊塊，譭謗譏刺，無所不至，是集自信其無是也。」

《埋憂集》十卷、《續集》二卷　朱翊清撰

朱翊清（1786～？），字梅叔，別號戌上紅雪山莊外史，浙江歸安（今湖州市）人。《清史稿藝文志拾遺》小說家類雜錄之屬著錄。廣陵書社《筆記小說大觀》本（按此書一名《珠邨談怪》，臺中文聽閣圖書有限公司《晚清四部叢刊》影印光緒二十年上海文海書局石印本，前有周士炳序、沈岩序、朱翊清自序、目錄、插圖 24 幅。）前有同治十三年甲戌朱翊清自序（此署年恐有誤）、目錄、每則標題。朱翊清自序云此書撰於道光十三年癸巳：「余自辛卯迄癸巳，

二老親相繼見背，始絕意進取。鳥已倦飛，驥甘終伏。生平知交，大半零落，而又畏見一切得意之人，俯仰四壁，惟日與幼女形影相依，蓋生人之趣盡矣。」百無聊賴中，「於是或酒邊燈下，蟲語偎闌，或冷雨幽窗，故人不至，意有所得，輒書數行，以銷其塊磊，而寫髀肉之痛。當其思徑斷絕，異境忽開，窅然如孤鳳之翔於千仞，俯視塵世，又何知有蠅頭蝸角事哉！」此書為志怪之類，如狐妖、冥界、五行、扶乩、仙方、仙鬼、物異、動植之類，多因果之事，間有軼事如《二僕傳》《金三先生》等，《綺琴》《潘生傳》《鐵兒》《慧娘》《姚三公子》《趙孫詒》《荷花公主》等，敘事漫長，類皆傳奇文，篇後有「外史氏」之評，故此書亦「聊齋體」小說也。又《中國古籍總目》小說類文言之屬著錄「《閒談消夏錄》十二卷，朱翊清撰。」實為此書與王韜《遯窟讕言》二書之合刊本，亦晚清書估抽換作偽插圖招徠之故智。

《鐵若筆談》四卷　雙保撰

　　雙保字鐵若，號定夫，薩克達氏，滿洲鑲黃旗人。《清史稿藝文志補編》子部小說家類著錄。《北京師範大學圖書館藏稿抄本叢刊》影印清鈔本。前有道光十四年甲午蕭琯序、甲午雙保自敘、劉光宗等《題詞》、《凡例》12條、每卷目錄，書後有乙未李林溶跋、道光乙未丹巴札布跋、雙保識語。全書共132則，所述「有詩文之雅，有事物之奇，有因果可以警世，有詼諧可以娛人」（雙保自敘），異聞居多，如《木匠擒妖》《婦女化豬》《屍異》《黃喉蛇》《普安州關廟靈蹟》《雷異》《貴陽雷火記》《韻狐》《城隍治怪》《人變虎》《土中魚》《鼠知己》《草鬼》《文闈紀異》《大頭鬼》等；次之以軼事，如《把總吟詩》《繡娘》《套千家詩》等。其他則有《清明竹枝詞》，聊備文獻之徵也。是書雖不出怪異藩籬，然「其間敘述簡切，意致靈通，寓懲勸於毫端，弄煙雲於指下。」（李林溶跋）文後有李林溶、蕭琯等保評語，解析故事、評判人物，較有新意，如卷二《套千家詩》若山評云：「以事起，以詩結，中間夾疾風暴雨一段，使讀者目眩心駭，恍如置身風雨雷電之中，洵屬奇文快事也。」

《永嘉聞見錄》二卷　孫同元撰

　　孫同元字雨人，浙江仁和（今杭州市）人，嘉慶十三年舉人，官永嘉教諭，署溫州府教授，有《今韻三辨》《〈弟子職〉注》等。《八千卷樓書目》史部地理類雜記之屬著錄。國家圖書館藏光緒十四年刻本。前有乙巳吳鍾駿序、陳用光序、蔡嘉玉序、道光十三年孫同元自序，書後有光緒戊子徐希勉跋。每則無

標題。吳鍾駿序云此書所作,「蓋將以備方隅之紀載,竢輶軒之採獲,其用心可謂蘆矣。觀其捃摭墜簡、辯章舊聞,稽山川之形勢、考廓宇之廢興,訪殘碣以正傳訛,搜佚事以存故蹟,旁及天時物產萌俗方言,靡不鉤擬兼呈,旁羅附益廣記而備言之。」溫州地理名勝、歷史沿革、名賢、詩文、故實等,文筆典雅,多雜引他書如文集、地志、詩話等(注明出處),地志小說之類。

《粵小記》四卷附《粵諧》一卷　　黃芝撰

　　黃芝(1778～1852),字子皓,號瑞谷,廣東香山(今中山市)人,有《瑞谷詩鈔》《瑞谷文鈔》等。《清史稿藝文志拾遺》史部地理類雜志之屬著錄。廣東人民出版社《清代廣東筆記五種》本。前有道光十六年祁寯庵序、嘉慶戊寅黃大幹序。地理雜記之書,往往與方志並行,以補其闕,故黃大幹序云:「瑞谷弟生平好為詩,尤長記載,於課徒之暇,博觀百家,搜羅遺逸,參之經史,以訂其訛,久之累成卷帙,謂予曰:『夫子不云乎,賢者識其大者,不賢者識其小者。弟不賢,識其小者耳。然是書雖小,可與志乘相為表裏。』此瑞谷弟《粵小記》所由作也。今兩廣總制芸臺阮公開局城西光孝寺禪林,修《廣東通志》,延豪俊文學之士分纂,香石弟與焉。予促瑞谷持書參訂付梓,庶當道大人先生或將採覽,惜乎其未能也。」明郭棐有《粵大記》,此稱「小記」,即嶺南地志小說者,所述軼事、志怪、物產、名蹟之類,以清代事蹟為主,間有考證語,求實也。軼事中多述嶺南儒林、文苑、循吏、海盜、貞烈、疇人、變亂、風俗事蹟;志怪則鬼怪異教方技五行志之類;物產則嶺南土產之外,較注意於外洋之物如眼鏡、荷蘭豆等。因此書旨在補志乘,故敘述中每見稽考前史、方志、筆記等書,如「會城內東北里許有曠地數十畝,乃前明湛文簡退休之所,今呼為湛家園,里曰天宮,雖荒廢而樹木依然,石橋儼在,餘暇時恒散步於此。《廣志》或遺之。」言語未盡處,則以小字按語補充之。書後有黃培芳跋,云:「先六世祖雙槐公撰有《歲鈔》,傳播藝林,此後代有著述,曾無嗣音。從兄瑞谷先生勉承家學,輯《粵小記》一書,猶是此志也。所記雖小,而於世道人心、借一諷百之旨,時時見於言外;其中援引審訂,亦足資考證。培芳曾助編校,爰識數語以質後之覽者。」《粵屑》前有道光己丑黃芝自序,云:「余既撰《粵小記》四卷,閒中雜憶奇聞異事不能割愛者,別次為《粵諧》。夫《齊諧》者,志怪之事,《粵諧》亦師其意云爾。」所述為鬼怪夢異入冥之類,其中所言「一女子撚花含笑,憨態可掬」之虎怪以及「胡師爺」(狐仙)事,與《聊齋》相類。黃芝蓋亦熟讀《聊齋》者,故雖得之嶺南事,每生想像之辭。

《鵝湖客話》四卷　　謝蘭生撰

　　謝蘭生（1805～1845），字子湘、香子、仲子，江西崇仁（今屬撫州市）人，道光十八年進士，任江西鉛山訓導，觀政水部，有《潛東堂文集》《歷代帝王陵寢考》等。《中國古籍總目》小說類文言之屬著錄。南京圖書館藏道光十六年丙申觀我堂刻本。前有甘啟祥序。此書為謝蘭生由廩貢生選鉛山訓導期間（道光十一年四月十日至道光十二年正月九日），於沿途及到任鉛山縣訓導所見聞之筆記，其間考文獻、徵地理，廣交遊、撫士子，思家念故、詩酒唱和，寫景抒情、選士校藝，考經論史以及家書往還、讀書得間等皆載之，寫景如畫，敘事清拔，議論得當，「借廣文之冷官，效輶軒之博採。……紀韻事於雪泥，客原不俗；霏清言於玉屑，話非無徵。」（甘啟祥序）如卷終云：「九日，解舟行，送者沿河而呼。東南風色甚利，布帆遠颺，雪消水暖，轉瞬間，惟見雲樹蒼茫。舟中與江茂陽福計程，八日可到家。然則客鵝湖，往還才三百日矣，予話亦止於此矣。」頗有日記、遊記之體，可備道光間訓導生活史之史料。

《燕臺鴻爪集》一卷　　楊維屏撰

　　楊維屏字大邦，號翠岩（一曰字翠岩），又號湘秋居士、粟海庵居士，原籍連城，福建侯官（今屬福州市）人，嘉慶己未舉人，曾任中衛知縣。民國《福建通志》小說家類著錄，並引《石遺室遺錄》云此書「皆為梨園歌者而作」。中國戲劇出版社《清代燕都梨園史料》本（據道光十二年刻本）。前有張際亮等題詞。此書與《片羽集》《鶯花小譜》體例相同，不過題贈優伶之詩詞集而已，如《贈汪蘭卿（雲林）》七絕 6 首、《代寶岩贈陳素履（青蓮）》五古一首、《和賴榴海原韻（榴海與余同寓玉極觀）》七律 4 首、《贈范珊珊（福喜）》七絕 20 首等，詩風綺麗，迷離飄渺，其間不乏輕薄為文者，如《又贈（汪一香）》：「金筒私遞語函胡，碧唾黏香醒酒無。從此相思消不得，殘宵愁對淡巴姑。」

《熙朝新語》十六卷　　余金（徐錫齡、錢泳）撰

　　徐錫齡字厚卿，江蘇蘇州人，貢生。《怡雲仙館藏書簡明目錄》小說家類雜事之屬、《八千卷樓書目》子部雜家類雜說之屬著錄。廣陵書社《筆記小說大觀》本。前有嘉慶二十三年戊寅翁子敬序、道光十二年錢泳序。翁子敬序云「其書多採諸前人著述，中無一臆撰訛傳之語，且又旁搜軼事，發潛闡幽，凡登臨耳目所經、巷議街談所及，自國初至今二百年來，有關政事文章人心風俗者靡不具載。」故此書編纂雜史，多採自他書，不注明出處，類於張培仁《妙

香室叢話》。敘述中多朝中故事，每卷尊君，所述歷史始於長白發源，止於嘉慶朝，如君臣軼聞、鄉賢名哲、域外事物等；間有怪異故事，多與因果報應相關。民國《安徽通志稿》小說家類中云：「是書多採自前人著述，無一臆撰訛傳之語，且又旁搜軼事，發潛闡幽，凡山巔水涯所經、巷議街談所及，自清初至嘉慶二百年來，有關於政事文章人心風俗者，靡為紀錄，足與禮親王《嘯亭雜錄》後先媲美云。」蓋過譽之語也。

《天涯聞見錄》四卷　魏崧撰

魏崧字維岳，一字祝亭，湖南新化（今屬婁底市）人，道光三年進士，歷權大竹、樂山、隆昌，後授南川知縣，有《壹是紀始》《四聲綜辨》等。同治《新化縣志》卷第二十一有傳。光緒《湖南通志》小說家類異聞之屬著錄。南京圖書館藏咸豐二年刻本。前有道光十四年魏祝亭序、目錄。魏祝亭序云丁亥賦閒，僦居錦城隘巷，久之，門可羅雀，「惟藉文字消永晝，間或仿虞初採訪法，舉夙所見異暨所聞異書之牘以備譚徵……網羅天下放失舊聞，送旅次，皆當世事。」全書約 321 則，以雜事異聞為主，異聞如《鑒心亭》《狸精》《乩僧》《程煜》《除蛇妖》《仙娘》《陸半仙》《鬼預示兆》《誠意伯乩》《溺鬼》《城隍神》、軼事如《熊文舉》《葛建楚》《鄒魯》《理鄰省案》《貞義》《劉洪度》《蘇維龍》等，皆有關勸誡教化。其他有方技如《足技》《九宮星名》、博物如《火浣布》、明清雜史如《興安水災》《李闖試題》《城口饑荒》《史可法》《張獻忠》《捕蝗》《明季蜀孽》《清溪猓逆溯源》《猓亂紀略》《土職婦襲》、西南民族風俗如《瑤俗》《苗俗》《產翁洗妝》《蘇祿國》《蠻訟》《藏俗》《炙羊膀》《波花卜歲》《西南夷種》《猓煙酒名》等，皆足以廣見聞。而卷四多載嘉道間西南夷之亂及平叛忠義之士，敘事質實，不為妄言。文後間有惺愚子評，類於太史公道德評判之語。

《浪跡叢談》十一卷，《浪跡續談》八卷，《浪跡三談》六卷
梁章鉅撰

梁章鉅（1775～1849），字閎中，又字茝林，號藍鄰、退庵，福建福州（今福州市）人，祖籍長樂，嘉慶七年進士，歷官江蘇巡撫、廣西巡撫等，有《樞垣紀略》《退庵所藏金石書畫題跋》等。《清史稿藝文志》子部小說類著錄。今有中華書局《清代史料筆記》本。前兩種皆有目錄，而《三談》有咸豐七年羅以智《浪跡三談序》。上述數種皆為雜說筆記，敘事、議論、載記、考證存於

一書，內容有官制、詩話、小說、政事、理學等，皆有關時事者，文風質樸，詩話如《別北東園詩》《西湖紀遊詩》《喜雪唱和詩》《詩話》《靈轍詩》《李長吉詩》《蘇齋師說蘇詩》《豪歌協韻》、藥方如《方藥》《皮硝桑葉湯》《接骨仙方》《疝氣》《十二經脈》、軼事如《鄭謙止之獄》《吳槐江督部》《道光年間四太傅》《古田逆案》、金石書畫如《焦山鼎銘》《乙瑛碑》《小李將軍》《思翁書品》、考證如《宋江》《大學士緣起》《十六羅漢》《上大人》、經濟如《請鑄大錢》《請行鈔法》《開礦議》《鴉片》《英夷》《均賦》《收銅器議》、博物如《女兒酒》《蘭陵酒》《燕窩》《火腿》等，行文中亦輯錄他書如《綏寇紀略》《耕藍雜錄》《觀弈軒雜錄》《蓉堂詩話》《戲彩亭詩事》《說鈴》《冥報錄》《隨園食單》《新齊諧》等，並附錄己作數十首如《三談》卷六《附詩三十首》，頗有保存文獻以傳世之意。

《歸田瑣記》八卷　　梁章鉅撰

《清史稿藝文志》子部小說類著錄。中華書局《清代史料筆記叢刊》本。前有道光二十五年許惇書序、目錄，書後許惇書跋、《退庵自訂年譜》。卷一前有道光二十五年自序，云此書仿歐陽修《歸田錄》之意。是書卷一至卷七以雜事為主，如《鼇拜》《噶禮》《紀文達師》《李文貞公逸事》《蔡文恭公》《小炒肉》等，皆有史法，其他藥方如《洗眼神方》《屠蘇酒方》《治喉鵝方》、金石如《宋研》、經世如《炮說》、俗文學評如《小說》《封神傳》等，卷八《北東園日記詩》為自作詩歌，亦保存文獻之意。清代中期雜說筆記，當以錢泳及梁章鉅所著成就為高。

《退庵隨筆》二十二卷　　梁章鉅輯

《中國古籍總目》子部雜家類雜學雜說之屬著錄。學苑出版社《清代學術筆記叢刊》本。議論之書，前有阮元等序，其目有《躬行》《交際》《學殖》《官常》《政事》《家禮》《家誡》《攝生》《知兵》《讀經》《讀史》《讀子》《學文》《學詩》《學字》。同治十一年梁恭辰跋云：「凡二十二卷，自為類，本前賢嘉言懿行而以己意申之，大而經國持身、細而論文談藝，凡修齊治平之道至一名一物無所不該，確乎可以遵守必傳之業也。」（按此為知行合一之目，後數目為經史子集之排列。）輯錄他書，不標出處。案此書與法式善所著《清秘述聞》、吳振棫《養吉齋叢錄》、鄭光祖《一斑錄》、周馥《負暄閒語》為同一類。

《楹聯叢話》十二卷、《續話》四卷　梁章鉅撰

　　王韜《弢園藏書目》子部小說家類著錄。上海古籍出版社《續修四庫全書》本（民國商務印書館《萬有文庫》中有《楹聯三話》）。前有道光二十年陳繼昌《楹聯叢話序》、道光庚子梁章鉅《楹聯叢話自序》、道光癸卯梁章鉅《楹聯續話自序》、道光丁未梁章鉅《楹聯三話自序》、叢話目次、三話目次。梁章鉅搜輯小說筆記而成是書，蓋仿《詩話》《詞話》之體，補聯語之「話」，其《楹聯叢話自序》云：「楹聯之興，肇於五代之桃符，孟蜀『餘慶長春』十字，其最古也。至推而用之楹柱，蓋自宋人始，而見於載籍者寥寥，然如蘇文忠、真文忠及朱文公撰語，尚有存者，則大賢無不措意於此矣。元明以後，作者漸夥，而傳者甚稀，良由無薈萃成書者，任其藹落湮沉，殊可慨惜。我朝聖學相嬗，念典日新，凡殿廷廟宇之間，各有御聯懸掛，恭值翠華臨涖，輒荷宸題，寵錫臣工，屢承吉語，天章酬疊，不啻雲爛星陳，海內翕然相風，亦莫不緝頌剗詩，和聲鳴盛，楹聯之制，殆無有美富於此時者。伏思列朝聖藻，如日月之經天，自有金匱石室之司，非私家所宜撰輯，而名公巨卿，鴻儒碩士，品題投贈，渙衍寰區，若非輯成一書，恐時過境遷，遂不無碎璧零璣之憾。竊謂劉勰《文心》，實文話所託始；鍾嶸《詩品》，為詩話之先聲；而宋王銍之《四六話》、謝伋之《四六談麈》，國朝毛奇齡之《詞話》、徐釚之《詞苑叢談》，部列區分，無體不備，遂為任彥昇《文章緣起》之所未賅，何獨於楹聯而寂廖罔述？因不揣固陋，創為斯編。博訪遐搜，參以舊所聞見；或有偽體，必加別裁。郵筒遍於四方，討源旁及雜說。約略條其義類，次其後先。第一曰《故事》，第二曰《應制》，第三、第四曰《廟祀》，第五曰《廨宇》，第六、第七曰《勝蹟》，第八曰《格言》，第九曰《佳話》，第十曰《挽詞》，第十一曰《集句》，附以《集字》，第十二曰《雜綴》，附以《諧語》。分為十門，都為十二卷。非敢謂盡之，而關涉掌故、膾炙藝林之作，則已十得六七，粲然可觀。方之禁扁，似稍擴其成規；比諸句圖，亦別開生面云爾。」此書為小說家瑣語之類，《故事》輯錄五代至清初楹聯趣聞，《應制》述康乾以來大臣所擬、宮殿所書巨麗楹聯，《廟祀》記天下廟宇中之楹聯，如文廟、關帝廟、文昌祠、西湖中天竺白衣殿、權樹湖神廟、浙江曹娥廟、廣州龍王廟、吳中周公瑾祠等。《廨宇》為六部道署書院楹聯，如內閣漢票簽處、翰林院署、奉天戶部大堂、瀋陽書院、長沙貢院、山東臬署、安徽育嬰堂等。《勝蹟》為名勝古蹟壯觀優美之聯語，如五嶽、京城勝蹟、杭州西湖、蘇州虎邱、金陵小倉山房、濟南趵突泉等。《格言》為奇

警之對聯，寓奮發、勸誡之意，如王玉池令金鄉時所作聯語云：「眼前百姓即兒孫，莫言百姓可欺，當留下兒孫地步；堂上一官稱父母，漫說一官易做，還盡些父母恩情。」《佳話》為功名、人瑞、恩遇、贈答等，如劉墉贈趙翼聯語云：「務觀萬篇，半皆歸里作；啟期三樂，全是達生言。」《挽詞》為輓聯之類，如紀昀挽朱筠云：「學術各門庭，與子平生無唱和；交情同骨肉，俾予後死獨傷悲。」《集句》（附《集字》）為集漢碑、唐詩、石鼓文、碑帖等為對聯者。《雜綴》（附《諧語》）為春聯、壽聯、贈聯等軼事，如「前明袁籜庵於令以荊州守罷歸，流寓金陵，落魄不得意，大書門聯云：『佛言不可說不可說，子曰如之何如之何。』亦自謂以經對經也。」《續話》體例如上書，《三話》無類目，每則有小標題，如《揚州舊聯》《廬山道院聯》《戲樓舊聯》等，大體仍遵舊例也。此書刊刻後頗受士林讚譽，後光緒間丹徒李承銜又有《自怡軒楹聯賸話》四卷，體例一遵《楹聯叢話》而「末署《自著》一門，亦於各條中抽出另載以醒眉目，非創格也。」士夫遊戲之作，皆小說家瑣語之類。

《巧對錄》八卷　梁章鉅撰

　　王韜《弢園藏書目》子部小說家類著錄。上海古籍出版社《續修四庫全書》本。前有道光己酉梁章鉅自序，云：「余輯《楹聯叢話》，多由朋好錄貽，而巧儷駢詞，亦往往相連而及。余謂是對也，非聯也。語雖通而體自判，因別載而存之篋。衍積久裒，因復搜取說部諸書及前後所記憶，匯次成帙。昔宋人詩話，喜言巧對，然不過數聯而已。其專以對語成書者，始於隋杜公瞻之《編珠》。今其書已不存。明楊升庵所作之《謝華啟秀》，人人皆知其書。唯中多偏枯割裂，又或注出典，或不注出典，不免為通人所譏。茲編雖亦草草而成，都無體例，而每條皆從原書錄出，所採對語，配隸悉能勻稱，斐然可觀。唯限於見聞，殊慚漏略。客有見而喜之者曰：『書雖不多，而甚可啟發文心，旁資談助，不可不公諸同好。』因稍加釐訂，付之梓人。尚望博雅君子，廣為錄寄，則又可編輯成書，比諸《楹聯》之有《續話》云爾。」該書除輯錄《分類字錦》《說文凝錦錄》《宮閨組韻》《俗語對句》《古今巧對匯鈔》中對偶句外，並輯錄小說、筆記、詩話、方志、年譜、野史、別集以及親朋中對句，如「銅盆」對「玉爵」、「桑葉洗眼」對「杏花插頭」、「清明時節雨紛紛」對「歌管樓臺聲細細」等，亦小說瑣語之類。紀曉嵐曾云世間物皆可成對，筆記中記載軼事頗多，其為對句名家應無疑，故梁章鉅為其門生，承其師學而成此書，文人遊戲之作也。後梁氏及其子恭辰又有《巧對續錄》《巧對補錄》之作，亦同《楹聯叢話》之意。

《兩般秋雨庵隨筆》八卷　　梁紹壬撰

　　梁紹壬（1792～？）字應來，號晉竹，浙江錢塘（今杭州）人，道光間舉人，官內閣中書，著有《兩般秋雨庵詩》等。《清史稿藝文志》子部小說類著錄。廣陵書社《筆記小說大觀》本。前有道光十七年汪適孫序，後有光緒甲申王堃《重刻兩般秋雨庵隨筆後序》、光緒甲申許之璠《重刻兩般秋雨庵隨筆書後》。每卷前皆有目錄，每則有標題。汪適孫序云：「予中表兄晉竹梁君，以宰相之華胄，膺孝廉之巍科，等身讀書，僂指數典，膏肓箴乎經疾，然疑訂為史評。凡夫《北夢瑣言》《西京雜記》《詩人玉屑》《藝苑金針》以及《七籤》《真誥》之編、《五燈》《珠林》之冊，靡不參同結契，考異名郵。陋小說於黃車，約條鈔於青簡。入張公之室，記事拈珠；登康生之堂，劇談著錄。成《秋雨盦隨筆》若干卷。予受而讀之，軋軋乎錦線之抽機，磊磊乎星徽之溢目已。綜其全旨，約有四端：一曰稽古，則《經典釋文》之遺也；一曰述今，則《朝野僉載》之體也；一曰選勝，則模山范水臥遊之圖也；一曰微辭，則砭愚訂頑徇路之鐸也。」王堃言此書創作動機云：「孰識古人懲勸之旨，半寓方言；稗官附會之辭，補徵文獻。」此書詩話、博物、異聞、雜事、瑣語、恩遇、書畫、俗文學評等，敘事、考證、載記、議論皆存一書，詩歌文獻較多，亦雜家筆記之書也，譚獻云此書「幽雋固尋仞也。晉竹多記憶之誤，頗欲糾正。稗說短書，無足措意。」

《信疑隨筆》十二卷　　殷水釣叟撰

　　《中國古籍總目》小說類文言之屬著錄。南京圖書館藏清刻本。前有道光十八年李祖陶序、殷水釣叟自序。李祖陶序中云：「惟小說之興，其來久已，《漢書藝文志》……我朝作者以王阮亭先生之書為最，所著《居易錄》《池北偶談》《香祖筆記》《分甘餘話》《古夫于亭雜錄》，並著錄於《四庫全書》，以其關涉國典朝章、評騭詩文字畫，可資檢校，亦實有專長也。次則紀曉嵐先生鏡煙堂六種，瑰瑋連犿，傳誦藝林，有目為文章鼓吹者，以其隨筆抒寫，風裁橫逸，如王猛之捫虱，如天女之散花，嬉笑怒罵，無不成文也。外如鈕玉樵之《觚賸》，亦可觀，而邊幅自修，終嫌小樣。若《聊齋誌異》則描頭畫角，不免纖俗委巷之作，非大雅所樂觀矣。先生書不名一格，或藉端生意，或隨物賦形，議論精而體裁潔，大致師法曉嵐先生，而如玉樵（《觚賸》）之裝點雅餙者亦間有焉。」全書約 562 則，每則無標題，卷一「匠作厭勝術」

「朱國祚遇優婆塞」「金元寶一念之善而獲報」「李水部相宅奇驗」「痘症可救」「生人見鬼」「仙人好樓居」「今人好淫祀」「鬼屬陰」「鬼神呵護富貴之人」「鎮江某學《易筋經》功成」「余舅氏陳雲岩夢」「雲南蠱」「直隸東明縣單雄信墓」「李九華觀察祈夢」「粵西多山魈」、卷二「圓光術」「海鹽南門橋下溺鬼」「海昌僵屍追人」、卷三「余弟廷鏞」「山陰胡息齋先生有仙骨」「狐媚取人精氣」「江西奉新縣庫神官」、卷七「湖北巡撫署內狐仙樓」、卷九「瑞金署內紅衣女子」「湖南祝由科」、卷十二「登州沿海諸山多狐而崇人」等，不過勸誡之意。其他軼事如卷一「外舅嵇承孟」、卷二「劉廷槐循吏」、卷三「福康安」「天津暴客燕翼子」、卷四「清帝臨幸海鹽陳氏園林」「雲南臨安府鼠疫」、卷十「婺源黃村孝子」「紀文達公嬉笑怒罵皆成文章」「尚之信殘暴」「海寧李貞孝守節」、詩話如卷一「毛詩風雅頌」等，敘事而兼議論，多得自遊宦南北時傳聞心得。據文中考證，知「殷水釣叟」即朱錦琮。朱錦琮字瑞芳，號尚齋，浙江海鹽（今屬嘉興市）人，監生，歷官宣城、廬江知縣及宿州、東昌知府等，有《治經堂詩文集》。

《履園叢話》二十四卷　錢泳撰

　　錢泳（1759～1844），字立群，一字梅溪，江蘇金匱（今江蘇無錫市）人，官府經歷，長期遊幕，精於金石詩畫，著有《說文識小錄》《梅花溪詩抄》《蘭林集》《登樓雜記》《履園金石目》等。《書髓樓藏書目》小說家類、《清續文獻通考·經籍考》子部雜家類雜說之屬著錄。中華書局《清代史料筆記叢刊》本。前有道光三年孫原湘序、道光十八年錢泳自序。錢泳自序云：「昔人以筆劄為文章之唾餘，余謂小說家亦文章之唾餘也。上可以紀朝廷之故實，下可以採草野之新聞，即以備遺忘，又以資譚柄耳。余自弱冠後，便出門負米，歷楚、豫、浙、閩、齊、魯、燕、趙之間，或出或處，垂五十年，既未讀萬卷書，亦未嘗行萬里路。然所聞所見，日積日多。鄉居少事，抑鬱無聊，惟恐失之，自為箋記，以所居履園名曰《叢話》。雖遣愁索笑之筆，而亦《齊諧》、《世說》之流亞也。」總目有 24 目，即舊聞《閱古》《考索》《水學》《景賢》《耆舊》《臆論》《談詩》《碑帖》《收藏》《書學》《畫學》《藝能》《科第》《祥異》《鬼神》《精怪》《報應》《古蹟》《陵墓》《園林》《笑柄》《夢幻》《雜記》，每則有標題，為清代中期雜說筆記中傑出者。

《梅溪筆記》一卷　　錢泳撰

《清史稿藝文志拾遺》小說家類雜錄之屬著錄。江蘇廣陵古籍刻印社影印民國何藻輯《古今文藝叢書》本。此書輯錄錢泳《履園叢話》中四十餘則而成，如《阿文成公》《示子》《得隆慶失隆慶》《雕工》《唐竹莊》《言過其實》《做詩阿娘》《穆慶能為駢體文》《優伶能解韻語》等，原出假借，非故有此一書也。

《京澳纂聞》二十五卷　　張調元撰

張調元（1784～1853），字燮臣，號寅皋，又號佩渠，河南鄭州（今鄭州市）人，嘉慶十二年舉人，歷官太康、浚縣教諭，有《佩渠文集》《貴耳集考釋》等。未見著錄。中州古籍出版社《古都鄭州文化叢書》之《張調元文集》本。前有光緒七年孫欽昂序、道光十九年張調元自序。張調元《京澳纂聞自序》云：「余喜讀而健忘，每目涉口吟，手隨劄記，積三十年矣。有《京澳纂聞》若干卷，於是乃分別部居，排次而類列之。以為載籍浩繁，首重經訓。經訓者，道義之淵海，而章句者，經訓之津梁也。余弱冠始解治經，一瓻之借，略參蠡管。繼蒙鮑宮詹夫子見賚明監板《十三經》，由是勉占畢以潛索，訂異同而是正。為《周易》二卷，《尚書》、《毛詩》各一卷，《春秋左傳》一卷，《禮記》一卷，《四書》三卷，志尊經也。家世寒薄，史無全書，遠遊假館，漸廓心目。洎強仕之後，歷陽夏、潁城，貯書充棟，因得以寒暑旦晚，寢饋其間。爰乃綜括廢興，銓量雅俗，旁觀子集，遠攬近徵，瑣節常談，居今稽古，為《諸史》四卷，《雜識》二卷，志觀史也。性嗜文藝，覃思《選》理，李善所注，足冠五臣，而百密一疏，仍資補綴，則《文選》一卷次之。師友耳提，竹素手披，欣於所遇，並誌不忘，《譚藝》三卷又次之。義府海闊，功慚匭飲，卅載肄業，如斯而已。至於誼切桑梓，學分緒餘，郡邑諸編，難可徵信。余閒覽遺文，旁搜廣證，為《開封人地考》四卷、《鄭志》二卷，則匡正舛訛，不無小補者也。凡此數者，或據理以折衷，或平情以揆事，或辨群言而暫決聚訟，或黜曲解而自定指南。要皆述先正之明，清擬就裁於宗匠。倘荷留盼，即當傾衿云爾。」「尊經」「觀史」，皆筆記序事之法。該書分十二門：《周易》《尚書》《毛詩》《春秋左傳》《禮記》《四書》《諸史》《雜識》《文選》《譚藝》《開封人地考》《鄭志》，以考證為主，亦有史論、文論之類，每則有標題，如《元亨利貞》《無號終有凶》《高宗伐鬼方》《周召二南》《殯於太宮》《子語魯太師章》《地道敏樹》《親親必先尊賢》《勃海鹽池》《屋大皆稱殿》《蘇門三賢》《富韓少年

時》《郭文簡公》《詩如神龍》《調度之法》《天仙宮白松》《鄭州城》等，考證新見不多，敘述軼聞及考辨中州歷史沿革，據史而書，較為可觀。

《佩渠隨筆》十六卷　張調元撰

　　未見著錄。中州古籍出版社《古都鄭州文化叢書》之《張調元文集》本。前有辛巳門人孫欽昂序、道光二十一年張調元自序。張調元《佩渠隨筆自序》云：「歲辛丑，授徒里門，屏居多暇。因取余《纂聞》舊稿本之所遺，更裒集之，蓋其披華啟秀，折衷異同者，已登之《京澳纂聞》矣。而前言往事，足以昭勸懲、資聞見者，未忍輕棄。乃仿子政《說苑》之體，分列八門，而更為標其所出，俾覽者易於參校，庶少訛謬焉。凡十六卷，目之曰《佩渠隨筆》。佩渠者，余授徒之精舍也。」其弟子孫欽昂亦云此書為《京澳纂聞》稿中餘緒，與《京澳纂聞》相輔而行，類書之體，此即類書式序事也：「業師張爕臣先生，茹古涵今，求為有為之學，觚編罫簡，鄴架橫陳。每心得時，輒筆之於書，或博引繁稱，以紳己見，而備參考。所撰《京澳纂聞》，宣經之秘，擷史之腴，自是天壤間一種菁英封錮，至先生始盡括取之，戞戞乎成一家言矣。此外復有《佩渠隨筆》十六卷，係《纂聞》稿中餘緒，隻義單詞，悉足以資多識，先生不忍棄置，旋匯而輯之，仿子政《說苑》之體，分為八門，襃然成峽，曰《禮典》、曰《政治》、曰《地輿》、曰《人物》、曰《毓德》、曰《廣才》、曰《遊藝》、曰《博聞》。遠紹旁搜，燦如列繪，洵堪與《纂聞》一集相輔以行，並以補《纂聞》之未備。其間多錄歷代時事，亦有徵述他書為經史中所不載者，尤能擴後世之見聞，而可以昭勸懲，可以辨疑難，可以觀會通，其有裨於經世之道，豈淺鮮哉！夫類書之作，汗牛充棟，然大都以風雲月露、蟲魚花鳥之文啄腎雕肝，妃青儷白，作兔園冊子，助詞人粲華助藻之具耳，而是書則事皆徵實，非關世道人心者概不臚陳，豈特學古者所資，亦從政者所當奉為龜鑑。使欲以類書例之，則太拘矣。嗟乎！先生研書賞理，自命不可一世，假當時推轂有人，將起而訂典禮、議政刑，潤色鴻猷，足以收海內經師之望。顧乃一官司鐸，窮經白首，僅以著作藏之名山，亦可悲矣！雖然，先生之學固未大用於時，而其書必有以行於世者。敬跋數語，用誌景行之思云。」孫欽昂及張調元序中云此書仿《說苑》之體，分為八門，卷一卷二《禮典》，據《三禮》、正史言五禮及歷代典章制度。卷三《政治》，據歷代正史言財經、選官、六部權責等。卷四《輿地》，歷史地理。卷五至卷七《人物》，據正史輯錄歷代名人事蹟，元明人較多。

卷八卷九《毓德》輯錄史書中格言嘉話。卷十卷十一《廣才》輯錄正史中文藝、貞烈、忠義、令德等人物。卷十二卷十三《遊藝》輯錄學人、文士之文。卷十四至卷十六《博聞》輯錄史書、筆記中神仙、俗語、詩文中隻言片語以考證之。是書多抄撮他書（尤其是正史），新見無多，每則有標題，如《兵車無蓋》《金奏工歌》《男子有笄》《朝服公服》《租庸調》《積弊不可頓革》《連昌宮》《金齒》《平陽公主》《河南呂氏》《張江陵》《長者之言》《呼延贊》《畫鐵為的》《鳳凰弓》《北史錯誤》《醫官六通》《詩文自注》等。

《寶存》四卷　　胡式鈺撰

胡式鈺，字琢如，一字青坳，江蘇上海（今上海市）人，諸生，長期為幕，有《寸草堂詩鈔》等。《清史稿藝文志補編》子部雜家類著錄。新興書局《筆記小說大觀》本。前有道光二十一年胡式鈺自序，書後有胡式鈺跋。胡式鈺序云：「君子不寶，何寶為？顧寶何常，閉人寶，不閉天寶，所謂禮義者順人情之大寶也。予圭寶子，笑傲吟誦一寶間。於凡事、凡理、凡物，固亦不能鑿其幽如岩之寶乎！決其深如泉之寶乎！抑有生吾之明者，豁焉雪之寶矣；又有重吾之疑者，蒙焉雲之寶矣。夫書求間隙，書有寶；義任穿穴，義有寶，予慕此寶也。井中之天，井寶；管中之豹，管寶，予不獲辭此寶也。故或觸於耳而寶，觸於目而寶，或沉思獨往，朋友講習，撫今追昔，感而寶悔、而寶喜、而詐、而怖、而鬱、而懟、而激，而寶蓋幾乎無乎非寶矣。錄其寶可以證吾所明寶，學庶從寶進焉，討吾所疑寶，才庶從寶出焉。漸且塞吾萬有之寶也。……所寶猶小家珍說，方家笑也。」卷一《書寶》，為經史子集四部考論之語；卷二《詩寶》，詩話、詩論；卷三《事寶》，風俗、曲藝、志怪、服飾、干支、飲饌、世風、公案等；卷四《語寶》，古今語、方言俗語考，以互證法行之。此書卷三志怪軼事多得之里聞，其他三卷則為讀書劄記之類，創獲無多，多借他人之語。

《蘭修庵消寒錄》六卷　　王道徵輯

王道徵字叔蘭，福建閩縣（今福州市）人，道光間諸生，有《蘭修庵避暑鈔》等。《中國古籍總目》小說類文言之屬著錄。南京圖書館藏道光戊申刻本，一冊三卷。前有道光二十八年戊申彭蘊章序、道光二十二年壬寅王道徵自序。彭蘊章序中云：「說部書為傳記之餘，往往採錄異聞得失，而紀文達公《閱微草堂筆記》則寓意勸懲，以此見有心維世者涉筆不苟也。詩話乃風雅之餘，多

錄零篇斷句，存其人使無湮沒而已。今王生道徵所著《消寒錄》《避暑錄鈔》，詩話之體也，而亦寓勸懲之意，其不苟作也與紀文達之筆記同是，可以傳世而行遠矣。」王道徵自序云：「『言志』四語，載在《舜典》，『無邪』一言，可蔽全詩，詩話濫觴，此為最古，亦此為最簡而盡。後有作者，多就旁門考究，其於開宗弟一義，全未提闡，縱使費盡推敲，壓倒元白，總屬隔靴搔癢，初何當古人譚詩之旨哉。道徵嘗於戊子中春，堅持鄙見以採輯百家，都為《清鐘詩話》一十卷矣，泊戊戌仲秋以後，香山歸院，月冷房空，思之子而不來，藉嘯歌為排遣，墨緣所結，筆舌遂饒，復撰成《消寒錄》若干卷，嗟乎，環堵蕭然，一燈如豆，揚風扢雅，凍管頻呵，其□□淒清之況，無人見也。雖去取之間，是非或謬，而勸懲有在，風化攸關，當世大雅，幸教正之。」此書為詩話之體，如《粟香隨筆》之類，約 60 則（篇），無標題。所謂「寓意勸懲」者，不過倫理、道學、贈別、行役、高誼、母教、治道、風化、孌童、忠貞、娼賭、題畫、懷人、師道、悼亡、風節、廉吏、科試、求學、禱賽、隱逸、節烈、志怪等題材而賦詩，自撰（如《狎水圖》《蘭花蛺蝶圖》《八仙醉酒圖》之題畫詩）、輯錄他人之作（如范承謨）並存，並注意鄉邦文獻，如搜集閩籍詩人如林夢郊、林子野、陳宗英、蕭震、王殿墀、陳龍標、林祥、王廷俊、謝章鋌之作，詩多話少，其論詩之語亦無甚高論。

《拗人傳》一冊　劉家龍撰

　　劉家龍字左青，號雨亭，山東章丘（今屬濟南市）人，道光癸未進士，官河南新安知縣。宣統《山東通志》小說家類瑣語之屬著錄。《山東文獻集成》影印清鈔本。卷首有道光二十三年癸卯王鏞序。宣統《山東通志》小說家云：「是編有刊本，即在新安時作。俚語雜論史事，如彈詞體，自邃古迄前明，設為群仙與拗人相辯難之辭，逐條皆群仙發端而拗人駁之，其曰拗人者，蓋自道其偏執不與眾同也。前有山陰王鏞序，謂摘其憂深思遠、詞繁不殺者二十四條云云。今考二十四條中，論漢鄧后、唐武氏二條以鄧之謁廟、武之改號為無罪，皆妄謬不可訓，鏞以憂深思遠目之，殆阿好之詞，其論漢書三國志通鑒諸條，則識解淹通，與迂儒之見有別。」實則仿山東快書，做拗人與八仙論史之語，多新見：「敲門磚，不中看，拋磚說回《拗人傳》。此事不知出那年，出在河南新安縣。那年遇著蟠桃熟，八仙過海西赴宴。新安縣，沽美酒，忽來一人闖席面。洞賓開言問朋友，高姓大名住那縣。那人說我無名氏，不知住的是那縣。有個外名對你說，拗人二字天下傳。……八仙聽罷齊吐舌，這拗人合咱足足拗

了四千年。拗他不過走了罷，手招白鶴騎上雲端。拗人點手把八仙叫，八洞神仙聽我言：你宴罷蟠桃早回轉，依舊歇息在新安。那時節我買一壺柿子酒，把大清故事更拗一萬年。」

《咫聞錄》十二卷　慵訥居士撰

　　慵訥居士，乾隆、嘉慶年間人，生平不詳。或云為溫汝適作。溫汝適（1760～1814），字步容，號貧坡，廣東順德（今順德市）人，乾隆四十九年進士，授編修，官至兵部右侍郎，有《攜雪齋詩文鈔》《咫聞錄》《日下紀遊略》等。《清史稿藝文志拾遺》小說家類雜錄之屬著錄。今有廣陵書社《筆記小說大觀》本。前有道光二十三年癸卯慵訥居士自序、目錄。自序云：「志怪之作，始於《山海經》，後世仿之不下數百種，或藉此以抒情懷，或搜羅以博聞見，或彰闡以警冥頑，莫不有深意存焉，非徒以醒睡眼、供談笑而已，然總不出古人範圍。予資魯筆鈍，未嘗學問，雖博聞強識，月亡所能，而又不求甚解；惟聞怪異之事，凡可作人鏡鑒，自堪勵策者，輒記之而不忘，蓋由性之相近而然也。今夏賦閒羊城旅館，適有採薪之憂，不可以風；回想從前耳之所聞、目之所見，偶焉成篇，藉以養疴；積之月餘，哀然成帙，辭粗筆率，較之古人垂唾，萬不及一，真所謂狗尾續貂者也，以故藏諸書篋，不敢出以示人，因朋輩慫恿，聊以登之梨棗，知不免詒誚雕乃爾。」是書所載有博物、志怪（狐妖、物異、仙鬼、夢幻）、軼事（公案、科舉、軍事、節烈）等，多因果報應之說，中有如「聊齋體」者《飛雲》《秋豔》《三橋夢》《珠姬》，文辭華美，篇幅較長。又《廣州大典》影印國家圖書館藏道光九年知不足齋本，前有道光己丑冶垠散人序云言怪誌異可以廣見聞，「慵訥居士真樸人也，素不言怪而記怪之說者，曷故？是欲人云余見怪而驚省之，能驚省則勉勵矣，能勉勵則怪消矣，名曰《咫聞錄》，並非幻想天開，令人解頤醒睡焉。」

《閨律》一卷　芙蓉外史戲編

　　王份字仲質、從質，號竹石、芙蓉外史，浙江永嘉（今屬溫州市）人，著有《玉雪臺集》等。《中國古籍總目》小說類文言之屬著錄。蟲天子編《香豔叢書》（上海書店，2014年）本。此述仿陳元龍《妒律》而作，前有道光二十五年乙巳芙蓉外史自序云：「昔陳文簡公作《妒律》，比附精當，字挾風霜。設閨閣中盡能讀此，不必食鶬鶊之肉而妒疾全消矣。惟羅織太深，不為彼美少留餘地，使周婆制禮，當不若是，昔人謂『妒極是情深』，真溫柔鄉閱歷之語。

彼聞誦《洛神賦》而自湛，因歎美而斫桃花樹者，此種癡情深入骨髓，可笑亦可憐也。或男子日遊狹邪，沉酣聲色，孌童嬖妾，粲列成行。為之妻者，若越人視秦人之肥瘠，漠焉不加喜戚於其心，妒則否矣，抑何情不相關乃爾耶？予反其意，作《閨律》若干條，於錦衾角枕之旁，寓讀法懸書之意，所以保全男子一片婆心，非敢為胭脂虎傅翼，聊為薄情郎作炯鑒耳。」此為遊戲文，內容仿六部有《吏律凡七條》《戶律凡六條》《禮律凡七條》《兵律凡九條》《刑律凡七條》《工律凡四條》，每條下均有有四六判文一則。讀之堪噴飯，亦清代女權主義之明證，如《兵律》第九條云：「凡遇閨人燈下針黹，須在旁陪伴說笑，不得託故先睡。違者照營務廢弛例，笞四十，罰獨睡一個月，有病免究。」比附之法也。

《雨窗記所記》四卷　謝堃撰

謝堃（1784～1844），字佩禾，號芙蓉山樵，江蘇甘泉（今揚州市）人，曾為國子監生，有《日損齋詩鈔》《春草堂隨筆》《春草堂詩話》及傳奇劇多種。《八千卷樓書目》子部小說家類異聞之屬、《中國古籍總目》小說類文言之屬著錄。未見全本，今有南京圖書館藏本，存卷二，共 23 則（篇），即《瑤池仙女》《伎形相肖》《聖姑廟》《姚城》《陳候補畫》《縫窮婦人》《王樹勳》《紅蘭君》《石尼》《芸草》《任庚園》《崔馥芸》《桂珍》《中州浮屠》《丐婦》《駱六兒》《東方生》《洪洞劉生》《李賽兒》《尤三姐》《馬又蘭》《詩謎》《鐙草秀才》。長短錯落，怪異、公案、豪客、戀情，有《聊齋》之體。文後間有東門氏、寄所記評語，或補充軼事，或評騭是非，新意無多。

《溪上遺聞集錄》十卷、《溪上遺聞別錄》二卷　尹元煒輯

尹元煒，字青父，號方橋，浙江慈谿（今屬寧波市）人，嘉慶九年舉人，工詩文，著有《清風軒文草》，輯有《溪上詩輯》。《八千卷樓書目》史部地理類雜記之屬著錄。廣陵書社《筆記小說大觀》本。前有道光二十六年尹元煒自序、道光二十六年馮本懷序、《凡例》11 則。每則無標題。是書為補志乘、「備一邑掌故」而作，輯考先秦漢魏以來有關慈谿之賢士大夫勳業文章、婦女貞烈而前志所未載或載而未詳者，類乎人物傳記，每加考辨按語，求是之意也。

《括談》二卷，《寄楮備談》一卷　奕賡撰

奕賡（1809～1848），字鶴侶，號煨柮，自號長白愛蓮居士、墨香書屋主

人、鶴侶主人、天下第一廢物東西等,滿洲正黃旗人,擅子弟書,有《清音子弟書》《佳夢軒叢著》等。《清史稿藝文志拾遺》小說家類雜錄之屬著錄。上海古籍出版社《續修四庫全書》本。《括談》上卷為京師地理名勝、碑刻、域外新聞(澳門新聞紙傳抄)、博物(金石物產)等,下卷為宗藩玉牒之制。書後有「道光(二十六年)丙午閏月書於海棠小院之愛吾廬北窗下」。是書之外,奕賡又有《侍衛瑣言》《寄楮備談》《煨柮閒談》等筆記,皆道光中述宿衛中秘時知見之錄,有關清代歷史掌故之學。

《重論文齋筆錄》十二卷　王端履撰

王端履(1776~?),字福將,號小谷,浙江蕭山(今屬杭州市)人,嘉慶十九年進士,官翰林院庶吉士。《八千卷樓書目》子部雜家類雜說之屬著錄。廣陵書社《筆記小說大觀》本。前有道光二十六年丙午王曼壽序,云此書「前師伯厚而後事容齋者也」。此書以「論文」為名,輯錄詩文文獻如《浙江詩課》《周禮句解》《味水軒日記》《毛西河尺牘》《乾道四明圖經》,品題書畫如《聽畫圖》《蘇武歸闕圖》《遊仙圖》,醫藥如種痘,軼事異聞如李長庚擊海賊、文人嘲謔、瘟神、替死鬼等,考經如「鯉也死」、「商周之間始有仁佞二字」、「考格字」等。詩文文獻較多,其中詩話多見諸筆端,如題壁詩、試題詩、竹枝詞、無題詩論等。每則無標題,間有類於日記體、小品文者。行文中亦輯錄他書如《武陵人物新志》《邊州聞見錄》《初月樓聞見錄》《池北偶談》《連山廳志》等。該書所載經師文士皆為有所成就者,於其師阮元則三致意焉。

《榆巢雜識》二卷　趙慎畛撰

趙慎畛(1761~1825),字遵路,號笛樓,湖南武陵(今屬常德市)人,嘉慶元年進士,歷官江南副考官、廣西巡撫、閩浙總督、雲貴總督等,有《從政錄》《讀書日記》《省愆室續筆記》《奏議》等。《清史稿藝文志拾遺》小說家類雜錄之屬、《中國古籍總目》子部雜家類雜記之屬著錄。廣陵書社《筆記小說大觀》本。前有《武陵趙文恪公事略》,述趙慎畛生平事蹟甚詳。卷上為雜史、雜事之類,首述恩遇,尊君之意也,起太祖起兵伐明至嘉慶朝,舉凡軍事、堤防、財經、文字獄、載記之類如士行、文獻、博物、典制、讀書法等,皆以寥寥數語以記之,可稱之為雜史小說。

《敏求軒述記》十六卷　　程世箴輯

　　程世箴字筱林，江蘇丹徒（今屬鎮江市）人，事蹟不詳。《清續文獻通考·經籍考》子部小說家雜事之屬著錄。道光二十八年刊本。文海出版社《近代中國史料叢刊》本。前有戊申鄭傑序、道光三十年胡焯序、道光戊申楊文鼎跋、道光戊申陳世箴自序、張景新序、《述記採引書目》、目錄。陳世箴自序中云寫作緣起：「讀國初諸名家集，遇凡忠孝節義之文及書奇技異能之事，手批目覽，輒神往於其人，兩易寒暑，擇錄盈數寸，同人索觀者無虛日，力懲付梓。余懼寫本之或失也，詳加校輯於前輩《虞初新志》各書所已採者，割不覆載，釐為十六卷，名曰《述記》。」是書為傳記輯錄之類，從別集、筆記、地志、小說中（以別集為主）輯錄忠孝節廉貞烈豪俠有關勸懲者如《書李芬》《書海武壯軼事》《朱爛鼻小傳》《書王麗可事》《甘鳳池小傳》《書畢宮保遺事》《義犬傳》《孝子沈煌傳》《陽曲傅先生事略》《隱俠傳》《三孝子傳》《書顛和尚》等為一書，文中精彩處加圈點以示讚賞，惜無評語。《張桐日記》評此書云：「此書體例與《虞初新志》相仿，而表彰軼事與俞曲園之《薈蕞編》相同，皆讀書消閒之佳品也。」

《輪臺雜記》二卷　　史善長撰

　　史善長（1768～1830），字誦芬，一字春林，號赤霞，原籍浙江山陰（今紹興市），應試不中，捐貲選任江西餘干縣知縣，嘉慶二十一年坐失察革職，遣戍新疆烏魯木齊三年，嘉慶二十四年赦歸，有《秋樹讀書樓詩集》等。《清史稿藝文志》地理類雜志之屬著錄。《廣州大典》影印光緒間《味根山房全集》刻本。前有譚瑩序，云此書「備載山川險要、軍國懿章，緣道亭郵，各城廨署，穀粟驢騾之利，禽魚草木之生，賓旅往還回民習俗，證以殘編落簡，詢之退卒老兵，話今古之興亡，論華戎之戰守，雪鈔露纂，殫見洽聞，洵可與洪稚存之《塞外紀聞》《天山客話》《伊犁日記》、祁鶴皋之《西域釋地》《西陲要略》、徐星伯之《伊犁事略》《西域水道記》等書並傳。剖別異同，參互考訂，亦不朽之盛業，殆無負於此行已。德孚遐邇，定逾《松漠紀聞》；俗判貞淫，或媲《溪蠻叢笑》。傳編遊俠，爭為北道主人；頌織太平，特異《西州程記》。」是書為史善長謫戍新疆聞見記載，述新疆地理、氣候、邊防、道里、供給、流人、經濟（農牧商）、勝蹟、物產、宗教、礦產、風俗、公案、狩獵、聲伎等，尤詳於天山北路（伊犁、烏魯木齊、昌吉、水磨溝、哈密）一帶，文筆雅潔，其

述新疆物產豐饒、民風淳樸及各族風貌等極有意趣，流人之筆，足與楊賓《柳邊紀略》、洪亮吉《天山客話》相鼎足。新疆雖有大美，身為流人，敘述中終不乏鄉關之思云：「小除夜祀灶後，僕役聚飲廂房，予擁被倚壁坐，聞四鄰爆竹聲，拇戰聲，婦女兒童歡笑聲，回顧一燈熒熒，愁腸淒絕，呼酒盡一觴，氣頓雍喘徹鄰壁，僕驚無措，食頃始平。」所錄天山倡和詩，亦典雅可喜。

《聞見異辭》四卷　　許秋垞撰

許秋垞，名汶瀾，字東瀛，號秋垞、綠筠居士，浙江海寧（今海寧市）人，咸豐恩貢，有《珠盤啐語》。《清史稿藝文志拾遺》小說家類志怪之屬著錄。廣陵書社《筆記小說大觀》本。前有道光二十六年沈炳垣序、重光赤奮若（辛丑）綠筠居士自序、張蘭韞等《題辭》、目錄。自序云：「繹南華之妙諦，想東方之贍辭，愈出愈奇，日增日幻。而《述異》遠追任昉，《誌異》近溯松齡，光怪陸離，窮形盡相。……今余隨得隨鈔，舉凡宇宙間形形色色、怪怪奇奇，既貴於親朋納之，尤貴於筆硯導之出。用是述古人之異，繼以近來之異；談遠方之異，參以同里之異；志目中之異，益以夢境之異。其事雖殊，其所稱異者，一也。」此書主以志怪，如狐鬼、幻術、夢境、物異、僧道等，文風質樸，間有數篇仿《聊齋》而作，如《翠鳳》《鬼升城隍》《羞婦》等，每篇後綴七絕一首，以當「異史氏曰」，較為新奇。

《夢園瑣記》十二卷　　方濬頤撰

方濬頤（1815～1889），字子箴，號夢園，安徽定遠（今屬滁州市）人，道光二十四年進士，選翰林院庶吉士，散館授編修，歷任御史、給事中及兩廣、兩淮鹽運使、四川按察使，著有《二知軒詩鈔》《二知軒文存》《夢園書畫錄》等。《中國古籍總目》小說類文言之屬著錄。北京出版社《四庫未收書輯刊》本。無序跋。該書以晚清軼事、志怪為主，間有博物、方術、西學、理學之言、詩文評。敘事多親友轉述，於晚清亂世慘象、儒生氣節多有表露，部分志怪作品有聊齋風格。

《夢園叢說》內篇八卷附《聯語》一卷、外篇八卷　　方濬頤撰

《清史稿藝文志補編》小說類筆記之屬著錄。內篇為《清史稿藝文志》雜家類雜說類之屬著錄。《廣州大典》影印同治十三年揚州刻民國六年增刻本。前有光緒乙亥許奉恩序、朱銘盤序。許奉恩序云此書「仿《南華經》例，釐為

內外二篇，付諸手民，梓以行世。內篇抒寫蘊蓄，大而天地山川，小而飛潛動植，靡不畢備，雋詞偉論，於經世學術多有裨益。外篇捃掇同人所述，異聞異見，修飾潤色，凡媟褻猥瑣之談，概置不錄，有功名教，與尋常小說家言不同，斯非繼古人而自成一家之言者乎！或謂：作者例仿《南華》外篇，紀載事實，可忻可愕，雅俗共喻，固無論矣；內篇戛戛獨造，筆意夭矯變幻，絕肖蒙莊，其寄託深遠之處，非得解人如向子期者，未易詮其旨趣。夢蝶，一夢也，夢園，亦一夢也，皆工於寓言者也，作者殆優於學莊者歟？予曰：唯唯否否。子之說似矣，而究非知作者者也。吾嘗見其作文矣，每創一稿，伸紙走筆，捷若宿構，文不加點，義無不達，其機杼在胸，錘爐在手，千變萬化，妙緒層出，不必求似古人而神自與古人相會。脫稿以示同人，莫不循誦玩味，再三復之，惟恐其盡。是神明於古人矩鑊之中，不為窠臼所域。」是書《內篇》述園林、志怪、詩話、祖德、兵戎、祠廟、花木、科舉、宦蹟、恩遇、軼事、諧語、性理、論文、方術、養生、醫藥、遊記等，敘事清雅，議論平允，遊記、園林有小品之風，雜說之類也。書後有丁巳孫燕毅識語，云此書「蓋政事餘閒，載事記言之作也」。《聯語》為對聯之集。《外篇》主為志怪之作，間有軼事，皆目擊耳聞得來（得之許奉恩言者不少），洪楊之亂、烈婦孤臣，虎怪蛇妖、怒馬官宦，局詐公案、方外縊鬼，描摹生動，敘事中善於環境烘托，風格介於《聊齋》與《閱微》之間。

《夢園叢記》八卷　　方濬頤撰

　　《八千卷樓書目》子部小說家類雜事之屬著錄。未見。疑即方濬頤《夢園從說》。

《京塵雜錄》四卷　　楊懋建撰

　　楊懋建，生卒年不詳，字掌生，號爾園，又號蕊珠舊史，廣東梅縣（今屬梅州市）人，道光十一年舉人，官國子監學正，著有《留香小閣詩詞鈔》等。《清史稿藝文志補編》子部小說家類著錄。廣陵書社《筆記小說大觀》本。該書前有光緒丙戌上海同文書局主人序，云：「英雄老去，東山絲竹之場；婦女生愁，北地燕支之色。結真賞於牝牡驪黃而外，居然翰墨生香；定品題於鬚眉巾幗之間，畢竟人才難得。宦遊如夢，空留鏡面之緣；傀儡登場，重演石頭之記。」卷一《長安看花記》、卷二《辛壬癸甲錄》、卷三《丁年玉筍志》，載京城優伶如秀蘭、鴻翠、小霞、巧齡、王常桂、張雙慶、福齡等三十餘人小傳；

卷四《夢華瑣簿》,仿朱彝尊《日下舊聞》,載京城地理、風俗等,多有關戲曲資料者。每卷卷前皆有道光年間所為序文,書後有光緒丙戌倪鴻跋。

《初月樓聞見錄》十卷　　吳德旋撰

吳德旋(1767～1840),字仲倫,亦字半康,江蘇宜興人,貢生,師事姚鼐習古文,有《初月樓集》。《中國古籍總目》小說類文言之屬著錄。廣陵書社《筆記小說大觀》本。前有吳德旋序,云:「余屏居鄉里,喜述故事,遇有聞見輒隨手錄之,義例不能深也,取足快意而已。余吳人也,聞見不逮於遠,所錄皆吳越江淮間事耳,異時將廣錄而續理之,故不以時代之先後為次。又是編意在闡揚幽隱,顯達之士不錄焉,即間有牽涉,亦不及政事,在野言野,禮固宜然,若以為窮愁著書,則吾豈敢。」是書多記文士才女、烈婦孝子,如惲敬、吳啟圖、汪光翰、李良年、陸圻、萬斯大、朱子穎、程廷祚、吳西林、惠棟、吳文溥等,其中多有明遺民如黃九煙、紀映鐘之事蹟,每則無標題,文風質實。譚獻云:「仲倫以敘事自喜,修潔幽秀,在《五代史》、《南唐書》間,所少者變化耳。多山澤臞與貞孝列女,則其微意之所託者。噫,卓矣!」(《復堂日記》)

《白下瑣言》十卷　　甘熙撰

甘熙(1798～1852),字實庵,晚號二如居士,江蘇江寧(今南京市)人,道光十九年成進士,以知縣籤分廣西,官至工部郎中、戶部廣東司主稿、記名知府,有《桐蔭隨筆》《壽石軒詩文集》《棲霞寺志》等。新興書局《筆記小說大觀》本。前有《續江寧府志人物傳(文苑)》(甘熙小傳)、道光二十七年方俊序,書後有光緒十六年傅繩祖跋、重光大芒落甘元煥跋、方俊序云:「吾鄉為六朝名勝之區,前人記載,有關於一方之掌故者,如前明顧文莊《客座贅語》、周吉甫《金陵瑣事》、陳魯南《金陵世紀》、國朝張白雲《金陵私乘》、劉莪厓《白下餘談》、陳古漁《金陵聞見錄》等書,墜簡單詞,皆資考證。顧風土人情,恒數十年而一變,非有心者隨時收拾,續為編摩,恐無以紹前徽而貽後進。甘石安儀部家多藏書,網羅事蹟,自嘉慶中年以選於茲,編成《白下鎖聞》八卷,軼事舊聞,開卷斯在。異日賢守令重修志乘,徵文考獻,必將有取於是書。」該書所述有關金陵地理如金陵寺、香林寺、崇正書院、節孝祠、寶光寺、隨園、護國庵、鹽巡道署,人物小傳如饒曙、張井、郭孝子、節婦甘金

氏、達宗和尚，異聞如嘉慶庚午鄉試科場鬼、鶴籌公求子、扶鸞招仙，博物如宣德爐、并蒂蘭花、金陵折紙扇，政事如百齡賑災、方勤襄公撫恤士子，其他如六朝石刻、梨園腳色、報恩寺藏經板、導引藥方、秦淮燈船、燈謎詩文、報恩寺百戲以及疇人技藝等，敘述古澹，在地理雜記中可謂傑出之作。

《印雪軒隨筆》四卷　俞鴻漸撰

俞鴻漸（1781～1846），字儀白，一字劍華，別號三硬蘆圩耕叟，室名印雪軒，浙江德清人，嘉慶二十一年舉人，著有《印雪軒詩文集》等。《清史稿藝文志補編》子部雜家類、《清史稿藝文志拾遺》小說家類雜錄之屬著錄。南京圖書館藏道光刻本。前有道光丁未孫殿齡序、道光二十七年汪儉佐序、乙巳三硬蘆圩耕叟自序。全書約277則，無標題，所述異聞居多，如卷一「楊金坡遇僵屍」「嘉興囚越獄遇神」「緱山神燈」「萬全署狐」「德州老儒遇鬼」、卷二「張冠霞家中煙火」「蘭皋先生病瘧」「溺鬼」、卷三「沈氏之婢」、卷四「休寧吳某」「浙江撫軍署狐仙」「湖北祝由科」等，不過狐鬼方外異物之類。其他有詩話如卷一「王漁洋詩骨不清」、卷四「詩文鍊句貴自然」，軼事如卷二「鴉片毒」「仁和烈婦」、卷四「粵東謝鴻臚」，風俗如卷一「宣化小腳會」、卷三「休寧打標」、卷四「湖俗燈謎」，皆有觀晚清世風。史論時議如卷一「木蘭事」、卷二「賈似道蒙蔽主上」「番銀入中國」、卷三「子房為韓之心」「桃源避秦」，明濟世之志。遊記如卷一「萬全雲泉山」「焦山遊」，描摹如畫。孫殿齡序中云此書「高可參忠孝之經，微亦補藝文之志。模山范水，出鬼入神。」評論較為全面。汪儉佐序中云：「先生於近世小說家獨推紀曉嵐宗伯《閱微草堂》五種，以為晰義窮乎疑似胸必有珠，說理極乎微茫，頭能點石，今觀此制，何愧斯言。」與《閱微草堂筆記》相比，此書議論不甚高明，考證亦疏，敘事雖不敢故弄玄虛而乏文采，況敘事而兼議論，不合「閱微」之體。後其子俞樾繼父之志而為《右臺仙館筆記》，體性已較之為純粹。

《回瀾集》二卷　柳守原編

柳守原，江蘇丹徒（今屬鎮江市）人，有《黃山遊記》《黃山遊草》《陰騭文題詠》等。《中國古籍總目》小說類文言之屬著錄。臺北經學文化《稀見清代四部輯刊》影印道光二十八年京江柳書諫堂刻本。前有道光二十八年戊申柳守原自序，後有道光戊申戴澧跋。該書共81則（篇）左右，勸善書如《果報

錄》之類，每則（篇）有標題如《貪生敗道》《藥叟欲仙》《虎口餘生》《忍解夙冤》《黽救善人》《化匪為良》《天理良心》《了緣成道》《觀畫相郎》《水厄難逃》《刲股救親》《正鬼驅邪》等，因果報應之事，勸善化惡之意，卷上後有戊申王元珍題記云：「具大智慧，發大慈悲，得大辯才，一片婆心，力挽狂瀾，不僅口舌布施已也。」

《鐵槎山房見聞錄》十二卷　于克襄撰

　　于克襄字蓮亭，山東文登（今屬威海市）人，嘉慶乙丑進士，官貴陽府知府、湖北按察使等，有《鐵槎詩存》等。光緒《文登縣志》卷九下二有傳。宣統《山東通志》小說家類瑣語之屬著錄。臺北經學文化《稀見清代四部輯刊》影印道光二十九年鐵槎山房刻本。前有道光壬寅趙邦疇序、道光癸卯于克襄自序、道光二十五年乙巳于克襄自序、道光二十五年張錫藩序、湯貽汾等《題詞》、每卷目錄，書後有道光十八年饒拱辰跋。此書所述異聞居多，如《神仙遊戲》《歿作城隍》《科名預定》《狐友》《冤鬼索命》《城隍示夢》《神為挽船》《變牛還債》《與鬼夜談》《張城紀夢》《僧知三世》《輪迴二則》《夢中換形》等，不過轉世狐鬼方技冥報之類；次之以軼事如《賢王遺韻二則》《新梧記事》《父子殉節》、瑣語如《縣令巧對》《隨園對聯》、博物如《桃花魚》《哈密古柳》《黔西香稻》《蒲圻石碣》《六朝紅梅》、勝蹟如《獨秀峰》《三遊洞》《玉泉山》《飛雲紀勝》《中山遺跡》《重遊西湖》《蓬萊閣》、詩話如《詩吟黃葉》《同年詩會》《文忠詩話》《樵子廟聯》《章安題詠》《旅邸談詩》《炙硯詩話》《追論東坡》等，或可補史料、見詩論。敘事文後偶有蓮亭評語，議論點題之文。書中間有輯錄他書以成文者，如卷十輯《適齋居士遺集》、卷十一輯《恩福堂筆記》《西域事略》，不過廣見聞、存文獻之意。卷十二則為《九華黃山紀遊》一篇，述道光甲辰于克襄與友人遊九華山、黃山之行程，則《徐霞客遊記》之體。張錫藩序云：「凡轍環之所致、宦遊之所經，誌其山川、紀其風俗，與夫可愕可歌可泣可箴可勸、足以娛目而醒心者，悉筆之於書。事奇而核、文逸而工，雖小品也，已駸駸乎駕晉唐說部而上矣。」過譽之語也。饒拱辰跋云此書「上述朝章，近陳祖德，一時名公矩卿之言行、文人學士之風流，與夫山水之佳勝、名物之繁賾，人生一切可驚可懼可感可奮可喜可歌之情事雜見其中，神仙鬼怪技術變幻之說，無所不具，體博矣，而其歸，在於勸人為善而去惡，其理之約又如是。……此書闡發義理，經之餘也；搜羅故實，史之料也；為文章，雅馴有遷之潔，淳厚有固之密，是烏得以說家目之？」

《一斑錄雜述》八卷　　鄭光祖撰

　　鄭光祖（1775～1853），字梅軒，江蘇琴川（今屬常熟市），曾長期隨父遊幕，事蹟不詳。《八千卷樓書目》小說家類雜事之屬著錄。上海古籍出版社《續修四庫全書》本。前有道光十九年自序，云：「傳奇述異，談鬼言妖，小說所載，汗牛充棟，然事參疑信，則無稽之談未可輕聽也。余已漫著前書五卷，而又歷稽記載之可據，傳聞之非訛，及身親其事與餘年玩索一切事物之理而別有領會者，難分次序，隨筆錄之，以消遣世慮，或亦可以廣見聞昭勸懲乎！且其中稍涉論斷，概不信仙佛輪迴讖語夢幻諸說，實與前書之理一脈貫注，使列於附編之後，蓋同為管中之所見云。」此書內容有軼事、異聞、瑣語、地理、名勝、物產、水運、鹽政、論辯等，以敘事體小說為主，其中多常熟故實，如《老鬼叢話》載民間鬼事百則，一句為一則。敘述中每則大多有題目，如《顧氏妖興》《焦山》《海運》《漕糧》《銀廠》《義利辨》《巫山峽》《詩人知遇》《長夏閒談》《埋兒比非孝道》《雨異》《剪髮辮》《兒童變怪》《鐵券文》《外國表文》《鬼神定格》《永樂北征》《詩言不可誤解》《遊仙詩》《老鬼叢話》《徽地風俗》《四書改錯》《紅樓夢原稿》《讀書疑信》《議論多而無成》《優伶激勸》《知足守身》等。敘述瑣碎，道學氣較重。

《伊江筆錄》二卷　　吳熊光撰

　　吳熊光（1750～1833），字望昆，號槐江，江蘇昭文（今常熟市）人，祖籍安徽休寧，乾隆三十七年進士，由舉人考取中正榜，以內閣中錄用，歷官刑部郎中、四川道監察御史等，有《春明雜錄》《葑溪雜錄》等。《蛾術軒篋存善本書錄》著錄。上海古籍出版社《續修四庫全書》本。前有吳熊光自序、同治十二年翁同龢序、吳熊光墓誌銘（潘世恩撰文、吳鐘駿書丹並篆蓋）、《故大臣昭文吳公墓碑》。此書為吳熊光通籍後入直樞廷間見聞記載，雜事、雜史並存，實為雜史之類，吳氏序云：「乾隆戊戌薦升侍讀，頻歲隨阿文成公讞獄治河，跋涉陝甘齊豫江浙等省，舍館一定，阿每述國家掌故，遂得恭聞列聖宏規暨名卿偉績，心焉識之。嘉慶二年後猥荷兩朝恩遇，趨承前席，簡畀連圻，偶遇盤錯，靜繹文成緒論，斟酌錯制，差免愆尤，尤始覺坐言起行，道在邇而非必求諸遠也。迨己巳秋，效力伊江，就所記憶諸條錄出，旋蒙賜還，再官郎署，自揣衰病侵尋，實難再任驅馳，請假歸里，閉戶養疴，因念文成遺誨，有繫國家民生且多記注所未載，淹沒良為可惜。此外余宦遊所到，江浙復為幼齡生長誦

習舊地，目染耳濡，參諸志乘，似非虛假，並附錄焉。」翁同龢序稱吳熊光三書（《伊江筆錄》《春明雜錄》《菂溪雜錄》）「述乾嘉時故事，而諸老之訏謨碩畫，亦並著焉。下至窮鄉僻壤一節之善，靡弗紀也。其文雖未刪潤，其用意蓋深且遠矣。」尤盛稱《伊江筆錄》中所言英夷將為東南大患及其對策。此書與法式善數種雜家載記之書如《清秘述聞》《槐廳載筆》等非為一類，可稱「清代史料筆記」中歷史掌故之學，所述順治至乾隆諸帝政事、六部雜事、內外軍事、邊釁開端、東南英夷騷擾等，雜史中除機記載目擊耳聞外，多有鞭闢入裏之議論，鴉片戰爭前夜，中土人物中可謂較有前瞻者。文風典雅，道光中雜史筆記之可師法者。《郎潛紀聞二筆》卷九云此書為五卷，「有關於掌故甚多，中有餘所未見者」，並為輯錄數條。《蛾術軒篋存善本書錄》之《辛壬稿》卷二云《伊江筆錄》二卷、《春明雜錄》一卷、《菂溪雜錄》（已佚）三書蓋為一體所書，故陳康祺以為「五卷」也。

《翼駉稗編》八卷　　湯用中撰

　　湯用中（1801？～1849後），字芷卿，北平（今北京）人，祖籍江蘇陽湖（今常州市），道光十九年舉人，趙翼外孫，北平（今北京市）人。《八千卷樓書目》子部小說家類雜事之屬著錄。新興書局《筆記小說大觀》本。前有道光二十八年戊申周儀顥序、道光戊申洪齮孫序、目錄。洪齮孫序是書「核而有則，婉且多風，因物騁詞，如鏡察貌，借奇喻理，同月印川，其託興也遠，其儲思也深，而裨世教以益性天也，為功甚巨。」是書內容載以委巷軼事、傳聞志怪，每則有標題，如《貓異》《婢拒僵屍》《人面豆》《還金得子》《劍術》《回回異術》《鬼避貞婦》《溫州災異》《商城疑獄》《祝由科》《狐捉刀》《產怪》《算術》《報復之巧》《館師被嫁》《惡僧淫報》等，敘述簡潔，文風質樸。

《松筠閣鈔異》十二卷　　高承勳輯

　　高承勳，字松三，直隸滄州（今河北滄州市）人，生平事蹟不詳，編有《續知不足齋叢書》。《中國古籍總目》子部小說類文言之屬著錄。新興書局《筆記小說大觀》本。前有齊彥槐序、道光八年程景沂序、道光戊子高承勳序、總目。高氏序云：「予也少好奇聞，長耽《說苑》，龍宮秘錄，無路傳看，大酉珍藏，何由索得？既管中而窺豹，似歧路之亡羊。雖衒異搜奇，聖門深斥，而鑄鼎象物，古帝流傳。白蛇紀炎漢之興，碧雉兆西秦之霸。齊諧志怪，豈盡虛無？山海傳經，詎云烏有！述阮生之無鬼，總是迂談；紀干氏之搜神，

寧無實錄？下至虞初小說、逸史稗官，縱有寓言，何妨真趣？明窗淨几，勝讀新書；月夕花朝，欣聞佳話。在我也閒中編輯，只自寄其無聊，倘讀者味外追尋，定不啻為好事。」是書採擷諸家小說奇奇怪怪之事按類編纂，卷一卷二《人異》（80則），卷三《事異》（105則），卷四《術異》（106則），卷五卷六《鬼異》（91則），卷七至卷十《妖異》（279則），卷十一卷十二《物異》（262則），每則（篇）有標題，如《崑崙奴傳》《賈人妻傳》《崔汾傳》《張和傳》《虯髯客傳》《田先生》《青城道士》《章丘婦人》《啖石丐》《虯鬚叟》《鄧子龍》《雷異》《曹操墓》《夜叉島》《神畫》《銅棺》《終南山翁》《江淹謝莊》《豹仙》《梅溪石磨》《石筆架》《夜明枕》《聚寶盆》《履水珠》《消面蟲》等，每則（篇）不注出處，為傳奇與筆記並存之書。

《豪譜》一卷　　高承勳撰

《清史稿藝文志拾遺》小說家類諧謔之屬著錄。臺北新文豐《叢書集成新編》本。無序跋。是書分《義豪》《誼豪》《才豪》《氣豪》《談豪》《辨豪》《狂豪》《奇豪》《俠豪》《態豪》《儒豪》《文豪》《書豪》《筆豪》《繪豪》《吟豪》《飲豪》《隱豪》《閨豪》《童豪》《市豪》《賊豪》《色豪》《奢豪》24門，輯錄漢魏至趙宋間軼事約140條（則），頗有《世說》風格，惜每條（則）不注出處。

《寒秀草堂筆記》四卷　　姚衡撰

姚衡（1801～1850），字雪逸，浙江歸安（今屬湖州市）人，曾官江西建昌府同知，有《寒秀草堂詩存》等。《清史稿藝文志》雜家類著錄。《廣州大典》第七輯影印《咫進齋叢書》本。此書為姚衡遺著，其子姚觀元整理刊刻，其中《小學述聞》（卷一卷二）為小學之書，卷一為姚文田與嚴可均同治《說文》之劄記，前有嘉慶甲子姚衡小序，云：「家大人與嚴丈鐵橋共造《〈說文〉長編》，《群書引〈說文〉類》先成，命衡書之，當時每有所得輒以小紙別疏其副，置之篋衍，歲月既久，所積遂多，因依引書次弟，錄為一冊，名曰《小學述聞》，其不在此類者附錄於後，蓋以便省覽、備遺忘耳，若夫其中精義，則自有家大人與嚴丈之書在。」《賓退雜識》（卷三卷四）為雜說筆記，卷三載金石碑帖、古籍善本，皆有關文獻之學，其中所載嘉慶十九年武英殿藏品及頒賜目錄，皆為清代帝后與歐洲諸國貢品，蓋言恩遇之意。卷四載金石碑帖之外，復有志怪（安慶撫署龍）、博物（關東鰉魚、阿魏、泉州賣茶、西洋火藥、泉州貓、閩

刺花、泉州神麴、漳州印泥）、醫方（治小兒瘡方、《易筋經》內功法、治中耳炎方、避穢咒）等。末有光緒四年姚觀元跋云：「先府君雜著，生平多不存稿，觀元或偶敢之亦十百之一耳。此書面葉題曰《賓退雜識》，與方書計簿共為一編，節而錄之，僅得如干條。觀元既排次《小學述聞》訖，因復哀寫所收遺稿及題跋手跡，附於此書之後，釐為二卷，以歲月先後為次，先府君卒於道光庚戌，故以庚戌稿終焉。雖小文，而公家掌故、文房考證往往而在，讀者慎勿以小說家言而忽視之。」

《舟車隨筆》一卷　顏葆濂撰

顏葆濂事蹟不詳，據書中所述，知其為粵人，字蓮士，道光甲辰舉人，曾任汾西知縣。《廣州大典》影印顏葆濂稿本。書後有戊子黃任恒跋。黃任恒跋云此書「內多載近事」，察其實，則有勸善語（子弟應多讀書、朱子養性法、見人禮貌、處世不宜太卑），恩遇（清世宗、清高宗）、名蹟風俗（黃河之患、京杭運河、山海關、蘇州風俗、濟寧太白樓、萬里長城、明十三陵、揚州東園、蘇州虎丘、七里灘嚴子陵祠、富陽山水、雲岡石窟、八卦井、揚州行院、蘇州獅子林、粵東賭風、金陵浮屠），軼事（裕謙總督三江、陝甘人畏蟹、甘守先、京中嗜好、吳三桂購《圓圓曲》），博物（焦山焦公祠藏楊繼盛手卷、京師燒鴨、武夷黑茶、鼠鬚筆、衡州魚粉、五柳居醋溜魚、紹興酒、粵地荔枝、白蓮教匪、廣東蕭岡鄉民殲夷），異聞（夢中聯語、海州雷擊大魚、汪全泰白晝見鬼、丙午蘇揚地動、清江浦龍、京師狐仙、），經濟（夷務、京師米價、禁鴉片），科舉詩文（順天鄉試、科年考試、八股文、粵謳、燈謎），其他如京師梨園、醫論、琉璃廠購書、殿試、臺閣體書法、八股文等，為遊宦中所得，其中多載在京見聞。遊記清麗，有山水小品之風。

《夷堅志補遺》五十卷　佚名撰

未見著錄。李慈銘《越縵堂讀書記》之《吳門補乘》條云錢思元有《夷堅志補遺》。新興書局《筆記小說大觀》本。無序跋。新興書局所據為抄本，為靈怪之書，察作者之意，當集下分門、門下分類。然是書門類不甚清晰，甚或有遺落者，蓋未定之本。分類甲集：卷一《忠臣門》（盡忠類、不忠類），卷二《孝子門》（孝子類）、卷三《不孝子門》（不孝子類、不孝婦類）、卷四《節義門》（義夫節婦類）、卷五《節義門》（不義類）。分類乙集：卷一《陰德門》《陰譴門》，卷二《禽獸門（附蟲魚）》（殺生悔過類）、卷三《放生獲報

類》《殺生報應類》《不食牛報類》、卷四《靈性有義類》、卷五《禽蟲異類》《靈異無義類》《殺蠶報應類》。分類丙集：卷一《冤對報應門》（前生冤報類）、卷二《今生冤報類》《枉獄類》、卷三（佚）、卷四《陰獄類》《貪謀類》《吏奸類》、卷五《再生取債類》《妒忌門》。分類丁集：卷一《貪謀門》（貪謀報應類、不貪報應類、奸騙局類、賭賭騙局類、掠賣人類）、卷二（佚）、卷三《姦淫門》（貪淫類、淫僧類、不淫類）、卷四《雜附門》（餓荒類、戲諫類〔闕〕、智類、勇類、呆類）、卷五《妖怪門》（妖由人釁類、弄假成真類、見怪不怪類）。分類戊集：卷一《前定門》（功名前定類）、卷二《婚姻前定類》《死生前定類》《禍福前定類〔闕〕》、卷三《資財前定類》《嗣息前定類》《物宅前定類》《宴數成婚類》《嗣續類》《女化男身類》、卷四（佚）、卷五《夫妻門》（夫妻負約類、離而復合類）。分類己集：卷一《神仙門》（呂仙類），卷二《遇仙類》《仙女類》、卷三《紫姑仙類》《爐火點化類》、卷四《尸解類》《劍俠類》、卷五《釋教類》《經咒靈驗類》《謗佛類》、卷六《淫祀門》（殺人祭鬼類）。分類庚集：卷一《神道門》（正神類、邪神類、慢神類），卷二《鬼怪門》（人死復為生人類、鬼惑人類）、卷三《鬼訴冤類》《鬼附人類》《鬼託名求食類》、卷四《異鬼類》、卷五《疫鬼類》。分類辛集：卷一《醫術門》（濟人陰德〔闕〕、貪財陰譴類、誤醫類、奇術類、奇疾類），卷二《卜相門》（占卜真術類、占卜偽術類、拆字類、相術類、遁甲類）、卷三《雜藝門》（伎數類〔闕〕、異術類），卷四《巫妖門》，卷五《夢幻門》。分類壬集：卷一《奇異門》（異域類、異事類），卷二《異物類》《異花類》《再生類》、卷三（佚）、卷四《精怪門》（禽獸為怪類、土偶為妖類），卷五《墳墓門》（發墓類、葬枯類）、《蠱毒桃生門》（蠱毒類）。分類癸集：卷一《設醮門》（至誠感應類、不謹被譴類〔闕〕），卷二《冥官門》（生判冥類、死判冥類、為善報應類、為惡報應類）、卷三（佚）、卷四《僧道惡報門》（僧受惡報類、道士惡報類），卷五《入冥門》（還魂類）。每則有標題，如《酆都御史》《吳氏父子二夢》《楊大明》《蕪湖孝女》《謝小娥》《王大夫莊僕》《程朝散捕盜》等，為《夷堅志》分類編纂之書，間有「樂聞」評，不詳何人。

《竹葉亭雜記》八卷　姚元之撰

姚元之（1773～1852），字伯昂，號薦青，自稱竹葉亭生，安徽桐城（今屬安慶市）人，嘉慶十年進士，歷官河南學政、工部侍郎等，有《姚元之集》。

《清續文獻通考》子部小說家類雜事之屬著錄。上海古籍出版社《續修四庫全書》本。前有目錄、姚穀序。序云此書刻於光緒癸巳,「凡國家掌故、四方風俗、前賢遺事,下及物理小識,各以類次,共成八卷。」此書部分志怪故事被採入梁章鉅《歸田瑣記》,云「多屬因果,不關事實,不復更載」,則此次刊刻有刪節之處。此書為雜說掌故之書,共 312 則(據目錄),卷一記載順治至嘉慶諸帝事蹟,述恩遇也。卷二載科場掌故、清國財政及前人書畫等,有各省鄉試、進士名額以及舉子軼事、和珅私產、國家財稅盈餘數量、鹽稅鹽法等。卷四為民俗、地理名勝之記,如滿洲跳神儀、都中天主堂、嵩山少林寺影石、蒲州文昌閣、首陽山夷齊廟以及四方邊疆風土物產民情等。卷四為文獻(金石、古籍)與器物之記,如太學石經、天祿琳琅藏書、武英殿刻書、廣州城樓銅壺滴漏、通志堂經解、復齋鍾鼎款識、書畫碑帖等。卷五為敍事,有文臣、疇人、海外軼事及志怪,如青鳥之術、堪輿之學、紀昀為精靈轉世等,亦有神論者也。卷六為敍事,敍事中詩詞存焉,類乎詩話文話。卷七為民間俗語考、軼事、志怪、博物、節候等,卷八為博物之學,如曹州牡丹譜、華山小松、養花法、伊犁鼠、戲海豹、甘肅蛤蟆精、黑龍江鰉魚、飛魚等,即文中所云「格物之學」也。文筆精約,其中雖不乏玄幻之筆,亦實事求是之儒。

《都門紀略》二卷　楊靜亭撰

　　楊靜亭事蹟不詳,河北潞河(今屬北京市通州區)人。《八千卷樓書目》史部地理類雜記之屬著錄,四卷。此書自道光年間問世後,大受社會歡迎,書賈增補者甚多(如張琴、徐永年),詳見辛德勇先生《關於〈都門紀略〉早期版本的一些問題》一文。此書原刻本未見,據辛德勇描述,分《都門紀略》《都門雜詠》上下兩卷,《都門紀略》前有序文、目錄、圖說,分《風俗》《對聯》《翰墨》《古蹟》《技藝》《時尚》《服用》《食品》《市廛》《詞場》十目;《都門雜詠》前有道光二十五年楊靜亭自序、目錄,為都門竹枝詞之類。《朝市叢載》前有「光緒九年楊靜亭序」,蓋本為《都門紀略》原序,云:「曩閱《日下舊聞》,臚列古今勝蹟,以資人之採訪者備矣,下及《都門竹枝詞》《草珠一串》等書,雖列風繪俗,纖細無遺,第可供學士之吟哦,不足擴市廛之聞見。京畿為首善之區,幅員遼闊,問風俗之美,補王道無偏,睹闤闠之繁華,燕都第一。鑒於古者,圖書翰墨之精,悅於耳者,絲竹管絃之盛。琳琅來瀛海之珍饈,錯極上方之貴。惟外省仕商,暫時來都,往往寄寓旅邸,悶

坐無聊,思欲瞻遊化日,抒羈客之離懷,抑或購覓零星,備鄉閭之饋贈,乃巷路崎嶇,人煙雜沓,所慮者不惟道途多舛,亦且坊肆牌區,真贗易淆,少不經心,遂成魚目之混。茲集所登事蹟,分載則類,易於説覽,統為客商所便,如市廛中之勝蹟及茶館酒肆店號,必注明地址與向背東西,具得其詳,自不至迷於所往。閱是書者,按圖以稽,一若人遊市肆,凡仕商來自遠方,不必頻相顧問,然則謂是書之作,為遠人而作也可。」又《都門雜詠序》云:「竹枝詞者,古以紀風俗之轉移、表人情之好尚也。前賢著作,如楊米人《竹枝詞》、得碩亭《草珠一串》,繪風列俗,固已稱鴻材吐鳳,妙製新詞,又何須犬尾續貂,貽譏大雅,第輦轂之下,俗極繁華,閭閻闤闠,不勝敷陳,雖楊米人、得碩亭所詠各條,纖悉具備,然未免有今昔殊尚之感。草莽之臣,目擊耳聞,正可歌詠太平,藉以鳴國家之盛。但思竹枝取義,必於嬉笑之語,隱寓箴規;遊戲之談,默存諷諫。故直白本涉於粗疏,雌黃又傷於刻薄。合作實屬難工,況乎筆墨久疏,雅不欲捣管。屬詞比事,恐其近於嘲謔,有傷詩人忠厚之旨,仍蹈誹謗之愆。緣《都門紀略》書成,友人再三慫恿,遂勉強效顰,補成打油歌若干首。凡前人所已載者,概不復贅。仍照前編《都門紀略》,區為十類。用是芸窗靜坐,寄興含毫,聊以蛙鼓蚤鳴,效道鐸瞽箴之助。如謂竹枝之作,有關於世道人心,以寓感發懲創之意,此則予之昕此遜謝不遑者矣。」後世增補、仿作此書者甚多,如《都門雜記》《都門匯纂》《新增都門紀略》《朝市叢載》《滬遊雜記》《津門雜記》等。

《斷袖篇》一卷　吳下阿蒙編

施曄《中國古代文學中的同性戀書寫研究》云「吳下阿蒙」為俞雯(即道光間都下優伶鴻翠)。《清史稿藝文志拾遺》小說家類雜錄之屬著錄。蟲天子編《香豔叢書》(上海書店,2014 年版)本。輯錄正史子書小說筆記中龍陽變童之事數十則,如申侯與楚文王、宋朝與衛靈公、彌子瑕與衛靈公、向魋與宋桓公、襄城君與莊辛、潘章與王仲先、龍陽君與魏王、安陵君與楚王、鄧通與漢文帝、馮子都與霍光等,蓋刺清代士大夫狎優變童之習、寓「古已有之」之意也,與今日《中國古代同性戀史料集成》同一性質。

《蔗餘偶筆》不分卷　方士淦撰

方士淦(1787～1849),字宣仲,號蓮舫,又號濂舫,安徽定遠(今屬滁州市)人,嘉慶戊辰召試舉人,自中書舍人官至湖州知府,後因故流放新疆,

參與平定張格爾之亂,有《啖蔗軒詩存》等。民國《安徽通志稿》小說家類敘述雜事之屬著錄。國家圖書館「中華古籍資源庫」(同治十一年兩淮運署刻本)。無序跋。尊君式筆記,首述恩遇(康熙—嘉慶),次述雜史、讀書記、金石書法、詩文、志怪、西北地理等,其中史事、志怪敘事及詩文輯錄較多。民國《安徽通志稿》小說家類中云:「(方士淦)穎悟過人,弱冠擢詞科,直薇省,早膺方面,到處留心掌故,攬勝多聞。最後天山一役,塞雨邊雲,彌增奇氣,曾自編年譜一帙,皆紀實焉。復據生平閱歷,真聞確見,成《蔗餘偶筆》,記載詳實,毋鑿毋褻,隱寓勸懲,亦說部中名作也。有道光戊申從弟芸圃爵鼐序。」

《牧庵雜紀》六卷　徐一麟撰

徐一麟字牧庵,浙江平湖(今屬嘉興市)人,嘉慶壬戌進士,梁章鉅同年,曾任廣東大埔知縣。光緒《平湖縣志》卷十六有傳。《清史稿藝文志補編》子部小說類筆記之屬著錄。新興書局《筆記小說大觀》本。前有道光丙午梁章鉅序、道光庚戌鹿澤長序、同治二年周立瀛序、道光壬寅臧紆青序、同治著雍執除姚森序、道光二十四年甲辰徐一麟自序。是書類似紀事詩,大字詠歌前代及徐氏目擊耳聞軼事,小字附人物事蹟(類乎小傳)。每則有標題,如《秦李斯遺事》《西漢晁錯遺事》《僧貫休遺事》《婁江老儒遺事》《粵西客遊雜事》《海上某烈婦遺事》《家虹橋叔舊事》《故交雜事》《夢中得句舊事》《題癸卯獻歲詩後》等,此書雖名為「雜記」,實則詩集也,事蹟有關勸懲教化,蓋詩教之意。

《花裏鐘》　劉伯友撰

劉伯友號竹齋,安徽阜陽(今阜陽市)人,嘉道間布衣。民國《安徽通志稿》小說家類敘述雜事之屬著錄,云:「是書有朱鳳鳴序,略謂《花裏鐘》一書,不過嬉笑焉已耳,怒罵焉已耳。未嘗言仁,未嘗言義,未嘗言孝悌忠良,然一展卷而仁義孝悌忠良之心昭然若揭,因知言為心聲,非虛語矣。蓋嬉笑非嬉笑也,皆竹齋之血淚也。怒罵非怒罵也,皆竹齋之婆心也。則是書之宗旨可知。」按劉伯友有戲曲《花裏鐘傳奇》二卷,民國《安徽通志稿》提要云:「道光二十四年竹齋得鴇姥訓妓劇本,又聞某青樓買良為娼,其女入門自縊死,因撰是劇。凡二卷,卷各五折。上卷曰標題、曰憐貞、曰鴇訓、曰世評、曰哭花,下卷曰募義、曰友助、曰說哄、曰貞縊、曰義埋。前有道光二十八年同縣朱鳳鳴序,張持沈樑題詞及道光二十四年自序。劇中之紀峨字遠山,即作者自謂,朱賀世字鳴曉,即朱鳳鳴,杜季明字重炎,即鳳鳴序中之杜亦邨,張仲守字持

貞，當即題詞之張持。其名花裏鐘者，以曾於古寺花下聞午鐘，為之瞿然也。」此書與《中國古籍總目》小說類文言之屬著錄之《天燈記》三卷（石琰撰。南京圖書館藏乾隆三十五年刻本，為《石恂齋傳奇四種》之一）、《耆英會記》二卷（喬萊撰。南京圖書館藏清刻本）、《心田記》（漁莊釣徒撰。南京圖書館藏樹蕙草堂藏鈔本），皆為傳奇劇本，非小說也。

《冶官記異》四卷　王侃撰

王侃（1795～1862），字遲士，號棲清山人，四川溫江（今成都市）人，道光間貢生，有《白岩詩存》《巴山七種》等。《清史稿藝文志拾遺》小說家類志怪之屬著錄。文聽閣圖書有限公司《晚清四部叢刊》影印道光二十六年曲溪草堂刻本。前有王培荀序、道光丙午堯濬序、每卷目錄。此書為王侃處幕間聞聽所得，共 239 則（篇）左右，軼事、志怪皆存，如《陰役》《巨蟒》《紅衣女子》《塔中怪》《縊鬼》《走無常》《長清生》《畫馬》《黑白面》《水怪》《巨手》《犬異》《沽酒狐》《狼劫》《鱉大王》《窺窗僧》《八娘》《蔡太守》《石怪》《度曲少年》《醜鬼》等，短篇樸質；間有模仿《聊齋》傳奇者如《菱姑》《瓊枝》《壽娘》《芳蓀》等，敘述「柔靡委婉，自具筆姿勢」，故王培荀云此書「不架空，不逞才，自異他家，不必鰓鰓以《聊齋》相繩也。」

《歸廬談往錄》二卷　徐宗亮撰

民國《安徽通志稿》小說家類提要云：「宗亮字晦甫，號椒岑，桐城人，承襲騎都尉，精悍有口辯，論事輒伏其坐人，守高不仕，歷參胡文忠、李勇毅、李文忠諸公幕府。是錄自序，謂冠後客遊，歷東南兵事始終，見聞蓋亦多矣，間歸里廬，故人後進從而問訊，輒據幾拉雜書之，遂以成冊，略次二卷，末附鄉前輩遺事數則。民國戊午刊行。」

《三蕉餘話》二卷　陶丙壽撰

陶丙壽，原名振笏，字立臣，號笙樓，湖南長沙（今長沙市）人，諸生，有《揖青山樵詩稿》四卷。《清史稿藝文志拾遺》小說家類諧謔之屬著錄。未見。同治《長沙縣志》卷之三十六輯錄數則，其一云：「予十三四歲時，應童子試，偕一友僦居黃姓宅，其前後左右地，明藩殿基也。宅鄰一廢園，短垣隔之。秋雨垣壞，主人呼予輩往觀，棘刺攖帽，長過人頭，紫荊三五株，略大如臂。主人曰：『此往日宮樹萌蘗也。』假山半角，頹臥地上，石竅玲瓏可玩，

主人曰：『此最多，其絕佳者盡偷鐫矣。』小草數叢，點綴石側，幽華濕露，泣不勝情，主人因吟駱苑遊詩，友愛其『永巷無人吹玉節，斷牆有鬼泣香囊』句，洛誦再三，太息乃罷。是夕友歸寢，耿不成寐，忽距窗外幾步，有往還低唱者，急攬衣趿履，伏檻間諦聽，得七絕句曰：『十五學吹笛，高樓明月多。清霜裂紫玉，長罷踏雲歌。』『暮鴉寒有聲，風螢澹無影。夢倚玉闌干，卻愁羅袖冷。』『梁梲珊瑚毀，簾櫳翡翠拋。可憐舊宮燕，各處定新巢。』『拾得後庭瓦，片片鴛鴦偶。飛去萬春池，東西□□百。』『不省舊顏色，弓鞋印井苔。謾言儂善記，粉鏡不將來。』『太恨西風急，新涼早晚加。吹儂裙上蝶，飛散作秋花。』『勸客莫哦詩，哦詩令儂苦。星前一個行，石罅草蟲語。』節拍酸楚，不可卒聞。開戶即之，餘音歷歷越垣而去，遙望前徑，陰慘逼人，不敢尋而返，促予醒挑燈錄其詞。明日告主人，主人曰：『此不怪也，每漏沈月黑，園內青磷如豆，閃閃出遊，但未聞一唱鮑家詩耳。』因出詩詳說，主人曰：『萬春池吉王鑿，即今大四方塘，惟踏雲歌不審何典，想是宮中逸事也。』黃姓宅尋更數主，門巷全非矣。」

《不費錢功德錄》三卷《附錄》一卷　甘峻卿輯

甘峻卿號江寧再生居士，江寧縣（今南京市）人，曾為學博，其他事蹟不詳。《中國古籍總目》小說類文言之屬著錄。南京圖書館藏光緒二十五年乙亥津逮樓刻本，上中下三卷。前有道光二十九年葉覲揚序、江寧再生居士自序、《凡例》13 條、《關聖帝君敕諭大眾格言》《警世文》《勸孝文》《戒淫文》、《不費錢功德錄編目》，書後有光緒二十五年甘鍾跋。葉覲揚序中云甘峻卿樂善好施，「暇日採集群書，取其有關勸懲者，緝為是編，其舉例也周且備，其立願也宏而深，上自公卿大夫，下及編氓僕隸，條分縷析，綱舉目張，世之覽者，誠能反求諸身，有是善而敦行不怠，有是惡而改過自新，將君子道長，小人道消，胥天下而為善士焉，則是編之扶持名教，維繫人心，其功德不可思議。」是書濫觴自《文帝書鈔》，《凡例》中云：「《不費錢功德例》，既採自《文帝書鈔》，復參以《儒先格言》，略為增輯，分作十七類。願覽者各就所居之地，身體力行，則日用云為，可資修省。至勸懲事實，以類相從，於迪吉逆凶、福善禍淫之旨，深切著明，令人易曉。惟所載各案，引自群書，取其信而有徵，未敢妄參臆見，故於《功德例》所列條目，各舉其事以實之，俾觀者真知其感應之故；其未獲徵採者，亦可舉此該彼，則動靜之間，自覺如臨其上而質其左右

矣。」上卷《官長類》《武職類》《鄉紳類》《幕友類》《士人類》，中卷《農家類》《百工類》《商賈類》《醫家類》《術數類》《公門類》《兵弁類》《婦人類》《僕婢類》《僧道類》，下卷《大眾類》《富家類》，附《費錢功德類》。沒類首列《不費錢功德例》若干條，下分「勸善」「懲惡」兩目故事，約 563 則，每則皆有標題並注明文獻出處（《感應篇集注》《廿二史感應記》《暗室燈》《堅瓠集》《勸誡近錄》《立命全書》《科名顯報》《明史》等）。勸善之書也，體例謹嚴，採擇允當。

《閒處光陰》二卷　　彭邦鼎撰

彭邦鼎字配堂，晚號搏沙拙老，直隸大興（今屬北京市）人，監生。《清史稿藝文志補編》子部雜家類著錄。新興書局《筆記小說大觀》本。前有光緒二十四年許頌鼎序、道光二十九年彭邦鼎自序。彭邦鼎《閒處光陰自序》：「余性極懶，因懶故好閒，詳計平生，閒日乃絕少，誠為人事所擾，然亦不善偷閒之過，光陰虛擲，惝然而莫之省，可惜已。今年正月以足疾乞假，歷十有一月，官無驅使，私無營謀，數十載欲閒而未得。今以疾故，乃獲靜領其趣。夏之日，晨起最早，盥漱訖，取硯淨滌，磨墨一池，有所憶，輒以片紙記之，飯罷，則就北窗下臥，不復搦管，秋氣既爽，並此皆廢。陶靖節自謂羲皇上人，度其情致，未必大過也。疾既愈，簡書敦我，當役東郡，往返需三兩月，復將與閒境相闊略矣。檢點案頭得所書若干紙，適老友至，見之曰『付我，俾吾弟代錄存之，可乎？』語曰『固所願也。』」許頌鼎《閒處光陰序》云：「日記之作，不域於篇幅，不囿於格律，文質短長無定法，議論事實無定體，可以證古，可以權今，凡學殖之所獲，胸臆之所蘊，不可著於他文者，咸得於是寓之，故舉筆易而成帙亦不難，然而因事抒寫，無摹擬、無雕飾，則性情學殖之博狹淺深與才誠之高下，悉流露於是而不可掩，亦豈粗涉於學而不得其會通者所能為哉。……因得觀其尊人配堂先生《閒處光陰》一書，蓋先生之日記也。……讀書之餘，意有所得輒以片紙存其說，習君者乃萃錄而甄存之，非先生之措意也。然一編之中，於國家掌故、先正軼行，古人論道談藝之說，靡不兼載，而先生自抒論說，尤純正無疵瑕，蓋先生性情學殖才識，胥於是乎見，而所以既後之學者，亦豈微哉！」此書所載，有帝王恩遇、名人軼事、里巷傳聞、經史考、藥方、詩話集詞、讀書法、典制、俗語、博物、韻學、家訓、御寶、食品等，每則無標題，多引他書如《珊瑚網》《爾雅》《詩經》《雲仙雜記》等。

《兩朝恩賚記》一卷　黃鉞撰

民國《安徽通志稿》小說家類敘述雜事之屬著錄，云：「鉞字左田，當塗人，乾隆庚戌進士，當嘉慶庚申官戶部額外主事，入直內廷，甲子改官翰林，十餘年間洊升正卿，道光丙戌以太子少保、戶部尚書予告歸里，在籍食俸。是書以在朝時迭蒙君賜，計書籍五千三百九十七卷，他若御筆、碑帖、書畫、文玩、筆硯、玉器之屬稱是，而國慶宴賚例賞之不與焉，故特匯書一冊以誌榮遇云。」上海古籍出版社《清代詩文集彙編》之《壹齋集》五十一卷本。前有道光十二年黃鉞自序。此書為載記之類，無所評騭，所錄嘉、道兩朝二十八年間黃鉞屢被賞賜之物，析為 6 目：《賜書》，典籍之類，如《聖祖仁皇帝萬壽聖典》一百二十卷、《皇朝文獻通考》三百卷、《聖製全史詩》六十四卷、《日知錄》三十二卷等，共五千三百九十七卷。《御筆》，筆墨之類，如仁宗賜扁養福增壽、今上御筆賜扁引年頤志、御筆畫蘭扇一柄、開元泰山銘墨刻四冊等。《御賜前人書畫》，名家書畫之類，如王維捕魚圖一軸、宋徽宗白頭雙棲圖一軸、唐寅桐陰高士一軸等。《賜硯》，硯臺之類，如康熙御銘綠端石松鶴硯、琥珀匣綠端石硯、歙石石渠芾字大硯等。《文玩》，如康熙年胡盧圖合、雕花沉香商金椀、翡翠玉朝珠等；《玉器》，如金玉如意一柄、青玉羽觴有流玉杯、描金三足玉盤等。

《青氈夢》一卷　焦承秀撰

焦承秀字文甫，號果齋，江蘇山陽（今屬淮安市）人，道光恩貢，以孝聞於鄉里。《清史稿藝文志拾遺》小說家類雜錄之屬著錄。國家圖書館「中華古籍資源庫」（光緒間《小方壺齋叢書》本）。前有焦承秀自序，程元吉、汪桂、黃以暖題詞，後有光緒丁亥王錫祺跋。此為傳奇文也，述焦承秀夢入眾香國與仙女慧姑、娟娘等觴詠贈答事，糅合《南柯太守傳》與賈寶玉太虛幻境之事為一文，故汪桂詩云：「一卷新成絕妙詞，大槐宮後又翻奇。世間富貴都如此，誰識鐘鳴漏盡時。」此文如焦氏自序中所云「我已於此夢中嘗遇也」，不過寄託之筆。

《鐙窗瑣話》八卷　于源撰

于源（1805～1853 後），字秋淦，號辛伯（或惺伯），或載字辛伯，號秋淦，浙江秀水（今屬嘉興市）人，道光貢生，有《一粟廬詩集》《題紅閣詞鈔》《柳隱叢談》等，咸豐間尚在世。王韜《弢園藏書目》子部小說家類著錄。文

物出版社《稀見筆記叢刊》本。前有道光二十七年陳官焌序、目錄。是書類於《粟香隨筆》，本為詩話之類，共 237 則（范笑我統計），陳官焌序云：「吾禾多詩人，以專集傳者，難更僕數，而作詩話者不概見。在國初則有金風亭長《靜志居詩話》，乾嘉間則有滄川居士《南野堂筆記》，五十年來絕鮮嗣音。近時于子辛伯著有《鐙窗瑣話》，取材淹雅，持論名貴，其於遺聞軼事及憔悴專一之士，尤多所闡，表有功於詩道甚偉，其為《靜志》《南野》之續無疑也。」亦云此書為詩話之體。此筆記所載以清代嘉興一帶詩人（名士閨秀女史）居多，不乏清正自守而安貧樂詩者，詩多論少，可稱之為詩歌文獻，間有詩論可喜，如：「詩有寄託便佳，而寄託中亦足自見身份。屈翁山先生，布衣也，《題魯仲連廟》云：『從來天下士，只在布衣中。』吳滄川先生，秀才也，《題范文正公祠》云：『由來賢宰相，只在秀才中。』其風調亦復類似。」「梅花詩，林逋『暗香』『疏影』二語可謂絕唱。高菊磵詩云：『近來行輩無和靖，見說梅花不要詩。』故姜夔自製二曲，以曼聲寫之，亦是獨有千古。余謂自白石老仙去後，梅花更不要詞矣。」「自樊榭徵君開浙派後，談藝之士，幾欲祖宋祧唐，蓋世之描頭畫角，摹肖杜韓，不若自寫性靈足名一家也。」「詩有敘家常，事愈質而愈古者，籜石齋《童歸》十七首是也。」「唐人七律，有以『盧家少婦』一首為壓卷，又以『黃鶴樓』一首為壓卷。然崔、沈各只一詩，餘不稱也。余謂唐人七絕，當以李青蓮為壓卷；宋人七絕，以姜白石為壓卷。」

《邇言》十卷首一卷補一卷末一卷　馮秉芸輯

馮秉芸，字潔生，號猶龍山人，廣東順德（今順德市）人。未見著錄。《廣州大典》影印同治三年友梅花館刻本。前有道光二十八年梅夢雄序、道光廿二年馮秉芸自序、目錄，書後有馮秉芸自跋、《邇言補全》、道光二十五年溫承悌跋、馮始述與馮始遂《附識》。是書共 605 則（據文後《附識》），內容有地理考如《龍山》《紅毛夷》，怪異考如《魂鴉》《見閻羅王》《叫魂》《蚌飛》《白水真人》《鬼龍船》《西王母》《梁灝非老》《輪迴辨》，小學考如《切字等門》《埠頭》《易象象爻》《三字切韻》《字母》，經考《鄭馬優劣》《不逾矩》《書五十九篇》《墓祭駁議》《大功廢業》《訓詁》《商頌多於周頌》《甲午曆》《重喪》，數術方技考如《測星度》《非月影》《天文志》《納音》《堪輿》《端午》《相法》《河洛理數》《西曆之始》，多引經史筆記如《容齋隨筆》《癸辛雜識》《吹劍外集》《樵書》《抱朴子》《酉陽雜俎》《隨園詩話》《隨園隨筆》《侯鯖錄》《瀛寰志略》《中吳紀聞》《聞見後錄》《摭言》《夢溪筆談》《榕村語錄》《南村輟耕錄》《野

客叢談》《金樓子》《寄園雜記》《天祿識餘》《嶺南錄異》《資暇錄》《七修類稿》《海國圖志》《佐治藥言》《堅瓠集》等及廣東方志以證之，其他有詩話詞論如《檀鈕論詩》《翼奉說詩》《詞韻》《添香伴讀圖詩》《金紫峰詩》《松石讀書圖詩》《詠兩上人詩》《鎮海樓詩》《粵歌》《乩仙詩》《北方詩文》《詩單句叶韻》《詩單句叶韻》《乩仙詩》《春秋經傳類對賦》《北方詩文》《豔詞太過》《詩畫》《王建宮詞》《夢中詩》《宮體詩》《養烏鬼》《賦變體》《黎美周詩》《豔詩傷雅》《文字發天地聖賢之秀氣》，志怪如《鬼醫》《老魃攝人》《土地神》《鬼討賬》《僧轉世》《死吟詩》《骷髏語》《酆都》《厚報》《鬼避人》，軼事如《有聲畫》《捕蝗》《三善》，風俗如《髻》《中秋釣魚》《石敢當》《坐歌堂》《陰人》《點媚嬌》，博物如《龜鳥卵》《不灰木》《黔硯》《聽劍圖》《玳瑁》《狗國》《夜光木》《阿片》《火鼠毛》《顯微鏡》《風琴》，醫論醫方如《疥痁》《耳痛》《赤龍黑虎》《治牙目不同》《除虱法》《澡豆治垢汗》《耳塞愈瘡》《冰片》《治臭狐口臭》《戒食洋煙》《治痘目方》《肺病》《治炮哥魚纏身蛇方》《種痘》《治足求睡養氣法》《病不生》《治骨鯁方》《跌打損傷雜症方》《治蠱方》《治噎及火燒瘡》《五瘟丹止疫方》等，考證較密，敘事亦有據，如卷二《叫魂》條云：「叫魂，古禮所謂『升屋而號皋某復』，吾粵南順兩邑尚少，有則坊里共逐之，謂其能別叫生者之魂以附於死者之體也。古禮久不行，故少見多駭然。《蕈鄉贅筆》載妖僧雪浪、黃冠朱鳳仙能書符誦咒叫死程氏二魂，後俱伏誅，則今之叫魂為邪術矣。予少時寓韶關，冬夜寒喋，聞之慄然。」

《康輶紀行》十六卷　姚瑩撰

　　姚瑩（1785～1853），字石甫，號明叔，晚號展和，安徽桐城（今屬安慶市）人，姚鼐侄孫，嘉慶十三年進士，歷官平和縣知縣、臺灣縣令、高郵知州等，有《東溟文集》《後湘詩集》等。《清續文獻通考》史部地理類外紀之屬著錄。廣陵書社《筆記小說大觀》本。前有姚瑩自序、目錄。上海進步書局提要云：「（是書）為瑩（道光二十四年）奉使乍雅及察木多撫諭番僧時作。乍雅之使事本末、剌麻之異教源流、外夷之山川形勢風土、入藏之諸路道里遠近，纖細靡遺，敘述典雅，彬彬乎有古風，即古今學術之變遷、一時感觸之詩文亦間及之，是亦山經之別乘、輿記之外篇矣。存茲一編，於地理之學，未嘗無補也。」每則（篇）有標題，如《初至成都》《大渡河》《打箭爐》《顏制軍西藏詩》《禹貢黑水有三》《瀘水通大渡河》《巴塘風景》《西藏外部落》

《詳考外域風土非資博雅》《建文帝為呼圖克圖》《益州名畫錄》《佛經四洲日中夜半》《三魂七魄》《管子用心天德》《四庫提要駁西人天學》《中外四海地圖說》《新疆南北兩路形勢圖說》《西人海外諸國行圖》《僧齊己詩》《西域物產》《王阮亭毀鄧艾廟》等，晚清邊疆地理之學興，已與前朝廣見聞之用相異。此亦地理雜記之一變。

《常談叢錄》九卷　　李元復撰

李元復字倫表，號登齋，江西金溪（今屬撫州市）人，道光年間恩貢生，精於醫理，有《尚莊小志》《思貽堂詩鈔》等。光緒《撫州府志》卷六十有傳。《中國古籍總目》小說類文言之屬著錄。文聽閣圖書有限公司《晚清四部叢刊》影印道光二十八年刻本。前有道光二十八年陸建瀛序、《例言》8 條、卷一至卷八每卷目錄（卷九無目錄、無標題）。卷一至卷八為敘事為主，而雜以議論、考證、載記，軼事如《醫者被騙》《九子會》《浙贈楊聯》《僧為知府》《九旬入洋》、異聞如《畫眉岡鬼》《何江無土地》《車姓狸妖》《鄧運方》《試題寓誚》《黎姓鬼鳴》《祝生仙遊》《夏雲降乩》《掘槨致鬼》、典制如《小臣掛珠》、勝蹟如《群雲寺》、詩話如《鄭板橋集》《靈谷婦人詩》《詩品》《杜句送字》《吳蘭雪詩》、風俗《叫夜》《兒郎戲》《黃司空》《衖祭肉》、考證如《王八》《朝步自周》《稱多假借》《駄錢蟲》《沙和尚》《錢陌少數》、博物如《唐沈畫自題》《洗缽圖》《洋銀錢》《董書真蹟》《山攀花》、學術如《本朝講學》《新法推步》、宗教如《佛教衰廢》《天主教》《禮拜寺》以及議論如《史評書後》《男胎說》《性不見鬼》等，除記錄金溪鄉里舊聞外，讀書有得亦隨筆輯錄之《猥談》《稽神錄》《事物原始》《物理小識》等，文筆簡潔，意在求實如《例言》中云：「文人每多憑空結撰，借事為題，以抒其情詞，誇其麗藻，其源出於古詩賦之寓記，務假諸小兒女之懷思，是蓋興寄無聊，在傳記家為別一體。而此則言以有觸而發，意必有感而生，匪取風華，無為幻詭，語先戒妄，辭重立誠。」卷九則抄撮他書而成雜說筆記，甚無謂也。

《南窗雜志》十二卷　　香雪道人隱華氏撰

香雪道人隱華氏事蹟不詳，蓋嘉道時人。《中國古籍總目》子部小說類文言之屬著錄。文聽閣《晚清四部叢刊》影印清刻本。前有《例言》6 條、目錄，無序跋。全書 130（則）篇，所述以怪異為主，如《白猿》《狐定婚》《井上叟》《孿

生》《護苗神》《蛇草》《壓鬼》《魂禁》《龍神》《賽會》《鳳凰夢》《灶神》《拐術》
《制鬼》《魔患》《劉善翁》等，篇幅較長，敘述清雋，《例言》中云：「是編俱
擇長篇有體裁者梓行，短則從刪。」《誌異》等書標新領奇，自古迄今，流傳
最多，是編獨於人心風俗示勸示懲，大旨引人為善去惡，不拾牙慧，不落窠臼，
勿徒作說部觀。」大有《聊齋》風格，可備「聊齋」之一體也。按顧祿《清嘉
錄》卷六《虎邱燈船》條已引用此書卷九《燈舫》之「吳中虎邱山塘，七里鶯
花，一湖風月……與月輝波光相激射」，顧祿卒於 1842 年左右，時宣鼎方為童
子，故或云此「香雪道人隱華氏」為《夜雨秋燈錄》之宣鼎，則誤矣。

《南浦秋波錄》三卷附《翠鳥亭稿》一卷、《碧雲遺稿》一卷
張際亮撰

張際亮（1799～1843），字亨甫，自號華胥大夫，福建建寧（今屬三明市）
人，道光十五年舉人，數次赴京會試不第，一生未仕，與龔自珍、魏源、湯鵬
並稱「道光四子」，有《張亨甫全集》。民國《福建通志》小說家類著錄。臺北
經學文化《稀見清代四部輯刊》影印道光間刻本。前有目次，無序跋。書分三
類，每類一卷。卷一《紀由》歷述福州歌妓簡史，詳於清代禁娼事蹟，「余為
此編，深著夫積弊所由非一日，而冀天下人無以歌舞為美談焉。」卷二《紀人》
為歌姬 36 人小傳，其於慕碧雲、卞玫瑰、江玉蓮、陳愛珠、王採燕、王賽蓮、
林月鶯、燕燕、謝素梅、端蓮、王秀鳳、林冬菊、明明 13 人尤為詳盡，風格
旖旎，類乎傳奇之文。傳後有華胥大夫評，每見惻隱之意。卷後仿正史為年表，
蓋泣紅亭之舉。卷三《紀事》，分四事：《宅里記》述娼妓匯聚之地，《習俗記》
述娼家語言服飾家法等，《歲時記》述妓家節律活動，《瑣事記》為遊目耳聞之
事。文中詩詞附著較多。民國《福建通志》小說家類引《石遺室遺錄》，云此
書「仿余澹心《板橋雜記》而兼《北里志》之體，專紀福州臺江冶遊事。」實
則此書亦有《荊楚歲時記》之體。志豔小說也。書後所附《翠鳥亭稿（摘錄）》，
前有道光癸未廬江第五居士序。《翠鳥亭稿》本為卞玫瑰、陳愛珠、江玉蓮、
王賽蓮等所作詩集，存卷一，詩詞傳情，佳人才子，不過「飄蕭落拓之懷，悱
惻纏綿之韻」（廬江第五居士序）。《碧雲遺稿》則未見。

《金臺殘淚記》三卷　張際亮撰

民國《福建通志》小說家類著錄，並引《石遺室遺錄》云此書「專記京都
名伶，卷一小傳，卷二錄詩詞，卷三記雜事，亦託名華胥大夫，前有自序。」

今有新興書局《筆記小說大觀》本、中國戲劇出版社《清代燕都梨園史料》本（據道光八年本）。前有戊戌子張際亮自序、目錄。自序中云「為傳十篇，詩五十九首、詞三闋，雜記三十七則」，則卷一為傳記，如《楊生傳》《徐郎傳》《陳長春周小鳳傳》《吳伶傳》等，卷二為詩詞，如《徐郎曲》《楊生行》《瓜步見秋柳》《閱燕蘭小譜諸詩有慨於近事者綴以絕句得四十六首》等。卷三為雜記，述京都茶園戲樓、達官伶人往還以及戲曲界風氣等，優伶小說也。

《竹如意》二卷　馬國翰撰

馬國翰（1794～1857），字詞溪，號竹吾、玉函山人，道光十二年進士，山東歷城（今濟南市歷城區）人，官至隴州知州，長於輯佚，所輯《玉函山房輯佚書》七百零八卷，收佚書五百九十四種，著有《玉函山房文集》等。宣統《山東通志》小說家類瑣語之屬著錄。上海古籍出版社《清代詩文集彙編》本。前有馬國翰自序云：「余不能談，而喜聽人談。憶昔伏熱炎蒸，群道暑乎豆棚瓜架之間，此矜恢詭，彼鬥新奇，酣興蓬勃，娓娓然引人入勝也。或冬夜坐斗室中，深燈相對，下簾爇烏薪圍爐清話，每至宵分不欲驟寢；又或春雨新晴，與二三知己踏青陌上，攜酒榼、具野蔬，茵花藉草，各暢天機於時語，語不必盡出習見，乃知東坡好人說鬼，個中大有佳趣也。一官匏繫，奔走風塵，此樂久不復得，猶喜山邑荒僻，酬應較稀，農忙停訟，案牘亦簡，晝長無事，寂坐衙齋，半爐香篆，嫋嫋窗紗，追憶所聞，泚毫條記，凡得百餘事，釐為上下兩卷。非敢云著書也，以筆代談，聊資揮塵，因取《齊書·明僧紹傳》。語以顏之曰《竹如意》。竹如意者，談柄也。」此書 107 則左右，每則有標題，內容以志怪居多，如《自來石佛寺》《子游祠》《龍異》《狐拜年》《蛟卵》《臥牛山》《三生》《小神鬼》《山魈》《王靈官》《鬼市》《鼠怪》《白雪山人》《蚓精》《鯰怪》等，其他有名物古蹟（《卜子遺跡》《相里公碑》《鐵馬關帝廟》《凌波仙佩》《朱林寺雪菌》《無鹽墓》《淨土樹》《潤德泉》），金石書畫碑帖（《五倫圖》《景龍觀鍾銘》），公案（《葫蘆案》）、軼事謔語（《醬王》《京師四怪》《嘲點生》《趙錢孫李》《戲聯》），敘述中間有考證（《黑虎神》《孟姜女》），亦乾嘉考據風潮之痕跡，可稱著述者之筆。書中所述以秦晉魯三省事蹟為多（此書蓋撰於道光末年知隴州期間），其中於濟南府可稱泉城民間故事云。

《神萃》一卷　馬國翰撰

《山東通志藝文志訂補》子部小說類著錄。未見。

《宦海聞見錄》　佚名撰

　　《中國古籍總目》小說類文言之屬著錄，題《宦海聞見錄》，誤。臺北經學文化《稀見清代四部輯刊》影印舊抄本。該影印本不分卷，前後無序跋，共80餘則（篇），所記主以名公軼事、公案及奏議條陳之類，間有術士劍俠事蹟。軼事類乎傳記，如《蔣中丞》《倭制軍》《鐵製軍》《全制軍》《長中堂》《崔清天》《孫刺史》《程中丞》《陳方伯》《金鄉令》《陽信令》《福郡王》等；公案多為刑事案件，如《德平楊坦案》《泰安鳥槍案》《平度案》《林清之變》《白居教案》《孟津案》《滕縣案》《武清案》《西安自縊案》《武清案》《山陽五命》《金鄉案》《良鄉案》《盧應翔案》《山東虧缺案》《莒州案》等；條陳奏議輒照錄原文，皆為有關國計民生、人心風俗者，如《張刺史稟》《區田說》《漕議》《海運議》《錢漕》《加賦》《言利》《海塘》《鹽務》《河務》《戎政》《開捐》《擇小吏》《治本》等。公案中所述多乾嘉道間山左、江蘇事，可見作者曾於兩省任事。書中間有輯錄他人之文者如李金瀾《區田說》《漕糧議》、宋某《楊仙傳》《劍俠傳》。頁眉有佚名眉批數則，不過為補充史料之用。此書蓋道光年間撰，所述以屆道光十八年（《區田說》），頁眉並提及「睿皇帝」（清文宗）。敍事有老吏筆法，要言不繁。文中公案畸人，頗有小說意味。又上海圖書館藏舊抄本，封面題卷二、卷四，內容、字跡與《稀見清代四部輯刊》同，為同一版本。

《嶺南即事》十三卷　何惠群輯

　　何惠群字和先，號介鋒，廣東順德（今屬佛山市）人，廣東解元，嘉慶十四年進士，官江西新昌縣令，卒於道光年間，有《飲虹閣詩鈔》等。《中國古籍總目》小說類文言之屬著錄。南京圖書館藏光緒十八、十九年刻本，存《四續》《五續》《六續》三種，為不全之本。輯錄他書詩文而成，非地記、小說之類，意在勸善戒惡、標榜才人，如《戒之在色賦（以題為韻）》《顛犁賦（以順德風氣不同天下為韻）》《王大儒供狀》《盂蘭會引》《龍氏祭媳祭文》《福州名媛祭夫文》《李尚田孝廉致怡春舫社妹書》《訓士文》《討煙鬼檄文並序》《戒男色文》《戒淫歌》《戒買白鴿票文》等。可謂別集雜文雜詩之類。

《野樵聞見錄》　李宣政撰

　　李宣政，字號不詳，河南盧氏（今屬三門峽市）人，道光丁酉舉人，其他事蹟不詳。民國《河南通志》小說類雜事之屬著錄。未見。

《嗔情十話》　朱錦撰

朱錦字怡綱，號伴荷，山東菏澤（今菏澤市）人，諸生，有《紺珠集》等。蓋嘉、道間人。宣統《山東通志》小說家類瑣語之屬著錄。未見。

《聞所未聞錄》《奇聞叢錄》　王體仁撰

王體仁字長人，河南陝縣（今屬三門峽市）人，諸生，道光壬辰中鄉試副榜，有《尚書問答》《擬古草》等。民國《河南通志》小說類異聞之屬著錄。未見。

《蕉窗小錄》一卷　袁廷吉撰

袁廷吉，字號不詳，江蘇常州（今常州市）人，道光八年貢生，有《授經堂詩鈔》八卷等。《清代毗陵書目》小說家類著錄。未見。

《傅徵君談苑》一卷、《晴佳亭筆記》二卷、《尋夢廬叢談》四卷、《拜石居客談》二卷　曹樹穀撰

曹樹穀字藝五，山西汾陽（今屬呂梁市）人，道光諸生，著述多種，有《汾州府志考證》《卜子年譜》《卜子傳經考》等。光緒《汾陽縣志》卷八有傳。光緒《山西通志》小說類雜事之屬著錄。皆未見。

《佑尊瑣語》《醉餘瑣記》　曹樹穀撰

光緒《山西通志》小說類瑣語之屬著錄。二書皆未見。

《偶觸記》二卷，《穆天子傳注》《夐曼筆談》《三所錄異》，《遊戲集》一卷，《蝕箔錄》一卷，《塞春小品》一卷　黃濬撰

黃濬字睿人，浙江溫嶺（今屬台州市）人，道光二年進士，歷任雩都知縣、南安同知等，所至振興文教，得士人心。項元勳《台州經籍志》子部十三說家類著錄。未見。

《三所錄異》一卷，《焚餘雜贅》一卷，《知所止齋隨筆》一卷，《漠事里言》一卷　黃濬撰

吳興劉氏嘉業堂抄本《台州經籍考》小說類著錄。未見。

《荊舫隨筆》一卷　黃治撰

吳興劉氏嘉業堂抄本《台州經籍考》小說類著錄。

未見。民國《台州府志》卷七十四中云:「治,(黃)濬之弟也,事蹟附見濬傳。是編雜錄舊事俗語而品騭之。荊舫,其所居齋名也。見《太平續志》。江涵謂嘗見稿本,係黃濬改定,然原文間多未妥,當非治筆,頗為可疑。今有鈔本。」

《今樵筆欠》一卷　黃治撰

吳興劉氏嘉業堂抄本《台州經籍考》小說類著錄。未見。民國《台州府志》卷七十四中云:「凡四十三條,皆隨筆雜記今有鈔本。」

《觸書家範》　喻元鴻撰

喻元鴻字太沖,號鐵仙,湖北黃州(今屬黃岡市)人,附貢,道咸間人,有《三經雅言詁餘》等,光緒《黃梅縣志》卷二十五有傳。光緒《黃州府志》子部十一小說家類著錄。未見。

《搜神雜記》二卷　周睍祥撰

周睍祥字惠臣,湖南湘陰(今屬岳陽市)人,處士,道光初尚在世,著有《桃林牧者詩鈔》等。光緒《湖南通志》小說家類異聞之屬著錄。未見。

《鶺園隨筆》四卷　吳覲撰

道光《重刊續纂宜荊縣志》卷七之一云:「吳覲字荊珉,別字覺庵,增貢生,歸美橋人。少受詩法於陽湖左中丞輔,以杜少陵為祖,白香山、李義山為宗,而於近世詩人愛吳駿公、朱錫鬯。家有小園,園中有邱有池,有亭館之勝,嗜酒善畫,喜延接賓客,客多名人勝流,每相與酌酒賦詩讀畫為樂。畫工寫生,設色得惲壽平法,著有《鶺園詩草》十二卷,《鶺園隨筆》四卷。」《清續文獻通考》子部小說家類雜事之屬著錄。未見。

《偶山叢話》　閻清瀾撰

閻清瀾(?～1837前),字文濤,號石渠,山東昌樂(今屬濰坊市)人,增廣生,有《鏤冰詩集》等。《山東通志藝文志訂補》子部小說家類著錄。未見。

《校補叢殘》　章謙存撰

　　章謙存，原名天育，安徽銅陵（今銅陵市）人，嘉慶元年舉孝廉方正，任江蘇寶山縣訓導，有《備荒通論》《周官考辨》等。民國《安徽通志稿》小說家類敍述雜事之屬著錄，云：「是編為其強恕齋筆剩之一種，乃紀清兵屠嘉定事。自序謂偶於友生所，拾得朱九初先生《東塘日劄》鈔本，爛奪不可讀，然可讀處具有條理，久之又得一鈔本，與朱本大同小異，隨又得蘇眉涵《申酉聞見錄》《石淙集》，參之各志及《潛研堂集》，然後奪爛者可補，而疑似可明。後有門人徐良跋語，謂是編參互考訂，出公是公非之心，以正曲學私智偏頗之議論，卓然為吾鄉一大文獻，以正人心、厚風俗，不可磨滅之書也。按是編於清兵屠嘉定始末，及當時殉節諸賢事記載綦詳，至於處變禦亂之方略，死生擇義之經權，無不拳拳三致意焉。」

《消寒綺語》一卷　王言撰

　　王言事蹟不詳。《清史稿藝文志拾遺》小說家類雜錄之屬著錄，云有道光二十九年底稿。未見。

《惺齋紀異》一卷　張居敬撰

　　張居敬，湖北崇陽（今屬咸寧市）人，廩生。宣統《湖北通志》小說家類異聞之屬著錄。同治《崇陽縣志》卷十一中云：「居敬字伯欽，號篤臣，邑廩生。道光壬寅冬，續編《崇志》，伯欽與其事，以其餘閒記此，皆狐鬼怪說也。書僅一卷，今不存。」

《春闈雜錄》一卷　劉逢祿撰

　　劉逢祿（1776～1829），字申受，江蘇武進（今常州市）人，嘉慶十九年進士，官禮部主事，常州學派著名經學家，有《春秋公羊經何氏釋例》等。《清代毗陵書目》小說家類著錄。未見。

《東湖叢話》六卷　蔣光熙撰

　　蔣光熙（1813～1860），字生沐，浙江海寧（今嘉興市）人，輯有《宋詩補鈔》。《書髓樓藏書目》小說家類著錄。未見。

《胡刻唐人說部書五種》五卷　胡鼎等編

　　胡鼎事蹟不詳。《清史稿藝文志拾遺》小說家類類編之屬著錄，云有道光間刻本。未見。

《往事錄異》一卷　張澍撰

　　張澍（1776～1847），字時霖、伯渝，號介侯、介白，甘肅武威（今武威市）人，嘉慶四年進士，歷官貴州玉屏、四川屏山、江西永新等縣知縣等，著有《養素堂文集》等，輯有《二酉堂叢書》。《清史稿藝文志拾遺》小說家類雜錄之屬著錄。未見。

《據我集》十卷　金崇梓撰

　　民國《台州府志》卷八十三載：「金崇梓字繡林，黃岩諸生。黃承弼《碧螺春雨雜輯》云：『繡林詩初名《閒樂稿》，兵後居古槐里，破樓數椽，惟堆積舊書數百本，朝夕吟詠，故又改名《聽蟬》，其《據我集》十卷，如《搜神》《諾皋》所言，皆鄉里怪異之事，今已佚矣。』見《臺詩待訪錄》，今並佚。」蓋道、咸間人。項元勳《台州經籍志》子部十三說家類著錄。未見。

《祛塵子》二卷　吳鑠撰

　　光緒《黃梅縣志》卷二十五載：「吳鑠字衢尊，幼聰穎，弱冠蜚聲黌序，道光己亥舉於鄉，再試南宮不第，即謝制舉藝，肆力於詩古文詞，而於詩益粹，散佚頗多，存者僅《祛塵子》二卷，可謂吉光月羽焉。」光緒《黃州府志》子部十一小說家類著錄。未見。

《善慶錄》　尚經方撰

　　尚經方字印九，號峴西，山東平度（今屬青島市）人，道光元年舉孝廉方正，有《自警編》等。道光《重修平度州志》卷十九有傳。宣統《山東通志》小說家類異聞之屬著錄。未見。

《宵雅隱語》十二卷　查傳蓉撰

　　民國《海寧州志稿》卷十五載：「查傳蓉，初名傳瑩，字寶珊，號仙眉，工書法。道光乙未恩科舉人，考取宗學教習。《宵雅隱語》十二卷、《似融居詩文集》。」光緒《杭州府志・藝文志》小說家類著錄。未見。

《芸窗隨筆》　閻溥撰

閻溥字伯雨，山東昌樂（今屬濰坊市）人，道光辛巳恩貢。宣統《山東通志》小說家類雜事之屬著錄。未見。

《維則書屋雜志》　申際清撰

民國《山東通志》卷一百七十三載：「申際清字乾一，日照人，道光十九年舉人，為長山教諭，以內行勖士子，訪貞烈婦女千餘人，請旌建坊，修忠義、節孝二祠，以母老歸養。從父早世，撫遺孤成立，嘗為節婦置田，俾終身得所。里居受徒，貧者不取修脯，著有《楡蔭堂文集》《維則書屋雜志》《於陵日記》。卒祀鄉賢。」宣統《山東通志》小說家類雜事之屬著錄。未見。

《聞見錄》　劉文耀撰

劉文耀事蹟不詳。民國《河南通志》小說類雜事之屬著錄。未見。

《四齋聞見筆記》　王楷維撰

民國《洪洞縣志》卷十二載：「王楷維字張甫，號四齋，孝廉楷蘇從弟也。恩貢生，候選教諭，才敏學博，善吟詠，尤工古文詞，所著有《四齋聞見筆記》《四齋詩文集》，藏於家。」光緒《山西通志》小說類雜事之屬著錄。未見。

《汲古綆》　吳東昱撰

吳東昱號魯山，湖北黃安（今屬黃岡市）人，優增生，有《賦學指南》等。光緒《黃州府志》子部十一小說家類著錄。未見。疑為乾嘉人。

《見聞紀略》　汪兆柯撰

光緒《黃州府志》卷二十一中云：「汪兆柯字則亭，嘉慶辛未進士，授廣東東安知縣，地瀕海，寇盜充斥。兆柯營海防，翦窩戶，居民安堵。後粵垣苦旱，適兆柯赴省，大雨如注，上官喜謂曰『東安雨也。』一時傳誦。升羅定州知州，引疾歸，咸豐戊午重宴鹿鳴，年九十一卒。」宣統《湖北通志》小說家類雜事之屬著錄。未見。

《經濟越語》附《煙花譜》　金銘之撰

金銘之（1801～1845），又名權，字其箴，號竹屋，別號西溪居士，浙江

臨海（今屬台州市）人，諸生，有《閩餘集》《錢鑒前編》《本草正味》等。項元勳《台州經籍志》子部十三說家類著錄。未見。

《狙史》八卷，《梅蘭錄》一卷　　姚燮撰

姚燮字梅伯，號復莊，浙江鎮海（今屬寧波市）人，道光甲午舉人，乾嘉後著名詞人，與魏源交遊，有《大梅山館全集》。孫詒讓《溫州經籍志》卷十八小說家類瑣語之屬著錄。未見。

《夢遊記》　　孫步班撰

光緒《嶧縣志》卷二十一云：「孫步班字蓮房，少有英稱，稟承家學，未冠，補博士弟子員，逾年食餼，一時文名藉甚。試輒冠其曹，而博學強記，淹貫古今，所為文不中有司尺度，以故屢躓秋闈，步班亦不以措意也，所著有《曠寄堂詩文集》《夢遊記》。」宣統《山東通志》小說家類瑣語之屬著錄。未見。

《潛居瑣記》　　趙昌業撰

趙昌業字敬哉，一字肄園，山西武鄉（長治市）人，乾、道間恩貢生，有《課餘草》等。光緒《山西通志》小說類瑣語之屬著錄。未見。

《煞風景》八卷　　王瀚撰

王瀚字灝亭，浙江太平（今屬台州市）人，道光二年歲貢，有《魏溪雜俎》等。《台州經籍考》小說類著錄。未見。

《紀所紀》　　姜國俊撰

姜國俊字位思，山東費縣（臨沂市）人，道光間尚在世。光緒《費縣志》卷十一有傳。宣統《山東通志》小說家類雜事之屬著錄。未見。

《識小錄》《訒齋隨筆》　　陳景蕃撰

陳景蕃字仲初，號紉齋，江蘇武進（今屬常州市）人，諸生，道光間尚在世，有《紉齋隨筆》等。《清代毗陵書目》小說家類著錄。未見。

《南陽異聞錄》　　黃允中撰

黃允中字執甫，河南南陽馬營（今南陽市）人，道光己酉舉於鄉，考取覺

羅官學教習，以團練功保知縣，未銓卒，有《紅羹山房詩文》若干卷。民國《河南通志》小說類異聞之屬著錄。未見。

《南遊瑣記》二卷　任荃撰

　　任荃，號月坡，浙江慈谿（今屬寧波市）人，道光二十年進士，任三水、大埔知縣，有《鴻爪集》等。孫詒讓《溫州經籍志》卷十八小說家類瑣語之屬著錄。未見。光緒《慈谿縣志》卷四十九中云：「是編為荃宰大埔時所著，詳載大埔風俗，並瑣屑事，共二十三節。」蓋地理雜記之類。